Rechtskonformes Inverkehrbringen von Produkten

Jetzt diesen Titel zusätzlich als E-Book downloaden und 70 % sparen!

Als Käufer dieses Buchtitels haben Sie Anspruch auf ein besonderes Kombi-Angebot: Sie können den Titel zusätzlich zum Ihnen vorliegenden gedruckten Exemplar für nur 30 % des Normalpreises als E-Book beziehen.

Der BESONDERE VORTEIL: Im E-Book recherchieren Sie in Sekundenschnelle die gewünschten Themen und Textpassagen. Denn die E-Book-Variante ist mit einer komfortablen Volltextsuche ausgestattet!

Deshalb: Zögern Sie nicht. Laden Sie sich am besten gleich Ihre persönliche E-Book-Ausgabe dieses Titels herunter.

In 3 einfachen Schritten zum E-Book:

❶ Rufen Sie die Website **www.beuth.de/e-book** auf.

❷ Geben Sie hier Ihren persönlichen, nur einmal verwendbaren E-Book-Code ein:

26256489F875F2C

❸ Klicken Sie das „Download-Feld" an und gehen dann weiter zum Warenkorb. Führen Sie den normalen Bestellprozess aus.

Hinweis: Der E-Book-Code wurde individuell für Sie als Erwerber dieses Buches erzeugt und darf nicht an Dritte weitergegeben werden. Mit Zurückziehung dieses Buches wird auch der damit verbundene E-Book-Code für den Download ungültig.

Rechtskonformes Inverkehrbringen von Produkten

DIN

Michael Loerzer
Peter Buck
Andreas Schwabedissen

Rechtskonformes Inverkehrbringen von Produkten

In 10 Schritten zur Konformitätserklärung

2., überarbeitete und aktualisierte Auflage

Herausgeber:
DIN Deutsches Institut für Normung e. V.

Beuth Verlag GmbH · Berlin · Wien · Zürich

Herausgeber: DIN Deutsches Institut für Normung e. V.

Berlin · Wien · Zürich
Am DIN-Platz
Burggrafenstraße 6
10787 Berlin

Telefon: +49 30 2601-0
Telefax: +49 30 2601-1260
Internet: www.beuth.de
E-Mail: kundenservice@beuth.de

Titelbild: © Fotolia, fderib
Satz: B & B Fachübersetzergesellschaft mbH, Berlin
Druck: COLONEL, Kraków
Gedruckt auf säurefreiem, alterungsbeständigem Papier nach DIN EN ISO 9706

ISBN 978-3-410-26256-5
ISBN (E-Book) 978-3-410-27257-2

Autorenporträts

Dipl.-Ing. Michael Loerzer ist seit 1999 als Regulatory Affairs Specialist tätig und hat maßgeblich den Begriff Product Compliance Management in Deutschland geprägt. Als geschäftsführender Gesellschafter der Globalnorm GmbH bietet er mit seinen Unternehmen IT-Lösungen sowie Dienstleistungen im Bereich „Bereitstellung von Product Compliance- und Normeninformationen" an. Herr Loerzer hat Nachrichtentechnik an der Fachhochschule der Deutschen Bundespost, Berlin, studiert. Nach seinem Studium begann er 1988 bei dem Kreuzberger Traditionsunternehmen Bosse Telefonbau GmbH als Entwicklungs- und EMV-Prüfingenieur. Danach war er Laborleiter eines akkreditierten EMV-Prüflabors sowie stellvertretender Leiter der zuständigen Stelle. Im Jahr 2003 initiierte er die Gründung der Themengruppe Produktkonformität im DIN-Ausschuss Normenpraxis (ANP), deren gewählter Vorsitzender er seit dem 3. März 2004 ist. Seit Oktober 2009 ist er Mitglied der „Product Safety Engineering Society" (PSES) der IEEE und hält seit 2006 regelmäßig Vorträge im Rahmen des IEEE Symposiums on Product Compliance Engineering in den USA. Seit dem Jahr 2013 erscheint regelmäßig als Publikationsformat der Product Compliance Newsletter der Globalnorm GmbH, um dieses Thema nachhaltig im Markt zu etablieren. Für zahlreiche Verlage hat er Fachartikel und Bücher zu selbigen Themen veröffentlicht und ist als Referent für diverse Seminar- und Tagungsveranstalter tätig. Er ist außerdem an der Dualen Hochschule Baden-Württemberg als Lehrbeauftragter tätig.

Dipl.-Ing. (FH) **Peter Buck** ist seit 1994 Inhaber des Ingenieurbüros pb. Nach einer Ausbildung zum Mechaniker und einem anschließenden Maschinenbaustudium gründete er das Ingenieurbüro. Schwerpunkte der Tätigkeiten bilden das Erstellen von Risikobeurteilungen und Betriebsanleitungen für alle Sparten des Maschinenbaus. Ergänzt werden diese Tätigkeiten durch individuelles Coaching zum CE-Prozess.

Ehrenamtlich engagiert er sich als stellvertretender Vorsitzender der Themengruppe Produktkonformität des DIN-Ausschusses Normenpraxis (ANP-TGP) und als Stellvertretender Vorsitzender des ANP-Stuttgart.

Andreas Schwabedissen ist seit 1987 am Standort Konstanz für die Siemens Postal, Parcel&Airport Logistics tätig. Über die Produktion und das Prüffeld hat er im September 2000 in das Qualitätsmanagement gewechselt. Hier betreut er die Themenfelder Produktsicherheit, EU-Richtlinien und Qualitätsthemen zum Lieferantenmanagement und Arbeitssicherheit und EHS Themen. Er ist Gründungsmitglied der Themengruppe „Produktkonformität" im DIN-Ausschuss Normenpraxis, deren gewählter Schriftführer er ist. Herr Schwabedissen ist ebenso im Normenausschuss Maschinensicherheit, hier Fachbereich Fördertechnik, Stetigförderer, tätig. Weiterhin ist er in verschiedenen Siemens-internen Arbeitsgruppen zu den Themen Normen, Richtlinienkonformität, Risikobeurteilung tätig. Seit 2011 ist Herr Schwabedissen auch Fachkraft für Arbeitssicherheit. Sowohl zu Fragen der Produktsicherheit als auch Arbeitssicherheit ist Andreas Schwabedissen auch privat tätig und hat bereits als Referent bei verschiedenen Veranstaltern Vorträge gehalten.

Vorwort

Seit Einführung des europäischen Binnenmarktes und der damit einhergehenden Harmonisierung technischer Rechtsvorschriften sind inzwischen viele Jahre vergangen. Im Jahre 2004 waren die drei Autoren an der Gründung der Themengruppe Produktkonformität im DIN-Ausschuss Normenpraxis (ANP) des Deutschen Instituts für Normung (DIN e. V.) beteiligt. Diese Themengruppe hat sich von Beginn an mit vielen praktischen Fragestellungen rund um das Thema CE-Kennzeichnung beschäftigt:

Was muss beachtet werden, wenn ein neues Produkt in Verkehr gebracht wird? Was bedeutet überhaupt Inverkehrbringen? Welche Rechtsvorschriften müssen beachtet werden? Reicht es aus, sich auf eine Rechtsvorschrift zu beschränken, oder müssen mehrere Rechtsvorschriften beachtet werden? Wo finde ich Rechtsvorschriften?

Diese Fragestellungen beschäftigen uns auch heute noch sowohl in der täglichen Beratungspraxis als auch in der Themengruppe Produktkonformität (ANP-TGP). Einer der Gründe könnte sein, dass die Zahl der Rechtsvorschriften durch neue Themen zugenommen hat (z. B. Öko-Design) und gleichzeitig aber auch ältere Rechtsvorschriften revidiert wurden (z. B. von der alten zur neuen Maschinenrichtlinie). Außerdem wurde im August 2008 das sogenannte New Legislative Framework (NLF) verabschiedet und veröffentlicht. So lag es nahe, ein aktuelles Werk zum Thema Rechtspflichten beim Inverkehrbringen von Produkten herauszugeben. Im Kern geht es um die Änderungen, die sich durch die Verordnung (EG) 765/2008 sowie den Beschluss 768/2008/EG ergeben haben bzw. noch ergeben werden. Diese beiden Dokumente sind vielen Anwendern nicht unbedingt bekannt, was darin begründet liegen mag, dass viele Techniker zwar EU-Richtlinien kennen, aber nicht zwingend EU-Verordnungen oder -Beschlüsse. Die Autoren haben aber vor allen Dingen den Anspruch, die sich aus zahlreichen Diskussionen ergebenden Fragestellungen aus Sicht von Nicht-Juristen gebündelt darzustellen.

Unser Ziel ist es, dass Sie mit diesem Werk Antworten auf die Frage „Hilfe, ich möchte ein Produkt verkaufen – was muss alles beachtet werden?“ finden. Wir möchten es aber auch nicht versäumen, Sie auf die Arbeit des ANP, hier insbesondere der Themengruppe Produktkonformität (http://www.din.de/de/service-fuer-anwender/anp), hinzuweisen, wo Sie sich einbringen können und von diesem Netzwerk von Experten profitieren können.

Das Buch kann Ihnen nicht

- das Lesen von Rechtsvorschriften und Normen abnehmen,
- alle möglichen Fragen beantworten bzw.
- ihre speziellen Fragen beantworten.

Wir hoffen aber, dass Sie zumindest den roten Faden erkennen. Von daher würden wir es sehr begrüßen, wenn Sie uns Rückmeldung geben, wie nützlich das Werk für Sie ist und ob Sie Anregungen oder Verbesserungsvorschläge für eine mögliche 3. Auflage haben.

Dieses Buch ist gedacht für Mitarbeiter aus Entwicklung, Konstruktion, Produktmarketing, Einkauf, für Normenstellen, CE-Manager, aber auch für Studenten und Berufsanfänger, die sich mit der Thematik CE-Kennzeichnung auseinandersetzen müssen bzw. sollen.

Damit sind alle angesprochen, die in einem produzierenden Gewerbe tätig sind, da die EU-Rechtsvorschriften heute fast alle Bereiche im kommerziellen und industriellen Gewerbe abdecken. Die Zielgruppe genau zu definieren, ist wahrscheinlich genauso herausfordernd, wie ein Buch als Hilfestellung mit dem Umgang für Rechtsvorschriften zu schreiben.

Um nicht nur die theoretischen Möglichkeiten zu beschreiben, werden in einigen Kapiteln anhand von unterschiedlichen Produkten, die unter verschiedene Spezialvorschriften fallen, mögliche Vorgehensweisen beschrieben.

Tabelle 1: Besondere Texthervorhebungen

i	Mit diesem „i“ sind Textpassagen gekennzeichnet, die aus Sicht der Verfasser wichtige Informationen und eigene Erfahrungen beinhalten.
§	Zitate bzw. Rechtstexte sind mit einem „§“ gekennzeichnet.
☐	Fazit aus Sicht der Verfasser am Ende von Textstellen als Textkasten.

Internetlinks sind zum Zeitpunkt des Schreibens aktuell und können sich natürlich ändern. Im Text verwendete Begriffe, die entweder genormt sind oder Rechtsvorschriften entnommen wurden, sind *kursiv* gedruckt und sind im Abschnitt 11.3 zusammengefasst. Dort finden Sie auch weitere Begriffsdefinitionen. Verwendete Abkürzungen sind im Abschnitt 11.4 zusammengefasst.

Inhaltsverzeichnis

1 Die 10 Schritte zur CE-Kennzeichnung im Überblick

Bevor ein Produkt auf dem europäischen Binnenmarkt bereitgestellt werden darf, müssen der Hersteller, Importeur sowie der Händler ihre Rechtspflichten ermitteln. Diese Rechtspflichten unterscheiden sich im Ansatz erheblich, wenn beispielsweise der Kraftfahrzeugsektor oder die Lebensmittelanforderungen mit dem Bereich der CE-Kennzeichnung verglichen werden. In diesem Praxisbuch liegt der Schwerpunkt auf solchen Produkten, die einer CE-Kennzeichnungspflicht unterliegen. Der CE-Kennzeichnung liegt die sogenannte neue Konzeption (New Approach) zugrunde, die mit Einführung des Binnenmarktes zum 1.1.1993 implementiert wurde. Die neue Konzeption hatte die technische Harmonisierung in Europa zum Ziel. Besonderes Gewicht wurde dabei auf die Herstellereigenverantwortung gelegt. Der Hersteller darf Produkte in den Verkehr bringen, wenn er mittels interner Fertigungskontrolle nachweisen kann, dass die Produkte in Übereinstimmung mit den jeweils geltenden grundlegenden Anforderungen gefertigt werden. Die Übereinstimmung mit diesen grundlegenden Anforderungen wird durch eine EU-Konformitätserklärung seitens des Herstellers bescheinigt und durch die CE-Kennzeichnung nach außen angezeigt. Aktuell gelten mehr als 20 EU-Richtlinien und Verordnungen (kurz: Harmonisierungsrechtsvorschriften) im Bereich der CE-Kennzeichnung. Dabei werden

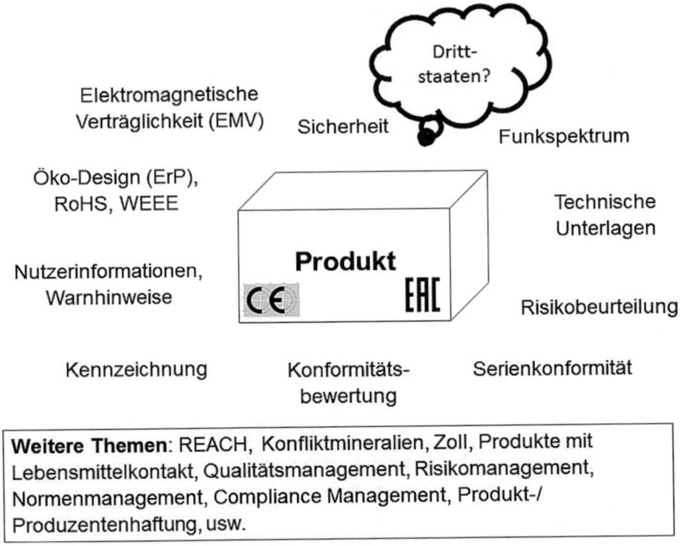

Abbildung 1: Rechtslandschaft für ein Produkt

jährlich 1,5 Milliarden Euro an Wirtschaftsgütern von diesen Harmonisierungsrechtsvorschriften erfasst. Es handelt sich dabei sowohl um Verbraucherprodukte wie elektrische Haushaltsgeräte, Spielzeug oder informationstechnische Einrichtungen als auch um industrielle Produkte wie Maschinen, Anlagen oder gewerbliche Mess-, Labor- oder sonstige wissenschaftliche und industrielle Geräte. Aber auch allgemeine Produkteigenschaften wie elektromagnetische Verträglichkeit (EMV), Energieeffizienz (Öko-Design-Anforderungen) sowie Anforderungen zur Beschränkung der Verwendung bestimmter gefährlicher Stoffe in Elektro- und Elektronikgeräten und die Verwertung von Altgeräten sind rechtlich geregelt (Abbildung 1, Seite 1).

Zu beachten ist, dass sich beim Export in Drittstaaten (z. B. China oder den USA) die rechtlichen Anforderungen zum Teil erheblich von den europäischen Rechtsvorschriften unterscheiden. Es sind jeweils die im jeweiligen Zielland geltenden Konformitätsanforderungen und -kennzeichnungen (z. B. CCC in China oder FCC in den USA) zu ermitteln und einzuhalten. Dementsprechend sind vor dem Marktzugang die relevanten Informationen einzuholen, um möglichst frühzeitig die Unterschiede zum europäischen Ansatz in der Produktentwicklung berücksichtigen zu können, um so unnötige Zusatzkosten zu vermeiden.

In Tabelle 2 ist ein Fahrplan dargestellt, der als Hilfestellung für die handelnden Personen dienen soll. Dieser Fahrplan ist zunächst auf den europäischen Binnenmarkt bezogen, kann aber leicht auf den weltweiten Vertrieb übertragen werden.

Aus der Spalte 2 wird ersichtlich, dass es zielführender ist, die Fragen im Team (unter Moderation eines zentralen Koordinators, der als Product Compliance Officer oder CE-Koordinator bezeichnet wird) zu beantworten. Die Abteilungen/Organisationseinheiten sind in den verschiedenen Unternehmen in ihren Bezeichnungen und Aufgaben sicherlich unterschiedlich.

Tabelle 2: 10 Schritte zur CE-Kennzeichnung

	Schritte	Wer ist im Unternehmen verantwortlich?
1	*Harmonisierungsrechtsvorschriften* ermitteln (recherchieren), auch andere Rechtsbereiche außerhalb der CE-Kennzeichnung in Betracht ziehen (z. B. WEEE oder REACH)	Projekt-/Produktmanagement, Rechtsabteilung, Product Compliance Officer/CE-Verantwortlicher

	Schritte	Wer ist im Unternehmen verantwortlich?
2	Dazu Anwendungsbereich mit Begriffsbestimmungen analysieren	Projekt-/Produktmanagement, Rechtsabteilung, Product Compliance Officer/CE-Verantwortlicher
3	Ist eine CE-Kennzeichnung obligatorisch für das Produkt? Vgl. auch Artikel 30 Abs. 2 der VO (EG) 765/2008 (CE-Kennzeichnung ist verboten, wenn ein Produkt von keiner Harmonisierungsrechtsvorschrift erfasst wird) Wenn ja, die Voraussetzungen für das Inverkehrbringen ermitteln.	Projekt-/Produktmanagement, Rechtsabteilung, Product Compliance Officer/CE-Verantwortlicher
4	Grundlegende Anforderungen für das Produkt ermitteln und Risikobeurteilung durch führen	Projekt-/Produktmanagement, Entwicklung, Konstruktion
5	Normenrecherche (-überwachung)	Normenverantwortliche, Entwicklung, Konstruktion, Dokumentationsbevollmächtigte
6	Konformitätsbewertungsverfahren anwenden, ggf. externe Prüflabore hinzuziehen. Falls die Harmonisierungsrechtsvorschrift eine Baumusterprüfung vorsieht, ist eine notifizierte Stelle einzuschalten.	Entwicklung, Konstruktion, Product Compliance Officer/ CE-Verantwortlicher
7	Technische Unterlagen zusammenstellen. Aus diesen Unterlagen muss für die Marktaufsicht die Übereinstimmung mit den Konformitätsanforderungen hervorgehen (interne Fertigungskontrolle). Bei Serienprodukten muss das Verfahren beschrieben werden, wie die Serienkonformität sichergestellt wird.	Entwicklung, Konstruktion, Product Compliance Officer/ CE-Verantwortlicher, Dokumentationsbevollmächtigte, Qualitätsmanagement

	Schritte	Wer ist im Unternehmen verantwortlich?
8	Zusammenstellung der externen Nutzerinformationen (Betriebs-, Gebrauchs-, Bedienungsanleitung)	Technische Redaktion
9	Erklärungen ausstellen und unterschreiben: EU-Konformitätserklärung oder besondere Bescheinigungsanforderungen wie z. B. Einbauerklärung nach Maschinenrichtlinie, Unterschrift durch autorisierte Person	Geschäftsführung, Product Compliance Officer/CE-Verantwortlicher, Qualitätsmanagement
10	Kennzeichnungsanforderungen: CE-Kennzeichnung, sonstige besondere Kennzeichen wie z. B. Nummer der benannten Stelle, Nutzungseinschränkungen	Fertigung, Product Compliance Officer/CE-Verantwortlicher, Qualitätsmanagement

Ein Grundproblem bei der behandelten Thematik in diesem Buch ist das Lesen. Nicht das Lesen an sich, sondern das Verstehen und Interpretieren der Rechtstexte stellt an die Techniker hohe Anforderungen.

Dazu sei Folgendes klargestellt: Um das Lesen einer Rechtsvorschrift kommen Sie nicht herum. Folglich müssen Produktentwickler die grundlegenden Produktanforderungen, die sich aus den Rechtsvorschriften und Normen ergeben, kennen. Zugegeben, es ist weder einfach, juristische Texte zu lesen, noch, ihren Inhalt zu verstehen. Das Lesen einer Rechtsvorschrift, wenn Sie denn für Ihr Produkt anzuwenden ist, kann Ihnen niemand abnehmen. Sie können sich aber Hilfsdokumente (Checklisten, Matrizen, Flusslaufdiagramme) erstellen. Es gibt auch spezialisierte Dienstleister, die Sie hierbei unterstützen können.

Auch für das Lesen müssen einige Voraussetzungen erfüllt sein. Es muss vor allem die Zeit vorhanden sein, sich mit dem Text und dem inhaltlichen Sachverhalt auseinanderzusetzen. Vielleicht hat ja bereits jemand anderes genau Ihre Frage schon beantwortet (siehe auch Abschnitt 7.2). Das bedeutet, dass von der Geschäftsleitung auch die Ressource Zeit zur Verfügung gestellt werden muss.

Beispiele einiger Rollen und was mindestens gelesen bzw. ermittelt werden sollte, finden Sie in Tabelle 3.

Tabelle 3: Rollenverteilung

Rolle	Vorschlag
Produktmanager Produktverantwortlicher	– Harmonisierungsrechtsvorschriften für das Produkt ermitteln – Gesetzliche Bestimmungen im Zielland – Produktzulassungsanforderungen und zu planende Kosten – ...
Entwicklung Konstruktion	– Grundlegende Anforderungen an das Produkt (z. B. Anhang I der Maschinenrichtlinie) – Harmonisierte Normen, nationale Standards – ...
Unterzeichner der EU-Konformitätserklärung	– Konformitätsbewertungsverfahren – Unterlagen, die vor Ausstellung der EU-Konformitätserklärung vorhanden – sein müssen – ...
Einkauf	– Grundlegende Anforderungen an Zulieferteile – Mitgeltende Unterlagen – ...
Geschäftsführer	– Rechtliche Anforderungen wie Verkehrssicherungspflichten gemäß § 823 BGB (verschuldensabhängige Produzentenhaftung) • Produktpflichten • Betriebsorganisationspflichten – ...

Ein zentrales Problem bei der praktischen Anwendung der Harmonisierungsrechtsvorschriften ist erfahrungsgemäß die Frage, welche Harmonisierungsrechtsvorschriften für das jeweilige Produkt gelten und ob sich ggf. bestimmte Harmonisierungsrechtsvorschriften gegenseitig ausschließen oder ergänzend anzuwenden sind. Es gibt genügend Situationen, in dem z. B. ein elektrisches Produkt zumindest theoretisch der EMV-, Niederspannungs-, Öko-Design- und neuerdings den RoHS-II-Richtlinien unterliegen kann. Handelt es sich aber um ein elektromedizinisches Gerät, gilt die vertikale (produktspezifische) Medizinprodukterichtlinie, da sowohl die Niederspannungs- als auch die

EMV-Richtlinie elektromedizinische Produkte nicht erfassen. Wird zusätzlich in solchen Produkten noch ein Funkmodul eingesetzt (z. B. RFID), gilt die Funkanlagenrichtlinie ergänzend. Daher rühren auch die manchmal verwendeten Begriffe vertikale und horizontale Harmonisierungsrechtsvorschriften. Vertikale Harmonisierungsrechtsvorschriften gelten für konkrete Produktfamilien wie z.B. die Spielzeug- oder die Sportboote-Richtlinien und haben zunächst Anwendungsvorrang gegenüber allgemeinen, produktunabhängigen und somit horizontalen Harmonisierungsrechtsvorschriften. Es ist allerdings so, dass eine messerscharfe Trennung nicht immer gegeben ist. Eine elektrische Werkzeugmaschine unterliegt der Maschinenrichtlinie, und die CE-Kennzeichnung erfolgt auch nach dieser Richtlinie. Ergänzend kommt die EMV-Richtlinie hinzu (sofern es sich nicht um eine ortsfeste Anlage handelt). In der EU-Konformitätserklärung werden demnach diese beiden Richtlinien aufgelistet und nicht die Niederspannungsrichtlinie, da sich gemäß Anhang I Nr. 1.5.1 das Konformitätsbewertungsverfahren nach der Maschinenrichtlinie richtet. Allerdings muss die Werkzeugmaschine natürlich gemäß Anhang I Nr. 1.5.1 das elektrische Schutzziel erfüllen. Deshalb müssen sehr genau die Artikel

- Anwendungs-/Geltungsbereich
- Ausschlussbestimmungen sowie
- Ausnahmeregelungen

im Kontext gelesen und interpretiert werden, was dem Nicht-Juristen nicht immer leichtfällt. Der Blue Guide 2016 der EU-Kommission (Link 2) enthält im Abschnitt 2.6 entsprechende Informationen, die zum Verständnis beitragen können. In Abschnitt 11.5 finden Sie aus dem Blue Guide entnommen die wichtigen Kapitel 3, 4 und 5, die Ihnen zum besseren Verständnis der Harmonisierungsrechtsvorschriften dienen.

§ Auszug aus Abschnitt 2.6:

- „Die in den Harmonisierungsrechtsvorschriften der Union festgelegten wesentlichen und sonstigen Anforderungen können sich in Abhängigkeit von den durch diese Anforderungen abgedeckten Gefahren, die mit dem betreffenden Produkt verbunden sind, überschneiden oder einander ergänzen.
- Das Produkt darf nur bereitgestellt und in Betrieb genommen werden, wenn es zum Zeitpunkt des Inverkehrbringens den Bestimmungen sämtlicher anzuwendender Harmonisierungsrechtsvorschriften der Union entspricht.

> §
> – Kommen für dasselbe Produkt oder denselben Zweck zwei oder mehrere Harmonisierungsrechtsvorschriften der Union in Betracht, kann nach einem Verfahren, das eine Risikoanalyse des Produkts im Hinblick auf die durch den Hersteller definierte beabsichtigte Nutzung einschließt, die Anwendung mancher dieser Vorschriften mitunter entfallen.“

Zum besseren Verständnis sind in Tabelle 4 die verschiedenen Arten von Rechtsakten dargestellt, die sich in verschiedenen Arten von Dokumenten spiegeln.

Tabelle 4: Dokumentarten

	Ersteller	Adressat	Beispiele
Richtlinie	EU, d. h. Rat oder Kommission	Mitgliedstaaten. EU-Richtlinien müssen in nationale Vorschriften umgesetzt werden.	Niederspannungsrichtlinie 2014/35/EU, in Deutschland als 1. Verordnung zum ProdSG umgesetzt (1. ProdSV)
Verordnung	EU, d. h. Rat oder Kommission	Mitgliedstaaten, Bürger, Unternehmer. Verordnungen sind unmittelbar geltendes Recht, die keiner nationalen Umsetzung in den Mitgliedstaaten bedürfen.	Verordnung (EG) 765/2008 zum Thema Marktaufsicht und Akkreditierung, Verordnung (EG) 305/2011 über Bauprodukte, Verordnung (EG) 1907/2006 (REACH)
Entschließung	EU, d. h. Rat oder Kommission	Nur politische Auswirkung, ist nicht verbindlich.	z. B. Entschließung 98/C 411/01 über Gebrauchsanleitungen für technische Konsumgüter
Beschluss	EU, d. h. Parlament und Rat	Politische Beschlüsse, die keine unmittelbare Rechtswirkung entfalten.	z. B. Beschluss 768/2008/EG über einen gemeinsamen Rechtsrahmen für die Vermarktung von Produkten

Der Begriff EU-Richtlinie ist für den deutschen Sprachgebrauch sehr irreführend, da es sich bei einer EU-Richtlinie nicht um eine Empfehlung handelt, die man anwenden kann oder nicht, sondern um eine Rahmenvorschrift der EU, die von den Mitgliedstaaten in nationale Rechtsvorschriften umzusetzen ist und dann von den angesprochenen Kreisen verpflichtend anzuwenden ist.

AUSSAGE:

Die Anwendung einer EU-Richtlinie ist mir überlassen, da es sich hier nur um eine Empfehlung handelt!

IRRTUM:

Es handelt sich um europäisches Recht, das durch die Mitgliedstaaten in nationales Recht umgesetzt werden muss. Die Anwendung ist demnach rechtsverbindlich.

Die nachfolgenden Kapitel dienen Ihnen als Praxisleitfaden, um die jeweils geltenden Harmonisierungsrechtsvorschriften sowie die außereuropäischen Anforderungen rechtskonform anzuwenden. Zusätzlich gibt es Netzwerke, in denen Experten mit Rat und Tat zum Erfahrungsaustausch zur Verfügung stehen. Stellvertretend ist hier der DIN-Ausschuss Normenpraxis mit seiner Themengruppe Produktkonformität zu nennen (http://www.din.de/de/anp-tgp-themengruppe-produktkonformitaet-76482). Diese Gruppe beschäftigt sich regelmäßig mit Fragen zur Normung und den anwendbaren Rechtsvorschriften und ist auch für Neueinsteiger eine mögliche Informationsplattform (siehe Link 12).

2 Wie Sie für Ihr Produkt die relevanten Rechtsvorschriften finden

Dieses Kapitel soll Ihnen in einem ersten Schritt eine Übersicht geben, was Sie tun können, um die auf Ihr Produkt zutreffenden rechtlichen Anforderungen zu ermitteln.

2.1 Was charakterisiert ein Produkt?

Wenn Sie mit der Recherche nach den für Ihr Produkt relevanten Rechtsvorschriften beginnen, sollten Sie als Erstes Ihr Produkt charakterisieren/klassifizieren. Welche Komponenten sind in Ihrem Produkt enthalten?

> Teilen Sie Ihr Produkt in Baugruppen oder Funktionseinheiten ein. Das erleichtert Ihnen die Betrachtung im Hinblick auf die möglichen Richtlinien.

Möglichkeiten für die Modularisierung Ihres Produktes:

- Elektrotechnische Komponenten, z. B. eine Steuerung oder ein Elektromotor
- Gas-Heizeinheit
- Funkmodul
- Warmwassereinheit
- Mechanische Komponenten, wie z. B. ein Getriebe
- ...

Die Komponenten Ihres Produktes legen häufig die Zugehörigkeit zu einer Harmonisierungsrechtsvorschrift fest. Sofern sich durch diese Modularisierung die Zugehörigkeit zu mehreren Harmonisierungsrechtsvorschriften ergibt, ignorieren Sie dies nicht! Das könnte z. B. bei einer Beleuchtungseinheit zutreffen, die aus Komfortgründen um eine Funkfernbedienung erweitert werden soll. Das würde neben der Relevanz der EU-Niederspannungsrichtlinie 2014/35/EU zusätzlich die Relevanz der Funkanlagenrichtlinie 2014/53/EU bedingen. Neben den in Ihrem Produkt enthaltenen Komponenten ist der Einsatzort Ihres Produktes für die Charakterisierung relevant. Damit sind an dieser Stelle nicht das Land oder verschiedene Märkte gemeint. Mit Einsatzort ist hier z. B. Haushalt, Chemiewerk oder unter Tage gemeint. An verschiedenen Einsatzorten herrschen verschiedene Atmosphären, die sich auch in den Anforderungen an das Produkt widerspiegeln.

> ℹ Bedenken Sie, dass nicht nur Harmonisierungsrechtsvorschriften Anforderungen an Ihr Produkt bzw. an das Inverkehrbringen Ihres Produktes stellen können. Um nur eine weitere Rechtsvorschrift zu nennen, die prinzipiell auf jedes Produkt zutrifft, seien das Produkthaftungsgesetz sowie § 823 BGB für Deutschland genannt. Ob Baumaschine oder Küchenmixer, ob Lichterkette oder elektrische Zahnbürste, diese Produkthaftungsvorschriften sind in jedem Fall relevant, siehe auch Abschnitt 7.5.

Erarbeiten Sie eine Tabelle mit den für Ihre Produkte geltenden Harmonisierungsrechtsvorschriften, wie z. B. in Tabelle 5 dargestellt.

Tabelle 5: Richtlinien- und Rechtslandschaft für Ihre Produkte

Produkt	**Maschinenrichtlinie 2006/42/EG**	**Niederspannungsrichtlinie 2014/35/EU**	**EMV-Richtlinie 2014/30/EU**	**Verordnung (EU) 2016/426 über Gasverbrauchseinrichtungen**	**Richtlinie Allgemeine Produktsicherheit für Verbraucherprodukte 2001/95/EG**	**Produkthaftungsgesetz**	**...**
Produkt 1	☒	☒	☒	☐	☐	☒	☐
Produkt 2	☐	☒	☐	☐	☒	☒	☐
Produkt 3	☐	☒	☐	☒	☐	☒	☐
Produkt ...	☐	☐	☐	☐	☐	☒	☐

Für welchen bestimmungsgemäßen Gebrauch ist Ihr Produkt vorgesehen? Und welche nach menschlichem Ermessen vorhersehbare Verwendung kann sich ergeben, die aber nicht beabsichtigt ist und entsprechende Risiken in sich bergen könnte?

Aus den Antworten können sich mehr oder weniger einfach die anwendbaren Rechtsvorschriften ergeben.

BEISPIELE:

- Ist das Produkt X für die Warmwasserbereitung mit Erdgas bestimmt, so ist das ein Hinweis darauf, dass Sie die Relevanz der Verordnung (EU) 2016/426 über Gasverbrauchseinrichtungen prüfen sollten.
- Handelt es sich um ein elektrisches Produkt, ist zu prüfen, ob es innerhalb der Spannungsgrenzen der Niederspannungsrichtlinie 2014/35/EU betrieben wird (zwischen 50 und 1000 V_{AC} oder 75 und 1500 V_{DC}).
- Können die elektrischen/elektronischen Baugruppen und Schaltungen elektromagnetische Störungen verursachen (z. B. durch Mikroprozessoren, die mit > 9 kHz Taktfrequenz betrieben werden)? Wenn ja, gilt die EMV-Richtlinie 2014/30/EU.
- Wenn dieses elektrische Produkt auch für die Verwendung von Endverbrauchern vorgesehen ist, dann gilt zusätzlich die allgemeine Produktsicherheitsrichtlinie 2001/95/EG, insbesondere hinsichtlich eines Rückrufmanagements (vgl. dazu auch § 6 Produktsicherheitsgesetz).

In einigen Richtlinien, wie z. B. der Maschinenrichtlinie 2006/42/EG, gibt es einen Artikel, der den Umgang mit anderen Richtlinien regelt. Dabei geht es darum, dass von einem Produkt Gefährdungen ausgehen können, die von der betrachteten Richtlinie nicht oder nur zum Teil abgedeckt werden. Sollte das der Fall sein, so ist die andere, genauere Richtlinie anzuwenden. Beispiel: Ein Produkt zum Messen des menschlichen Blutdruckes enthält eine Membranpumpe. Diese Membranpumpe ist prinzipiell als Maschine zu betrachten. Die EU-Maschinenrichtlinie 2006/42/EG würde in diesem Fall zur Anwendung gelangen. Artikel 3 der EU-Maschinenrichtlinie regelt den Umgang mit speziellen Richtlinien. Da die vom Produkt ausgehenden Gefährdungen von einer anderen Gemeinschaftsrichtlinie genauer erfasst werden, gilt die EU-Maschinenrichtlinie 2006/42/EG nicht mehr. An ihre Stelle tritt die EU-Medizinprodukte-Richtlinie 93/42/EWG.

Ihr Produkt und die darin enthaltenen Funktionalitäten sind ausschlaggebend für die zu berücksichtigenden Regelwerke, d. h. europäische Richtlinien oder Verordnungen.

2.2 Fallbeispiel

Jeder Hersteller muss zunächst den Geltungsbereich im Kontext der Begriffsbestimmungen in den jeweiligen Harmonisierungsrechtsvorschriften interpretieren und auf sein spezifisches Produkt übertragen.

Das neue Produktsicherheitsgesetz beinhaltet beispielsweise eine sehr weit gefasste Produktdefinition.

> § Produkte sind Waren, Stoffe oder Zubereitungen, die durch einen Fertigungsprozess hergestellt worden sind.

Hinzu kommt die Schwierigkeit, dass nicht immer jeder Begriff in der Harmonisierungsrechtsvorschrift definiert ist (sogenannte unbestimmte Rechtsbegriffe). Das nachfolgende Fallbeispiel dokumentiert die Vorgehensweise, wie für ein Produkt die rechtlichen Konformitätsanforderungen ermittelt werden.

Produkt: Hersteller (Z) entwickelt und produziert in der EU ein elektronisches Modul zur Messdatenerfassung (kurz: Messmodul) für industrielle Kontroll- und Überwachungszwecke mit $U_{versorgung} > 50\ V_{AC}$ als Zulieferteil für einen weiterverarbeitenden Systemintegrator (Hersteller He), der das Messgerät (das „Endprodukt“) herstellt.

Fragestellung: Muss das Messmodul CE-gekennzeichnet werden? Wenn ja, nach welchen Harmonisierungsrechtsvorschriften?

Für diese Einheit kommen zunächst die EMV- und die Niederspannungsrichtlinien in Betracht. Weiterhin ist die Anwendbarkeit der RoHS-Richtlinie 2011/65/EU zu prüfen. Die Öko-Design-Richtlinie kommt nicht in Betracht, da es bis dato noch keine Durchführungsmaßnahmen für diese Produktkategorie gibt.

Schritt 1: Anwendbarkeit der Niederspannungsrichtlinie

Im ersten Schritt wird zunächst die Niederspannungsrichtlinie (NSR) analysiert. Danach trifft die Niederspannungsrichtlinie keine Unterscheidung, ob der Kunde nun der Endnutzer oder ein weiterverarbeitender Betrieb ist (der erst das Endprodukt herstellt). Die Niederspannungsrichtlinie definiert den Hersteller wie folgt (weitere Hinweise siehe Kapitel 3.1 im Blue Guide, Anhang 11.5):

> § „Hersteller“: jede natürliche oder juristische Person, die ein elektrisches Betriebsmittel herstellt bzw. entwickeln oder herstellen lässt und dieses elektrische Betriebsmittel unter ihrem eigenen Namen oder ihrer eigenen Marke vermarktet;

Nun stellt sich die Frage, wie der Begriff Betriebsmittel definiert ist.

Antwort: Der Begriff Betriebsmittel ist in der Niederspannungsrichtlinie nicht definiert. Aufschluss in der Frage, ob das obige Messmodul nun in den Geltungsbereich der Niederspannungsrichtlinie fällt, könnte der „EU-Leitfaden zur Anwendung der Niederspannungsrichtlinie 2014/35/EU" geben:

> LEITFADEN ZUR ANWENDUNG DER RICHTLINIE 2014/35/EU, Version November 2016 (aktuell nur als englische Sprachversion veröffentlicht)
>
> § 6: Die Richtlinie gilt für **sämtliche** elektrischen Betriebsmittel[8], die für eine Nenn-Betriebsspannung zwischen 50 und 1000 Volt Wechselstrom bzw. 75 und 1500 Volt Gleichstrom ausgelegt sind. Die Spannungsgrenzen beziehen sich auf die Eingangs- und Ausgangsspannung, nicht auf die Spannung, die innerhalb der Geräte auftreten kann.
>
> Fußnote 8: Der Begriff elektrisches Betriebsmittel wird in der Richtlinie **nicht definiert** und ist deshalb in seiner international anerkannten Bedeutung zu verstehen. Im Internationalen elektrotechnischen Wörterbuch der Internationalen elektrotechnischen Kommission (IEC) wird der Begriff elektrisches Betriebsmittel wie folgt bestimmt: „Produkt, das zum Zweck der Erzeugung, Umwandlung, Übertragung, Verteilung oder Anwendung von elektrischer Energie benutzt wird, zum Beispiel Maschinen, Transformatoren, Schaltgeräte und Steuergeräte, **Messgeräte**, Schutzeinrichtungen, Kabel und Leitungen, elektrische Verbrauchsmittel."

Eine weitere Frage lautet, ob auch Komponenten/Baugruppen von der Niederspannungsrichtlinie erfasst werden.

> LEITFADEN ZUR ANWENDUNG DER RICHTLINIE 2014/35/EU, Version November 2016 (aktuell nur als englische Sprachversion veröffentlicht)
>
> § 7: Generell fallen in den Geltungsbereich der Richtlinie sowohl elektrische Betriebsmittel, die zum **Einbau in andere Geräte** bestimmt sind, als auch solche, die ohne vorherigen Einbau direkt verwendet werden.
>
> Bei einigen Arten elektrischer Betriebsmittel, die so ausgelegt und hergestellt werden, dass sie als Grundbauteile in andere elektrische

Geräte eingebaut werden können, hängt die Sicherheit jedoch weitgehend davon ab, wie die Bauteile in das Endprodukt eingebaut sind und welche Gesamtmerkmale das Endprodukt hat. Zu diesen Grundbauteilen gehören Bauelemente der Elektronik und bestimmte andere Bauteile.[11] Aus den Zielen der Niederspannungsrichtlinie folgt, dass sie nicht für Grundbauteile gilt, deren Sicherheit überwiegend nur im eingebauten Zustand richtig bewertet werden kann und für die eine Risikobewertung nicht vorgenommen werden kann. Auch die CE-Kennzeichnung darf auf diesen Bauteilen nicht angebracht werden, es sei denn, sie fallen unter andere gemeinschaftliche Rechtsakte, in denen die CE-Kennzeichnung vorgeschrieben ist.

Fußnote 11: Hierzu gehören u.a. aktive Bauteile wie integrierte Schaltkreise, Transistoren, Dioden, Gleichrichter, Triacs, GTO, IGTB und optische Halbleiter, passive Bauteile wie Kondensatoren, Induktionsspulen, Widerstände und Filter sowie elektromechanische Bauteile wie Verbindungselemente, Vorrichtungen zum mechanischen Schutz, die Teil der Geräte sind, Relais mit Anschlüssen für Leiterplatten und Mikroschalter.

Für andere elektrische Betriebsmittel, die dazu bestimmt sind, in andere elektrische Geräte eingebaut zu werden und bei denen eine **Risikobeurteilung** durchaus vorgenommen werden kann[12], z.B. Transformatoren und Elektromotoren, **gilt die Richtlinie** und an ihnen muss die CE-Kennzeichnung angebracht werden.

Fußnote 12: In der Regel ist zusätzlich eine Risikobeurteilung für den Einbau solcher Bauteile erforderlich.

Ergebnis zu Schritt 1:

- **Ja,** aufgrund der Spannungsgrenzen fällt dieses Messmodul in den Geltungsbereich der Niederspannungsrichtlinie. Dabei ist es unerheblich, ob das Betriebsmittel an den Endnutzer oder an einen weiterverarbeitenden Betrieb zum Zwecke des Vertriebs überlassen wird. Es liegt in jedem Fall ein Inverkehrbringen vor.
- **Ja,** es ist eine Risikobeurteilung möglich, und zur Erfüllung der grundlegenden Sicherheitsanforderungen nach Anhang I könnte die EN 61010-1 „Sicherheitsbestimmungen für elektrische Mess-, Steuer-, Regel- und Laborgeräte – Teil 1: Allgemeine Anforderungen“ als anwendbare harmonisierte Norm herangezogen werden.

Neu ist, dass sowohl die Niederspannungs- als auch EMV-Richtlinie eine Risikobeurteilung fordern [11]. Dazu findet sich im Blue Guide (Kap. 4.1.2.2, siehe Anhang 11.5) folgende generelle Aussage in Verbindung mit der Anwendung von harmonisierten Normen:

> „Wenn in harmonisierten Normen die wesentlichen Anforderungen, die abgedeckt werden sollen, nicht in ausreichender Klarheit aufgeführt sind, büßen sie ihre Nützlichkeit für die Hersteller ein, da bei der Rechtssicherheit hinsichtlich des tatsächlichen „Umfangs der Konformitätsvermutung“ mit Abstrichen gerechnet werden muss. Eine unklare oder falsche Darstellung der wesentlichen Anforderungen, die abgedeckt werden sollen, kann in bestimmten Fällen zur Erhebung formeller Einwände gegen harmonisierte Normen führen (siehe Abschnitt 4.1.2.5). Wenn eine harmonisierte Norm nur einen Teil der vom Hersteller als anwendbar festgestellten, wesentlichen Anforderungen oder nur bestimmte Aspekte davon abdeckt, muss er üblicherweise andere einschlägige technische Spezifikationen verwenden oder Lösungen im Einklang mit dem allgemeinen Stand der Technik oder Wissenschaft, der in der Literatur niedergelegt ist, entwickeln, um die wesentlichen Anforderungen der betreffenden Rechtsvorschriften zu erfüllen. Ähnlich ist es, wenn ein Hersteller beschließt, nicht alle Bestimmungen einer harmonisierten Norm anzuwenden, die normalerweise eine Konformitätsvermutung begründen würde. In diesem Fall muss er auf der Grundlage seiner Risikobewertung in seinen technischen Unterlagen angeben, wie Konformität gesichert wird oder dass einschlägige wesentliche Anforderungen auf sein Produkt nicht anwendbar seien.

Die EN 61010-1 ist eine der wenigen elektrotechnischen Normen, die bereits einen informativen Anhang hinsichtlich Risikobeurteilung hat, um zu erkennen, ob diese Norm alle grundlegenden Anforderungen der Niederspannungsrichtlinie abdeckt. In anderen Fällen kann zur Risikobeurteilung unter der Niederspannungsrichtlinie der CENELEC Guide 32 (Link 9) angewandt werden.

Im Ergebnis fällt dieses Messmodul unter die Niederspannungsrichtlinie, und es ist das Konformitätsbewertungsverfahren anzuwenden sowie die CE-Kennzeichnung anzubringen. Gemäß Artikel 6 der Niederspannungsrichtlinie hat der Hersteller in seiner Zuliefererrolle Z folgende Rechtspflichten:

§

1. Die Hersteller stellen sicher, dass ihre elektrischen Betriebsmittel, die sie in Verkehr bringen, im Einklang mit den Sicherheitszielen nach Artikel 3 und Anhang I entworfen und hergestellt wurden.
2. Die Hersteller erstellen die **technischen Unterlagen** nach Anhang III und führen das Konformitätsbewertungsverfahren nach Anhang III durch oder lassen es durchführen. Wurde mit dem Konformitätsbewertungsverfahren nach Unterabsatz 1 nachgewiesen, dass ein elektrisches Betriebsmittel den Sicherheitszielen nach Artikel 3 und Anhang I entspricht, stellen die Hersteller eine EU-Konformitätserklärung aus und bringen die CE-Kennzeichnung an.
3. Die Hersteller bewahren die in Anhang III genannten technischen Unterlagen und die EU-Konformitätserklärung **zehn Jahre** ab dem Inverkehrbringen des elektrischen Betriebsmittels auf.
4. Die Hersteller gewährleisten durch geeignete Verfahren, dass bei **Serienfertigung stets Konformität** mit dieser Richtlinie sichergestellt ist. Änderungen am Entwurf des Produkts oder an seinen Merkmalen sowie **Änderungen** in Artikel 12 genannten harmonisierten Normen, der in den Artikeln 13 und 14 genannten internationalen oder nationalen Normen oder anderer technischer Spezifikationen, auf die bei Erklärung der Konformität eines elektrischen Betriebsmittels verwiesen wird, werden angemessen berücksichtigt. Die Hersteller nehmen, falls dies angesichts der von einem elektrischen Betriebsmittel ausgehenden Risiken als angemessen betrachtet wird, zum Schutz der Gesundheit und Sicherheit der Verbraucher **Stichprobenprüfungen** von auf dem Markt bereitgestellten Betriebsmitteln vor, untersuchen die, und führen erforderlichenfalls ein **Verzeichnis der Beschwerden** hinsichtlich nichtkonformer elektrischer Betriebsmittel und **Rückrufe** von elektrischen Betriebsmitteln und halten die **Händler** über diese Überwachung auf dem Laufenden.
5. Die Hersteller gewährleisten, dass die von ihnen in Verkehr gebrachten elektrische Betriebsmittel eine Typen-, Chargen- oder Seriennummer oder ein anderes Kennzeichen zu ihrer **Identifikation** tragen, oder, falls dies aufgrund der Größe oder Art des jeweiligen elektrischen Betriebsmittels nicht möglich ist, dass die erforderlichen Informationen auf der Verpackung oder in den dem elektrischen Betriebsmittel beigefügten Unterlagen angegeben werden.

§

6. Die Hersteller geben ihren Namen, ihren eingetragenen Handelsnamen oder ihre eingetragene Handelsmarke und die Postanschrift (siehe Kapitel 4.2.2.1 und 4.2.2.2, Anhang 11.5), unter der sie erreicht werden können, auf dem elektrischen Betriebsmittel selbst oder, wenn dies nicht möglich ist, auf der Verpackung oder in den dem elektrischen Betriebsmittel beigefügten Unterlagen an. In der Anschrift muss eine zentrale Stelle angegeben sein, unter der der Hersteller kontaktiert werden kann.
7. Die Hersteller gewährleisten, dass dem elektrischen Betriebsmittel eine Betriebsanleitung und die **Sicherheitsinformationen** beigefügt sind, die in einer vom betreffenden Mitgliedstaat festgelegten Sprache, die von den Verbrauchern und sonstigen Endnutzern leicht verstanden werden kann, verfasst sind. Diese Betriebsanleitung und Sicherheitsinformationen sowie alle Kennzeichnungen müssen klar, verständlich und deutlich sein.
8. Hersteller, die der Auffassung sind oder Grund zu der Annahme haben, dass ein von ihnen in Verkehr gebrachtes elektrisches Betriebsmittel nicht den Anforderungen dieser Richtlinie entspricht, ergreifen unverzüglich die **Korrekturmaßnahmen**, die erforderlich sind, um die Konformität dieses elektrischen Betriebsmittels herzustellen oder es gegebenenfalls zurückzunehmen oder zurückzurufen. Außerdem *unterrichten* die Hersteller, wenn mit dem elektrischen Betriebsmittel Risiken verbunden sind, unverzüglich die *zuständigen nationalen Behörden* der Mitgliedstaaten, in denen sie das elektrische Betriebsmittel auf dem Markt bereitgestellt haben, darüber und machen dabei ausführliche Angaben, insbesondere über die Nichtkonformität und die ergriffenen Korrekturmaßnahmen.
9. Die Hersteller stellen der zuständigen nationalen Behörde auf deren begründetes Verlangen alle Informationen und Unterlagen, die für den Nachweis der Konformität des elektrischen Betriebsmittels mit dieser Richtlinie erforderlich sind, in Papierform oder auf elektronischem Wege in einer Sprache zur Verfügung, die von dieser zuständigen nationalen Behörde leicht verstanden werden kann. Sie kooperieren mit dieser Behörde auf deren Verlangen bei allen Maßnahmen zur Abwendung von Risiken, die mit elektrischen Betriebsmitteln verbunden sind, die sie in Verkehr gebracht haben.

Erstaunlicherweise fehlt in der neuen Niederspannungsrichtlinie eine konkrete Regelung zur Sprache der Betriebsanleitung, wie z. B. in der Maschinenrichtlinie. In Ziffer 7 wird der Hinweis gegeben, dass die Mitgliedstaaten in ihren nationalen Rechtsvorschriften die Sprache festlegen, was es dem Hersteller nicht leichter macht, da er dazu in allen Mitgliedstaaten die nationalen Vorschriften analysieren müsste.

Bestimmte Aspekte wie z. B. behördliche Befugnisse oder Strafen sind generell in den **nationalen** (einzelstaatlichen) Umsetzungsvorschriften geregelt. Die grundlegenden Anforderungen sowie die einzelnen Verpflichtungen der Wirtschaftsakteure sind auf der EU-Ebene geregelt. Das Thema „Gebrauchs-/Bedienungs-/Betriebsanleitung" (weitere Erläuterungen zu diesem Thema siehe Kapitel 8) ist nicht in allen Harmonisierungsrechtsvorschriften geregelt. Z. B. enthält die Maschinenrichtlinie Regeln, die Niederspannungsrichtlinie aber wiederum nicht.

Wenn es gemeinschaftsweit nicht geregelt ist, gelten die einzelstaatliche Regeln, so im Deutschen Produktsicherheitsgesetz.

§ Produktsicherheitsgesetz (ProdSG) → Artikel 3 Abs. 4:

„**Sind** bei der Verwendung, Ergänzung oder Instandhaltung eines Produkts bestimmte Regeln zu beachten, um den Schutz von Sicherheit und Gesundheit zu gewährleisten, ist bei der Bereitstellung auf dem Markt hierfür eine **Gebrauchsanleitung in deutscher Sprache** mitzuliefern, sofern in den Rechtsverordnungen nach § 8 keine anderen Regelungen vorgesehen sind."

Schritt 2: Anwendbarkeit der EMV-Richtlinie

Jetzt muss der Hersteller Z im zweiten Schritt prüfen, inwieweit die EMV-Richtlinie 2014/30/EU rechtsverbindlich anzuwenden ist.

Zunächst regelt die Richtlinie 2014/30/EU die elektromagnetische Verträglichkeit von elektrischen Betriebsmitteln, und zwar sowohl von Geräten als auch von ortsfesten Anlagen. Nun stellt sich die Frage, ob **mit** dem Begriff „Geräte" auch Bauteile oder Baugruppen gemeint sind. Dazu findet der Hersteller Z im Artikel 3 Abs. 2 Nr. 1 der EMV-Richtlinie folgende Begriffsbestimmung:

§

Für Zwecke dieser Richtlinie gelten als Geräte

1. „Bauteile“ und „Baugruppen“, die dazu bestimmt sind, vom **Endnutzer** in ein Gerät **eingebaut** zu werden, und die elektromagnetische Störungen verursachen können oder deren Betrieb durch elektromagnetische Störungen beeinträchtigt werden kann.

Daraus folgt, dass die EMV-Richtlinie an den Hersteller Z keine gesetzlich zu erfüllenden EMV-Anforderungen stellt. Bleibt allerdings die Frage offen, wie denn der Begriff „Endnutzer“ zu interpretieren ist. Ähnlich wie in der Niederspannungsrichtlinie mit dem Begriff Betriebsmittel ist auch in der EMV-Richtlinie der Begriff Endnutzer nicht definiert. In der Beratungspraxis kam es schon vor, dass einige Hersteller diesen Begriff mit dem Begriff „Endverbraucher“ verwechselt haben und die EMV-RL nicht angewandt haben. Sie könnten dann Probleme mit der Bundesnetzagentur als zuständige Marktaufsichtsbehörde bekommen. Auch hier empfiehlt sich, einen Blick in den EMV-Leitfaden der EU-Kommission zu werfen. Dort sind entsprechende Erläuterungen zu finden.

Leitfaden zur Anwendung der Richtlinie 2004/108/EG des Rates vom 15. Dezember 2004 zur Angleichung der Rechtsvorschriften der Mitgliedstaaten über die elektromagnetische Verträglichkeit (aktuell noch gültig, da mit der Veröffentlichung des neuen Leitfadens voraussichtlich erst im Sommer 2017 zu rechnen ist)

1.2 Was umfasst der Ausdruck Gerät?

...

Eine der Voraussetzungen, die ein Gerät erfüllen muss, um als Gerät im Sinne der EMV-Richtlinie zu gelten, ist die, dass es für Endnutzer bestimmt ist. Im Zusammenhang mit dem Leitfaden **bezeichnet der Ausdruck Endnutzer** eine natürliche Person (z. B. Verbraucher) oder eine rechtliche Einheit (z. B. Unternehmen), die das Gerät bestimmungsgemäß nutzt oder beabsichtigt, es bestimmungsgemäß zu nutzen.

Im Allgemeinen wird unterstellt, dass ein Endnutzer **nicht** über Fachkenntnisse auf dem Gebiet der elektromagnetischen Verträglichkeit verfügt.

...

1.2.3 Bauteile/Baugruppen

Im Gegensatz zu fertigen Apparaten verfügen Bauteile/Baugruppen im Allgemeinen nicht über ein eigenes, für die Endnutzung bestimmtes Gehäuse. Bauteile/Baugruppen sind häufig dazu bestimmt, in ein Gerät **ein-** oder an ein Gerät **angebaut** zu werden, damit dieses eine zusätzliche Funktion erhält.

1.2.3.2 Nicht im Anwendungsbereich liegende Bauteile/Baugruppen

Bauteile/Baugruppen, die **nicht vom Endnutzer** selbst in ein Gerät und/oder eine nachfolgende Baugruppe einzubauen sind, gelten nicht als Geräte und fallen deshalb nicht unter die EMV-Richtlinie.

Gemäß den Erläuterungen würde diese Art von Baugruppe nicht in den Geltungsbereich der EMV-Richtlinie fallen. Der Systemintegrator hat dementsprechend keinen Rechtsanspruch auf die CE-Kennzeichnung im Zusammenhang mit der EMV-Richtlinie. Aus Sicht des Systemintegrators sollte er deshalb mit dem Hersteller Z eine entsprechende vertragliche Vereinbarung über die Erfüllung beispielsweise der technischen EMV-Grenzwerte vereinbaren (z. B. gemäß EN 61326-1).

Ergebnis Schritt 2:

- **Nein**, dieses Messmodul unterliegt nicht den Bestimmungen der EMV-Richtlinie, da es nicht dem Endnutzer, sondern einem weiterverarbeitenden Betrieb zum Zwecke der Integration überlassen wird.

Schritt 3: Anwendbarkeit der neuen RoHS-Richtlinie

Die erste Fassung der RoHS-Richtlinie (RoHS-RL) 2002/95/EG wurde zum 3. Januar 2013 durch die neue RoHS-RL 2011/65/EU ersetzt. Unter Berücksichtigung von Übergangsfristen für bestimmte Produktkategorien ist die RoHS-RL „CE-relevant" und muss – wenn ein Elektro- und Elektronikgerät in den Geltungsbereich fällt – in der EU-Konformitätserklärung mit aufgeführt werden (siehe auch Abschnitt 5.25).

Um zu entscheiden, ob das Messmodul in den Geltungsbereich der neuen RoHS-RL fallen wird, ist der Begriff Elektro- und Elektronikgerät gemäß Artikel 3 Nr. 1 zu analysieren.

> §
> „Elektro- und Elektronikgeräte“ sind Geräte, die zu ihrem ordnungsgemäßen Betrieb von elektrischen Strömen oder elektromagnetischen Feldern abhängig sind, und Geräte zur Erzeugung, Übertragung und Messung solcher Ströme und Felder, die für den Betrieb mit Wechselstrom von **höchstens** 1000 Volt bzw. Gleichstrom von höchstens 1500 Volt ausgelegt sind

Somit ist zunächst geklärt, dass es keine untere Spannungsgrenze wie bei der Niederspannungsrichtlinie gibt. Eine Aussage zu Baugruppen enthält diese Definition nicht, allerdings sind in Absatz 4 des Artikels 2 (Geltungsbereich) die Ausschlussklauseln definiert. U. a. gilt gemäß lit. c) Folgendes:

> §
> Geräte, die **speziell als Teil eines anderen**, von dieser Richtlinie **ausgenommenen** oder nicht in den Geltungsbereich dieser Richtlinie fallenden Gerätetyps konzipiert sind und als ein solches Teil installiert werden sollen, die ihre Funktion nur als Teil dieses Geräts erfüllen können und die nur durch gleiche, speziell konzipierte Geräte ersetzt werden können

Demnach ist zu prüfen, ob das Endprodukt Messgerät unter die neue RoHS-Richtlinie fallen wird. Durch die neue Produktkategorie 9 „Überwachungs- und Kontrollinstrumente“ können solche Messgeräte erfasst sein.

Ergebnis Schritt 3:

- **Ja**, das elektronische Messmodul fällt seit 3. Januar 2013 unter die RoHS II-Regelungen.
- Gemäß Artikel 4 Abs. 3 gelten die RoHS-II-Regelungen für industrielle Überwachungs- und Kontrollinstrumente allerdings erst ab dem 22. Juli 2017. Der Hersteller hat also die Wahl, ob er bereits jetzt oder erst ab 22. Juli 2017 die RoHS-II-Konformität bescheinigt.

Bis zum 3. Januar 2013 basierte die CE-Kennzeichnung allein auf der Niederspannungsrichtlinie. Anhand der CE-Kennzeichnung allein ist nicht zu erkennen, auf welchen Harmonisierungsrechtsvorschriften die CE-Kennzeichnung basiert. Dies ist ausschließlich der EU-Konformitätserklärung zu entnehmen.

1. Der Reisepass ist die EU-Konformitätserklärung, da sowohl die Marktaufsichtsbehörden als auch die weiterverarbeitenden Betriebe sowie die Endnutzer einzig an der EU-Konformitätserklärung erkennen können, für welche Harmonisierungsrechtsvorschrift die Konformität bescheinigt wurde.
2. Untersagt eine Harmonisierungsrechtsvorschrift die CE-Kennzeichnung, gilt dies nur für die jeweils betrachtete Vorschrift. Damit ist nicht gemeint, dass automatisch jegliche CE-Kennzeichnung, die ggf. von einer anderen Harmonisierungsrechtsvorschrift gefordert wird, untersagt ist.
3. Es ist gewissenhaft zu prüfen, ob ein Produkt in den Geltungsbereich einer oder mehrerer Harmonisierungsrechtsvorschriften fällt. Dabei muss es sich nicht zwangsläufig nur um fertige Endprodukte handeln, sondern auch Baugruppen können entsprechenden Rechtsvorschriften unterliegen.
4. Es ist ein Monitoring der Rechtsvorschriften erforderlich, da sich nicht nur technische Normen, sondern auch Rechtsnormen ändern bzw. als zusätzliche Rechtsanforderungen veröffentlicht werden (siehe auch Abschnitt 7.3).

2.3 Welche Zielgruppen und welche Märkte wollen Sie mit Ihren Produkten ansprechen?

Abhängig von den von Ihnen avisierten Zielgruppen sind die Anforderungen an Ihr Produkt und nicht zuletzt auch an die Benutzerinformation unterschiedlich. Was hat die Zielgruppe mit dem Produkt oder auch der Benutzerinformation zu tun? Ihr Produkt einschließlich der Benutzerinformation muss zielgruppengerecht ausgeführt sein!

2.3.1 Welche Zielgruppe?

Definieren Sie in einem ersten Schritt, ob Sie ein „business to business" (B2B)-Produkt haben oder ob es sich um ein Verbraucherprodukt im Sinne des „business to consumer" (B2C) handelt. Besteht die Möglichkeit, dass ein B2B-Produkt plötzlich bei privaten Konsumenten auftaucht? Um diese Umstände in Erfahrung zu bringen, sollten Sie eine aktive und funktionierende Markt- und Produktbeobachtung für Ihr Unternehmen installieren. Dadurch können Sie solche sogenannten Migrationsprodukte entdecken und entsprechende Maßnahmen ergreifen.

Eine Möglichkeit der Klassifizierung/Unterscheidung in Zielgruppen ist die folgende:

- allgemeine Öffentlichkeit
- Behinderte
- Senioren
- Kinder
- ungelernte Kräfte
- Facharbeiter
- Auszubildende, Praktikanten, Ferienjobber.

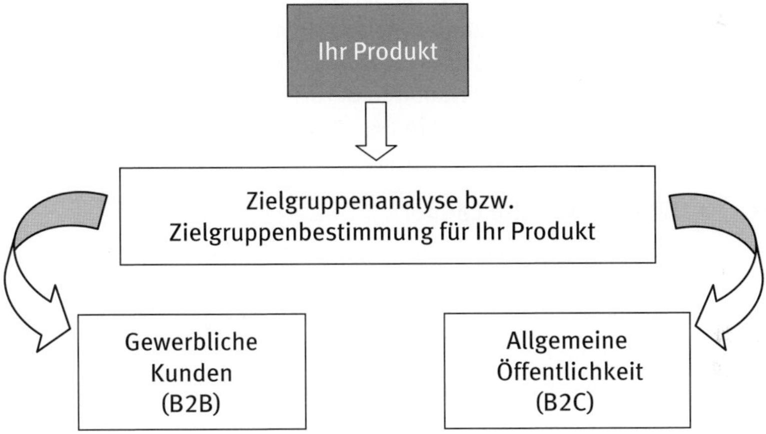

Abbildung 2: Produkt und dessen Nutzergruppe

Sie sind gefordert, zielgruppenspezifische Merkmale in Ihr Produkt zu integrieren. Ein Telefon für Senioren sollte aus diesen zielgruppenspezifischen Gründen nicht über ein Mini-Display und miniaturisierte Tasten verfügen. Das wäre schlicht an den Bedürfnissen der Zielgruppe vorbei konzipiert. Dieses Beispiel würde Ihnen nur einen wirtschaftlichen Misserfolg bescheren. Stellen Sie sich einen Tischventilator vor, dessen Schutzgitter die Maschenweite und den Abstand zum Lüfter für Erwachsene berücksichtigt und der für Konsumenten überall zu erwerben ist. Ein Erwachsener erwirbt Ihren Tischventilator. Bei ihm zuhause freuen sich seine Kinder über die sommerliche Erfrischung. Die Kinder testen den Tischventilator mit ihren Kinderhänden. Kinderhände und Kinderfinger sind kleiner als die der Erwachsenen. Somit ist das rotierende Lüfterrad für Kinderfinger erreichbar.

Bei Produkten für die allgemeine Öffentlichkeit sollten Sie immer auch in Betracht ziehen, dass Kinder, Senioren oder Behinderte Umgang mit Ihrem Produkt haben, denken Sie hier wieder an den Tischventilator. Sind Kinder Ihre Zielgruppe, so sind auch die anthropometrischen Daten von Kindern zu berücksichtigen.

Demgegenüber können Sie sicherlich Kinder und die allgemeine Öffentlichkeit als Zielgruppe ausschließen, wenn Sie ein reines B2B-Produkt haben. Hierbei müssen Sie nur noch festlegen bzw. untersuchen, ob Ihre Zielgruppe ausschließlich Facharbeiter sind oder auch aus ungelernten Kräften besteht. Warum? Von einem Facharbeiter dürfen Sie aufgrund seiner Ausbildung ein anderes und besseres technisches Verständnis für Ihr Produkt erwarten als von einer ungelernten Person. Einer Elektro-Fachkraft z. B. reicht es, wenn Sie die fünf elektrischen Grundregeln aufzählen. Diese Elektro-Fachkraft muss aufgrund ihrer Ausbildung wissen, was zu tun ist. Das Vorhandensein von ausgebildeten Facharbeitern mit einem anerkannten Berufsbild hängt auch sehr stark von dem Land ab, in dem Sie Ihr Produkt in den Verkehr bringen.

2.3.2 Welche Märkte – welche Länder?

Jeder Markt, d. h. jedes Land, hat seine eigenen rechtlichen Bestimmungen, die beim Inverkehrbringen von Produkten einzuhalten sind. Aus diesem Grund ist es für Sie unerlässlich, sich mit den rechtlichen Bestimmungen Ihres Ziellandes auseinanderzusetzen. Listen Sie die

Länder auf, in denen Sie Ihre Produkte in den Verkehr bringen möchten, z. B.

- Deutschland und/oder
- Europa und/oder
- USA/Kanada und/oder
- weltweit.

Deutschland dürfte für Sie am einfachsten sein. Es ist Ihr Heimatmarkt, Sie beherrschen seine Muttersprache und wissen um die Vorlieben Ihrer Zielgruppe. Die kulturellen Eigenheiten der Deutschen sind Ihnen auch vertraut. Weiterhin ist es ein großer Vorteil, dass es in Deutschland anerkannte Berufsbilder gibt, z. B. Elektro-Fachkraft bzw. Elektro-Installateur. Bei einem B2B-Produkt können Sie für bestimmte Tätigkeiten von einer vorhandenen Qualifikation ausgehen. Auf europäischer Ebene haben Sie in den einzelnen Mitgliedstaaten nicht immer diese anerkannten Berufsbilder.

Die Märkte der USA, Kanadas, des Nahen Ostens, von Asien, Latein- und Südamerika sind nicht Inhalt dieses Buches. Für diese Märkte gilt allerdings ein identisches Prozedere: Prüfen Sie **vor dem Inverkehrbringen**, welche rechtlichen Bestimmungen Sie dort beachten müssen. Es bewahrt Sie vor eventuellen bösen Überraschungen und finanziellen Risiken (siehe auch Kapitel 7, 9 und 10).

3 CE-Kennzeichnung – Die neue Konzeption

3.1 Einführung

Das Gesamtkonzept basiert auf einer Entschließung des Rates von 1985 [3]. Es enthält die nachstehenden Leitlinien für eine Gemeinschaftspolitik auf dem Gebiet der Konformitätsbewertung:

- Entwicklung eines kohärenten Konzepts in der gemeinschaftlichen Gesetzgebung durch die Einführung von Modulen für die einzelnen Phasen der Konformitätsbewertungsverfahren und die Aufstellung von Kriterien für deren Anwendung, für die Benennung der für diese Verfahren zuständigen Stellen und für die Verwendung der CE-Kennzeichnung,
- allgemeine Verwendung der Europäischen Normen für die Qualitätssicherung (Normenreihe EN ISO 9000) und für die Anforderungen, denen für die Qualitätssicherung zuständige Konformitätsbewertungsstellen genügen müssen (Normenreihe EN ISO 17000),
- Förderung der Einrichtung von Akkreditierungsstellen (notifizierte Stellen) und des Einsatzes von Techniken für Vergleichsversuche in den Mitgliedstaaten und auf Gemeinschaftsebene,
- Förderung von Vereinbarungen über die gegenseitige Anerkennung von Prüfungen und Zertifizierungen im nicht reglementierten Bereich (für Produkte, die keiner Richtlinie aus dem neuen Konzept unterliegen),
- Minimierung der zwischen den Mitgliedstaaten und zwischen den gewerblichen Bereichen bei den vorhandenen Infrastrukturen für die Qualitätssicherung (z. B. Eich- und Messsysteme, Prüflaboratorien, Zertifizierungs- und Überwachungsstellen sowie Akkreditierungsstellen) bestehenden Unterschiede durch entsprechende Programme,
- Förderung des internationalen Handels zwischen der Gemeinschaft und Drittländern durch Vereinbarungen über die gegenseitige Anerkennung von Konformitätsbewertungsverfahren sowie Kooperations- und Technische-Hilfe-Programme.

Dieses Gesamtkonzept hat einen modularen Ansatz eingeführt, durch den die Konformitätsbewertung eines Produktes in eine Reihe von Phasen (Module) unterteilt wird. Diese Module unterscheiden sich nach den folgenden Punkten:

- der Entwicklungsstufe des Produkts (z. B. Entwurf, Prototyp, Produktion im vollen Umfang),
- der Art der durchgeführten Bewertung (z. B. Belegprüfung, Bauartzulassung, Qualitätssicherung) und
- der die Bewertung durchführenden Person (Hersteller oder neutrale Stelle).

Mit den Beschlüssen 90/683/EWG und 93/465/EWG über die in den technischen Harmonisierungsrichtlinien zu verwendenden Module für die verschiedenen Phasen der Konformitätsbewertungsverfahren wurde die Basis für verschiedene Module für die Konformitätsbewertung geschaffen. Der Beschluss 93/465/EWG ist durch den Beschluss 768/2008/EG im Rahmen der Überarbeitung des New Approach seit 9.7.2008 aufgehoben, siehe auch Abschnitt 3.4. Der Beschluss 768/2008/EG legt den allgemeinen Rechtsrahmen und die detaillierten Verfahrensweisen für die Konformitätsbewertung fest, die in den Richtlinien des neuen Konzeptes verwendet werden. Die Regeln für das Anbringen und Verwenden der CE-Kennzeichnung sind vereinheitlicht worden.

Die Konformitätsbewertung in Richtlinien nach dem neuen Konzept basiert auf folgenden Punkten:

- interne Entwurfs- und Fertigungskontrolltätigkeiten des Herstellers,
- Baumusterprüfung durch eine notifizierte Stelle, kombiniert mit internen Fertigungskontrolltätigkeiten des Herstellers,
- Baumuster- oder Entwurfsprüfung durch eine notifizierte Stelle, kombiniert mit der Zulassung für Qualitätssicherungssysteme für Produkte bzw. Produktion durch eine notifizierte Stelle oder Prüfung der Produkte durch eine notifizierte Stelle,
- Einzelprüfung hinsichtlich Entwurf und Produktion durch eine notifizierte Stelle oder
- Zulassung für umfassende Qualitätssicherungssysteme durch eine notifizierte Stelle.

Eine Übersicht der verschiedenen Module ist im Anhang IV im Blue Guide 2016 dargestellt (siehe Abschnitt 11.5, Kapitel 5).

3.2 Das neue Konzept (New Approach)

Das neue Konzept soll den freien Warenverkehr innerhalb des europäischen Binnenmarktes ermöglichen bzw. vereinfachen und bildet die Grundlage des Binnenmarktes. In einem (EU-)Land legal hergestellte und in Verkehr gebrachte Produkte können im Prinzip in der gesamten Gemeinschaft frei vertrieben werden, sofern diese Produkte festgelegten Schutzniveaus entsprechen. Dazu sind lediglich leistungsbezogene und ergebnisorientierte wesentliche Anforderungen festgelegt.

Handelshemmnisse, die sich aus Unterschieden in den Rechtsvorschriften der Mitgliedstaaten ergeben, sind nur unter bestimmten Umständen akzeptabel. Die EU-Kommission hat mit dem Blue Guide (Link 2 bzw. Anhang 11.5) einen Leitfaden für die Umsetzung der nach dem neuen Konzept und dem Gesamtkonzept verfassten Richtlinien veröffentlicht. Dieser enthält nützliche Hinweise z. B. dafür, wie der Herstellerbegriff (siehe Kapitel 3.1 im Anhang 11.5) zu interpretieren ist.

3.3 Grundsätze des neuen Konzeptes

Um diese Grundlage für den freien Warenverkehr innerhalb des Binnenmarktes zu schaffen, war eine neue ordnungspolitische Verfahrensweise und Strategie notwendig. Diese wurde in der Entschließung des Rates von 1985 über eine neue Konzeption auf dem Gebiet der technischen Harmonisierung und der Normung festgelegt [3]. Diese neue Konzeption basiert auf folgenden Grundsätzen:

- Die Harmonisierung der Rechtsvorschriften beschränkt sich auf die Festlegung der wesentlichen Anforderungen, denen die in der Gemeinschaft in den Verkehr gebrachten Produkte genügen müssen, damit für sie der freie Warenverkehr in der Gemeinschaft gewährleistet ist.
- Die technischen Spezifikationen für Produkte, die den in den Richtlinien enthaltenen wesentlichen Anforderungen entsprechen, werden in harmonisierten Normen festgelegt (sogenannte technische Konkretisierung).
- Die Anwendung der harmonisierten oder sonstigen Normen bleibt freiwillig, und dem Hersteller steht es frei, andere technische Spezifikationen zu benutzen, um den Anforderungen zu entsprechen.
- Bei Produkten, die nach harmonisierten Normen hergestellt worden sind, wird davon ausgegangen, dass sie den von diesen harmonisierten Normen erfassten grundlegenden Anforderungen entsprechen.

Das neue Konzept verlangt das Einhalten der wesentlichen Anforderungen, die in Richtlinien und Verordnungen (Harmonisierungsrechtsvorschriften) festgelegt sind. Alle Harmonisierungsrechtsvorschriften nach dem neuen Konzept verfügen über einen identischen Aufbau (siehe Abschnitt 4.2).

> Für verschiedene Harmonisierungsrechtsvorschriften gibt es von der Europäischen Kommission offizielle Leitfäden, die die Interpretation der entsprechenden Harmonisierungsrechtsvorschriften erleichtern.

In Tabelle 6 sind die Harmonisierungsrechtsvorschriften der neuen Konzeption gelistet. Zusätzlich wird angegeben, ob seitens der EU-Kommission Leitfaden zur Anwendung der Harmonisierungsrechtsvorschriften veröffentlicht wurden. Diese sind über die entsprechenden Internetseiten der EU zu finden. Über den zentralen Link 3 gelangen Sie zu den regulierten Produkt- und Industriesektoren mit weiterführenden Informationen sowie Interpretationshilfen.

Tabelle 6: Übersicht der Harmonisierungsrechtsvorschriften der neuen Konzeption

Titel der Richtlinie	Nummer der Erstausgabe	Nummer Stand 04/2016	Leitfaden vorhanden [J/N]
Niederspannungsgeräte	73/23/EWG	2014/35/EU	J
Einfache Druckbehälter	87/404/EWG	2014/29/EU	J[1]
Spielzeug	88/378/EWG	2009/48/EG	J
Bauprodukte	89/106/EWG	Verordnung (EU) Nr. 305/2011	N
Elektromagnetische Verträglichkeit	89/336/EWG	2014/30/EU	N
Maschinen	89/392/EWG	2006/42/EG	J
Persönliche Schutzausrüstungen	89/686/EWG	Verordnung (EU) 2016/425	J
Nichtselbsttätige Waagen	90/384/EWG	2014/31/EU	J[2]
Aktive implantierbare medizinische Geräte	90/385/EWG	90/385/EWG	N
Gasverbrauchseinrichtungen	90/396/EWG	Verordnung (EU) 2016/426	J[3]
Warmwasserheizkessel	92/42/EWG	92/42/EWG, teilweise aufgehoben durch Verordnung (EU) 813/2013	N
Explosivstoffe für zivile Zwecke	93/15/EWG	2014/28/EU	N
Medizinprodukte	93/42/EWG	93/42/EWG	J[4]
Explosionsgefährdete Bereiche	94/9/EG	2014/34/EU	J
Sportboote	94/25/EG	2013/53/EU	J

Titel der Richtlinie	Nummer der Erstausgabe	Nummer Stand 04/2016	Leitfaden vorhanden [J/N]
Aufzüge	95/16/EG	2014/33/EU	J
Energieeffizienz Kühl- und Gefriergeräte[5]	96/57/EG	2009/125/ EG und Verordnung (EU) 813/2013	N
Öko-Design-Richtlinie nebst Verordnungen	2005/32/EG	2009/125/EG Verordnung (EU) 813/2013	N
Druckgeräte	97/23/EG	2014/68/EU	N
In-vitro-Diagnostika	98/79/EG	98/79/EG	N
Funkanlagen und Telekommunikationsendeinrichtungen	1999/5/EG	2014/53/EU	J[6]
Messgeräte	2004/22/EG	2014/32/EU	N
Seilbahnen für den Personenverkehr	2000/9/EG	Verordnung (EU) 2016/424	J
RoHS-Richtlinie	2011/65/EU	2011/65/EU	J

1 Zu Richtlinie 87/404/EWG
2 Zu Richtlinie 90/384/EWG
3 Zu Richtlinie 90/396/EWG
4 Verschiedene Leitfäden zu einzelnen Aspekten oder Produkten
5 Diese Einzel-Richtlinie wurde durch die Rahmenrichtlinie 2009/125/EG ersetzt. Als Durchführungsmaßnahme speziell für Kühl- und Gefriergeräte innerhalb des Geltungsbereiches der 2009/125/EG gilt aktuell die Verordnung (EG) 643/2009.
6 Zu Richtlinie 1999/5/EG

Aktuell ist die Landschaft der europäischen Regelwerke bezüglich ihres Aufbaus heterogen. Diesem Umstand und dem notwendigen Verbesserungsbedarf wurde mit der Überarbeitung des New Approach Rechnung getragen, siehe Abschnitt 3.4.

3.4 Überarbeitung der neuen Konzeption

Das neue Konzept oder auch Harmonisierungskonzept der EU wurde von den Beteiligten als erfolgreiches und relativ einfach anzuwendendes Instrument angesehen. In zwei Punkten gab oder gibt es bei den Marktteilnehmern Probleme: die unterschiedliche Anwendung sowie die Umsetzung von Marktaufsichtskontrollen in den einzelnen Mitgliedstaaten.

Im Jahr 2008 wurden zwei Verordnungen und ein Beschluss veröffentlicht, welche die Revision des New Approach darstellen – das sogenannte New Legislative Framework (NLF), siehe auch Link 4.

Diese Regularien sind:

- Verordnung (EG) 764/2008 zur Festlegung von Verfahren im Zusammenhang mit der Anwendung bestimmter nationaler technischer Vorschriften für Produkte, die in einem anderen Mitgliedstaat rechtmäßig in den Verkehr gebracht worden sind, und zur Aufhebung der Entscheidung Nr. 3052/95/EG – anzuwenden seit 13.5.2009
- Verordnung (EG) 765/2008/EG über die Vorschriften für die Akkreditierung und Marktüberwachung im Zusammenhang mit der Vermarktung von Produkten und zur Aufhebung der Verordnung (EWG) Nr. 339/93 des Rates – anzuwenden seit 1.1.2010
- Beschluss 768/2008/EG über einen gemeinsamen Rechtsrahmen für die Vermarktung von Produkten und zur Aufhebung des Beschlusses 93/465/EWG des Rates.

Die EU-Kommission hat neun Richtlinien an den Beschluss 768/2008/EG angepasst, siehe Tabelle 7.

Tabelle 7: Liste der angepassten EU-Richtlinien

EU-Richtlinien und deren Änderungen	Angepasste Harmonisierungs-rechtsvorschrift	Kurztitel der Richtlinien
93/15/EWG	2014/28/EU	Richtlinie über Explosivstoffe für zivile Zwecke
94/9/EG	2014/34/EU	ATEX-Richtlinie
95/16/EG	2014/33/EU	Aufzugsrichtlinie
2004/22/EG	2014/32/EU	Messgeräterichtlinie
2004/108/EG	2014/30/EU	Elektromagnetische Verträglichkeit (EMV-Richtlinie)

EU-Richtlinien und deren Änderungen	Angepasste Harmonisierungsrechtsvorschrift	Kurztitel der Richtlinien
2006/95/EG	2014/35/EU	Niederspannungsrichtlinie (NSR)
2007/23/EG	2013/29/EU	Richtlinie über das Inverkehrbringen pyrotechnischer Gegenstände
2009/23/EG	2014/31/EU	Richtlinie über nichtselbsttätige Waagen
2009/105/EG	2014/29/EU	Richtlinie über einfache Druckbehälter

Es gibt bereits vier Harmonisierungsrechtsvorschriften, die die Struktur gemäß Anhang I des Beschlusses 768/2008/EG haben:

- Spielzeugrichtlinie 2009/48/EG,
- Öko-Design-Richtlinie 2009/125/EG,
- Verordnung (EU) 305/2011 über Bauprodukte und die
- Neufassung der RoHS-Richtlinie 2011/65/EU, die seit 3.1.2013 CE-relevant ist.

Gemäß Verordnung (EG) 765/2008 bzw. dem Beschluss 768/2008/EG gilt eine neue zweigeteilte Definition in Bezug auf das Inverkehrbringen.

§ **Bereitstellung auf dem Markt** ist jede entgeltliche oder unentgeltliche Abgabe eines Produkts zum Vertrieb, Verbrauch oder zur Verwendung auf dem Gemeinschaftsmarkt im Rahmen einer Geschäftstätigkeit.

Inverkehrbringen ist die erstmalige Bereitstellung eines Produkts auf dem Gemeinschaftsmarkt.

Gemäß den in jüngster Zeit veröffentlichten Harmonisierungsrechtsvorschriften, den neun anzupassenden Richtlinien sowie den zukünftigen Harmonisierungsrechtsvorschriften

- bringen Hersteller oder Einführer (Importeure) Produkte in den Verkehr (Abbildung 3), aber
- die Händler stellen Produkte zum Zwecke des Vertriebs auf dem Markt bereit.

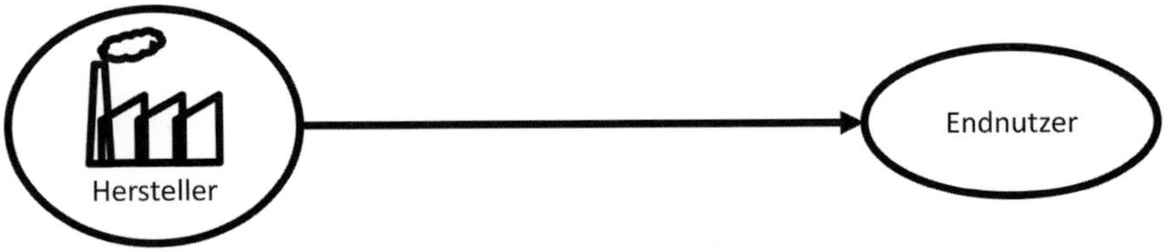

Abbildung 3: Schnittstelle „Hersteller → Endnutzer“, z. B. Direktvertrieb in Deutschland

Bevor ein Produkt in Verkehr gebracht werden darf, sind die in den jeweiligen Harmonisierungsrechtsvorschriften für den Hersteller sowie den Einführer genannten Anforderungen zu erfüllen. Wie das Beispiel in Abschnitt 2.2 zeigt, werden Geräte, Systeme oder Baugruppen, die durch den Endnutzer in ein anderes Gerät eingebaut werden, von der EMV-Richtlinie erfasst. Der Hersteller muss das jeweilige Konformitätsbewertungsverfahren anwenden. Sitzt der Hersteller außerhalb der EU, kann er einen Bevollmächtigten mit bestimmten administrativen Aufgaben betrauen. Dabei kann der Hersteller die Unterzeichnung der EU-Konformitätserklärung auch an einen Bevollmächtigten delegieren, oder er muss sie selbst unterschreiben. Der Einführer darf nur Produkte in den Verkehr bringen, wenn diese rechtskonform mit den einschlägigen Harmonisierungsrechtsvorschriften sind. Er muss sich also vergewissern, dass der Hersteller seinen Verpflichtungen nachgekommen ist. Wie er dies tut, ist ihm überlassen. Er kann dies beispielsweise durch Qualitätssicherungsvereinbarungen, Audits vor Ort oder Kontrollprüfungen (z. B. durch entsprechende Prüforganisationen) organisieren.

Ist in der Lieferkette zwischen Hersteller und Endnutzer noch ein Händler zwischengeschaltet (Abbildung 4), ist die erstmalige Bereitstellung auf dem Markt abgeschlossen, wenn der Hersteller die Ware an den Händler verkauft hat. An dieser Schnittstelle muss die CE-Kennzeichnung erfolgt und die Ware rechtskonform produziert worden sein. Der Händler hat bei der Weitergabe der Ware an den Endnutzer keine Herstellerpflichten und muss demzufolge auch keine neue EU-Konformitätserklärung mehr ausstellen. Er hat allerdings entsprechende Kontrollpflichten und muss diesen Rechtspflichten vor der Bereitstellung auf dem Markt nachkommen.

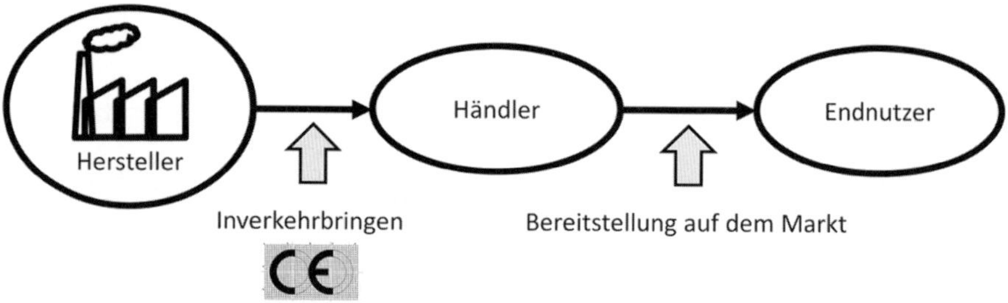

Abbildung 4: Bereitstellung auf dem Markt in der Lieferkette

Einführer und Händler können unter gewissen Umständen auch zum Hersteller werden (auch als Quasi-Hersteller bezeichnet), siehe Beschluss 768/2008/EG.

> §
> „Ein Einführer oder Händler gilt als Hersteller für die Zwecke [dieses Rechtsakts] und unterliegt den Verpflichtungen eines Herstellers nach [R2], wenn er ein Gerät unter seinem eigenen Namen oder seiner eigenen Marke in Verkehr bringt oder ein bereits auf dem Markt befindliches Produkt so ändert, dass die Konformität mit den geltenden Anforderungen beeinträchtigt werden kann.“

In diesem Fall müssen die beiden angesprochenen Wirtschaftsakteure eine eigene EU-Konformitätserklärung ausstellen und sind demzufolge für die Produktkonformität verantwortlich.

Solange die Ware beim Hersteller noch im Lager liegt, liegt noch kein Inverkehrbringen vor. Das Überlassen eines Produkts an einen anderen findet erst dann statt, wenn der andere (z. B. der Händler in Abbildung 5) den Besitz des Produkts erwirbt (vgl. auch §§ 854 und 855 BGB).

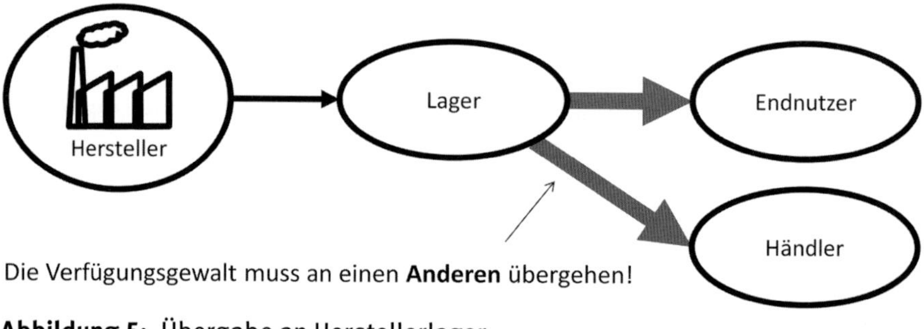

Abbildung 5: Übergabe an Herstellerlager

Handelt es sich bei dem anderen um eine juristisch eigenständige Unternehmung (z. B. die Vertriebs GmbH, siehe Abbildung 6), gilt die Ware als in Verkehr gebracht. Dies kann bedeutsam sein, wenn sich z. B. Normen ändern und, wie in Abbildung 5 dargestellt, sich die Ware noch im Herstellerlager befindet. Wenn die Normänderung von Relevanz ist (sich z. B. ein neuer Sicherheitsaspekt ergeben hat) und es auch keine Übergangsfristen gibt oder diese abgelaufen sind, dann geht von der ersetzten Norm keine Konformitätsvermutung mehr aus, und dementsprechend wechselt das Konformitätsbewertungsverfahren, was in der EU-Konformitätserklärung kenntlich gemacht werden muss (siehe Abschnitt 6.3).

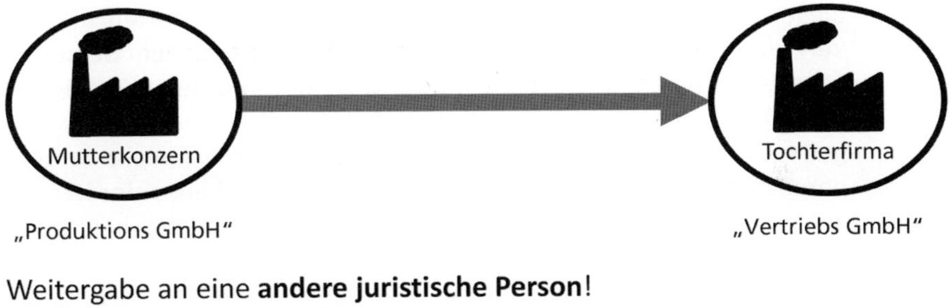

Abbildung 6: Juristisch eigenständige Vertriebstochter

Weiterführende Erläuterungen zu diesen oder weiteren Themen enthält der Blue Guide der EU-Kommission (Link 2). In diesem Zusammenhang wird auf die hilfreichen LASI-Veröffentlichungen (LV) des Länderausschusses für Arbeitsschutz und Sicherheitstechnik hingewiesen (Link 11), wie z. B. die „Leitlinien zum Geräte- und Produktsicherheitsgesetz" (LV 46).

3.5 Anforderungen für Benutzer und Arbeitgeber

Die Harmonisierungsrechtsvorschriften stellen Anforderungen an das Bereitstellen von Produkten sowie im Einzelfall auch Anforderungen an die Inbetriebnahme (z. B. Betriebsmittel wie ortsfeste Anlagen im Zusammenhang mit der EMV-Richtlinie oder auch der Maschinenrichtlinie mit Artikel 5).

Im privaten Bereich formulieren die Harmonisierungsrechtsvorschriften keine besonderen Anforderungen an den privaten Benutzer.

Im gewerblichen Bereich dagegen gibt es mit der Richtlinie 89/391/EWG des Rates vom 12.6.1989 über die „Durchführung von Maßnahmen zur Verbesserung der Sicherheit und des Gesundheitsschutzes der Arbeitnehmer bei der Arbeit" ein Regelwerk zum Thema Arbeitsschutz. Unter dieser Richtlinie werden sektorbezogene Richtlinien zu spezifischen Themen veröffentlicht. Die Sicherheit von Arbeitsmitteln ist in der Einzelrichtlinie 2009/104/EG geregelt (Zweite Einzelrichtlinie im Sinne des Artikels 16 Absatz 1 der Richtlinie 89/391/EWG). In Deutschland ist diese Richtlinie als Betriebssicherheitsverordnung umgesetzt worden.

§

§ 5 Anforderungen an die zur Verfügung gestellten Arbeitsmittel

„(3) Der Arbeitgeber darf nur solche Arbeitsmittel zur Verfügung stellen und verwenden lassen, die den für sie geltenden Rechtsvorschriften über Sicherheit und Gesundheitsschutz entsprechen. Zu diesen Rechtsvorschriften gehören neben den Vorschriften dieser Verordnung insbesondere **Rechtsvorschriften, mit denen Gemeinschaftsrichtlinien in deutsches Recht umgesetzt wurden und die für die Arbeitsmittel zum Zeitpunkt des Bereitstellens auf dem Markt gelten**. Arbeitsmittel, die der Arbeitgeber für eigene Zwecke selbst hergestellt hat, müssen den grundlegenden Sicherheitsanforderungen der anzuwendenden Gemeinschaftsrichtlinien entsprechen. Den formalen Anforderungen dieser Richtlinien brauchen sie nicht zu entsprechen, es sei denn, es ist in der jeweiligen Richtlinie ausdrücklich anders bestimmt."

Aus Sicht des Arbeitsgebers bedeutet diese Vorschrift nichts anderes als dass er prüfen muss, ob beispielsweise eine Maschine tatsächlich konform mit der Maschinenrichtlinie 2006/42/EG ist. Allein nur der CE-Kennzeichnung zu vertrauen, wäre sicherlich zu wenig. Den Betreibern ist deshalb zu raten, dass sie in der Beschaffungsphase (Lastenheft) die Beschaffenheitsanforderungen in den Verträgen konkret benennen. So könnte beispielsweise vertraglich Folgendes vereinbart werden:

Zum Thema Maschinensicherheit vereinbaren die beiden Vertragsparteien Folgendes:

1. Das technische Arbeitsmittel muss nach dem Produktsicherheitsgesetz (ProdSG) den sicherheitstechnischen Anforderungen und sonstigen Voraussetzungen für das Inverkehrbringen der auf der Grundlage des ProdSG erlassenen Verordnungen entsprechen und darf Leben oder Gesundheit oder sonstige in den Rechtsverordnungen aufgeführte Rechtsgüter der Benutzer oder Dritter bei bestimmungsgemäßer Verwendung nicht gefährden.

2. Insbesondere sichert der Lieferant zu, dass die zu liefernde Maschine allen relevanten Anforderungen zum Inverkehrbringen und der Inbetriebnahme gemäß Artikel 5 der Maschinenrichtlinie 2006/42/EG (umgesetzt als 9. ProdSV) entspricht.
3. Insbesondere sichert der Lieferant zu, dass er eine Risikobeurteilung gemäß EN ISO 12100 vorgenommen und dokumentiert hat. Auf Anfrage verpflichtet sich der Lieferant, dem Auftraggeber Einblick in die technischen Unterlagen, die die Konformitätsnachweise (insbesondere der Risikobeurteilung) betreffen, zu gewähren.
4. Als Mindestanforderungen wird die Übereinstimmung mit folgenden harmonisierten Normen (in der zum Zeitpunkt des Inverkehrbringens gültigen Version) vereinbart, die durch Vorlage von geeigneten Nachweisen (z. B. durch Prüfberichte oder Prüfzeugnisse) zu belegen ist:
   a. EN ISO 12100
   b. EN 60204-1
   c. EN ISO 13849-1
   d. ...
   e. (oder alternativ eine entsprechende C-Norm gemäß CEN Guide 414)

4 Struktur von EU-Rechtsvorschriften

4.1 Bezugsquellen für europäische Richtlinien

Der Bezug Harmonisierungsrechtsvorschriften ist prinzipiell kostenlos über das Internet möglich. Beachten Sie bitte, dass sich die Internet-Adressen im Laufe der Zeit ändern können.

> Da sich das Aussehen und auch die Adressen von Internetseiten recht schnell ändern, erhalten Sie hier nur die Suchhinweise, an denen Sie sich orientieren können, und keine Screenshots.

Grundsätzlich gibt es vier Möglichkeiten, nach den gültigen Harmonisierungsrechtsvorschriften zu recherchieren:

1. Über die zentrale Website New Approach (Link 1 bzw. Link 3) oder
2. Recherche (bzw. regelmäßige Kontrolle) im elektronischen EU-Amtsblatt (Teile L und C, siehe Link 5) oder
3. Recherche nach konkreten Rechtsakten, deren Nummer/Bezeichnung bekannt ist (Link 6), oder
4. Recherche nach konsolidierten Rechtsakten (Link 7) wie z. B. der Produkthaftungsrichtlinie 85/374/EWG, die durch die Richtlinie 1999/34/EG geändert wurde und als konsolidierte Fassung über diese Suche heruntergeladen werden kann.

4.2 Beschreibung des Aufbaus

Im Allgemeinen haben die *Harmonisierungsrechtsvorschriften* nach dem New Approach die gleiche Struktur. Das vereinfacht das Lesen und das Suchen von bestimmten Informationen. Bei den Richtlinien, die vor dem New Approach entstanden sind, ist das nicht so einheitlich. Die EU-Vorschriften des Old Approach (z. B. im Kraftfahrzeugsektor) beinhalten direkt die technischen Anforderungen ohne Verweistechnik auf harmonisierte Normen, was den Rechtsetzungsakt komplizierter und langwieriger macht.

Leider gibt es keine Übersicht bzw. kein Inhaltsverzeichnis in einer Harmonisierungsrechtsvorschrift, dass das Suchen erleichtern könnte. Abhilfe kann hier oftmals das Internet schaffen (Stichwort Suchmaschinen). Nützlich ist auch die Suchfunktion, da die häufig im PDF-Format vorhandenen Dokumente nach Schlagworten durchsucht werden können. Wenn Sie z. B. den Begriff Hersteller bei der Maschinenrichtlinie suchen, bekommen Sie 98 gefundene Stellen angezeigt. Es gibt also 98 Tätigkeiten, Hinweise, Vorgaben oder Informationen für den Hersteller.

Wenn die entsprechenden Harmonisierungsrechtsvorschriften gefunden wurden, ist es ratsam, selbst eine Inhaltsübersicht der Harmonisierungsrechtsvorschriften zu erstellen. Im Vergleich enthalten die deutschen Gesetze im Normalfall eine Inhaltsübersicht. Hier kann über Stichworte und Inhaltsthemen gut ein Überblick gewonnen werden.

Viele Harmonisierungsrechtsvorschriften enthalten am Anfang die Erwägungsgründe, die nicht Bestandteil des verfügenden Abschnitts der Harmonisierungsrechtsvorschriften sind. So enthalten die Erwägungsgründe zur neuen Richtlinie 2011/65/EU des Europäischen Parlaments und Rates vom 8. Juni 2011 zur Beschränkung der Verwendung bestimmter gefährlicher Stoffe in Elektro- und Elektronikgeräten Hintergrundinformationen bezüglich der Neufassung.

§

„DAS EUROPÄISCHE PARLAMENT UND DER
RAT DER EUROPÄISCHEN UNION — Erwägungsgründe:

(1) An der Richtlinie 2002/95/EG des Europäischen Parlaments und des Rates vom 27. Januar 2003 zur Beschränkung der Verwendung bestimmter gefährlicher Stoffe in Elektro- und Elektronikgeräten sind eine Reihe von **wesentlichen Änderungen vorzunehmen**. Im Interesse der Klarheit sollte diese Richtlinie neu gefasst werden.

(2) Durch unterschiedliche Rechtsvorschriften und Verwaltungsmaßnahmen der Mitgliedstaaten bezüglich der Beschränkung der Verwendung bestimmter gefährlicher Stoffe in Elektro- und Elektronikgeräten könnten in der Union **Handelshemmnisse und Wettbewerbsverzerrungen** entstehen, was sich unmittelbar auf die Errichtung und das Funktionieren des Binnenmarktes auswirken kann. Daher müssen Rechtsvorschriften auf diesem Gebiet erlassen und ein Beitrag zum Schutz der menschlichen Gesundheit und zur umweltgerechten Verwertung und Beseitigung von Elektro- und Elektronik-Altgeräten geleistet werden."

In den folgenden Kapiteln einer Harmonisierungsrechtsvorschrift folgen dann weitere Informationen, die je nachdem, an wen sich die Harmonisierungsrechtsvorschrift richtet, Pflichten des Betreibers oder des jeweiligen Wirtschaftsakteurs näher erläutern. Im Allgemeinen finden Sie hier die Informationen, welche Tätigkeiten vor dem Inverkehrbringen bzw. der Benutzung durchgeführt werden müssen. Ebenso folgen weitere Informationen wie z. B. Anforderungen an technische Unterlagen und Prozesse (Konformitätsbewertung, Prüfungen). In weiteren Abschnitten dieses Buches wird auf im Zusammenhang mit den Harmonisierungsrechtsvorschriften notwendige Aktivitäten eingegangen.

4.3 Beispiele von Harmonisierungsrechtsvorschriften

In Tabelle 8 sind einige Harmonisierungsrechtsvorschriften und deren Struktur beispielhaft dargestellt. Aus dieser, nicht vollständigen, Übersicht lässt sich schon erkennen, dass je nach Erscheinungsjahr die Harmonisierungsrechtsvorschriften unterschiedlich strukturiert sind. Alle Harmonisierungsrechtsvorschriften, die nach dem New Approach neu erstellt, überarbeitet oder verändert worden sind, haben eine erkennbare gemeinsame Struktur. Mit Beschluss Nr. 768/2008/EG ist im Anhang I eine Musterbestimmung für Harmonisierungsrechtsvorschriften der Gemeinschaft für Produkte veröffentlicht worden. Ziel ist es, alle zukünftigen Harmonisierungsrechtsvorschriften nach diesen Musterbestimmungen zu erstellen. Einige bereits existierende Harmonisierungsrechtsvorschriften wurden nachträglich an diesen Beschluss angepasst (vgl. Abschnitt 3.4).

Tabelle 8: Beispiele zu Harmonisierungsrechtsvorschriften und deren Struktur im Vergleich

Richtlinie Artikel	2006/42/EG Maschinen-richtlinie	2014/30/EU EMV-Richtlinie	2014/53/EU Funkanlagen-richtlinie	2001/95/EG Richtlinie über allgemeine Produktsicherheit[1]
Artikel 1	Anwendungsbereich	Gegenstand	Gegenstand und Geltungsbereich	Geltungsbereich
Artikel 2	Begriffsbestimmungen	Geltungsbereich	Begriffsbestimmungen	Begriffsbestimmungen
Artikel 3	Spezielle Richtlinien	Begriffsbestimmungen	Grundlegende Anforderungen	Allgemeine Sicherheitsanforderungen – Kriterien für Konformitätsbeurteilung – Europäische Normen

Richtlinie Artikel	2006/42/EG Maschinenrichtlinie	2014/30/EU EMV-Richtlinie	2014/53/EU Funkanlagenrichtlinie	2001/95/EG Richtlinie über allgemeine Produktsicherheit[1]
Artikel 4	Marktaufsicht	Bereitstellung auf dem Markt und/ oder Inbetriebnahme	Bereitstellung von Informationen über die Konformität von Kombinationen aus Funkanlagen und Software	Allgemeine Sicherheitsanforderungen – Kriterien für Konformitätsbeurteilung – Europäische Normen
Artikel 5	Inverkehrbringen und Inbetriebnahme	Freier Warenverkehr	Registrierung von Funkanlagentypen bestimmter Kategorien	Sonstige Verpflichtungen der Hersteller und Verpflichtungen der Händler
Artikel 6	Freier Warenverkehr	Wesentliche Anforderungen	Bereitstellung auf dem Markt	Besondere Pflichten und Befugnisse der Mitgliedstaaten
Artikel 7	Konformitätsvermutung und harmonisierte Normen	Pflichten der Hersteller	Inbetriebnahme und Anschlussrecht	Besondere Pflichten und Befugnisse der Mitgliedstaaten
Artikel 8		Bevollmächtigte		Besondere Pflichten und Befugnisse der Mitgliedstaaten
Artikel 19 und 20			CE-Kennzeichnung	
Artikel 16	CE-Kennzeichnung			
Anhang I	Grundlegende Sicherheits- und Gesundheitsschutzanforderungen für Konstruktion und Bau von Maschinen	Wesentliche Anforderungen		

1 **HINWEIS:** In der Produktsicherheitsrichtlinie haben die Artikel keine explizit genannten Überschriften, diese finden sich in den Kapitelüberschriften wieder.

4.4 Was sollte zuerst gelesen werden?

4.4.1 Anwendungs- bzw. Geltungsbereich

Im Anwendungs- bzw. Geltungsbereich können Sie feststellen, ob in der Rechtsvorschrift die Bezeichnung für Ihr Produkt erwähnt wird. Dazu müssen Sie ihrem Produkt auch einen Namen geben, z. B. Handbohrmaschine. Zur Namensgebung gehört, was das Produkt unter welchen Bedingungen können soll, aus welchen Baugruppen, Komponenten und Bestandteilen es besteht, in welcher Umgebung bzw. Applikation es eingesetzt werden und wer es bedienen bzw. kaufen soll. Diese Informationen sind notwendig, damit Sie nun unter dem zweiten Abschnitt in den Harmonisierungsrechtsvorschriften in die Begriffsdefinitionen/-bestimmungen gehen können. Hier gilt es zu prüfen, ob Ihr Produkt oder einzelne Baugruppen bzw. Komponenten unter den Anwendungsbereich der jeweiligen Harmonisierungsrechtsvorschriften fallen und die Bedingungen der entsprechenden Harmonisierungsrechtsvorschrift erfüllen müssen.

Beispiel Handbohrmaschine: bestehend aus Antriebsmotor, Gehäuse, Bohrfutter und weiteren elektronischen Bauteilen.

Die Definitionen sind zugegeben nicht immer ganz einfach. Hier gilt, Sie müssen für sich definieren und dokumentieren, warum Sie sich für die Anwendung oder Nichtanwendung bestimmter Harmonisierungsrechtsvorschriften entschieden haben. Grundsätzlich gilt im Zusammenhang mit der Produkt- und Produzentenhaftung: Ein Produkt muss für den bestimmungsgemäßen Gebrauch sicher sein.

4.4.2 Beispiel: eine Hebebühne für ein Krankenhaus

Um dieses Beispiel durchzugehen, müssen erst einige Randbedingungen definiert werden. Es handelt sich um eine Hebebühne für das Heben von Personen oder Gegenständen über eine maximale Höhe von 2,5 m mit einer maximalen Geschwindigkeit von 0,2 m/s innerhalb von geschlossenen Gebäuden. Die Hebebühne besteht aus beweglichen Teilen, elektronischen Bauteilen, einer Steuerung, Bedienelementen und einem Antrieb.

Welche Harmonisierungsrechtsvorschriften sind anzuwenden? Gelten für die Bauteile andere oder zusätzliche Harmonisierungsrechtsvorschriften als für das Endprodukt? In Abbildung 7 ist ein Flussdiagramm dargestellt, in dem die einzelnen Analyseschritte dargestellt sind.

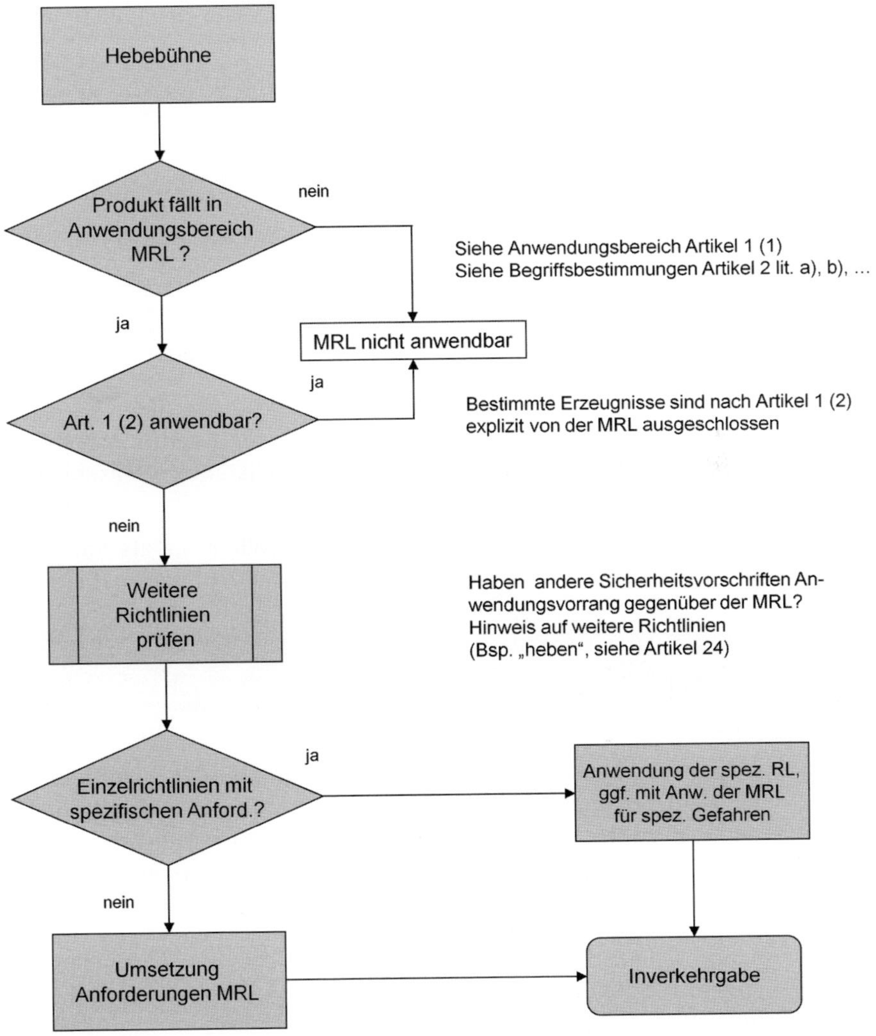

Abbildung 7: Beispiel Hebebühne

Zunächst könnte der Hersteller auf die Idee kommen, seine Hebebühne unter der Maschinenrichtlinie einzuordnen.

Diese Richtlinie gilt gemäß Artikel 1 für

a) Maschinen,
b) auswechselbare Ausrüstungen,
c) Sicherheitsbauteile,
d) Lastaufnahmemittel,
e) Ketten, Seile und Gurte,
f) abnehmbare Gelenkwellen,
g) unvollständige Maschinen.

Im Zusammenhang mit einer Hebebühne können die Punkte unter b), c), f) gestrichen werden. Also kommen aus der Aufzählung die Begriffe Maschine, Lastaufnahmemittel, Ketten, Seile und Gurte und unvollständige Maschine in die nähere Auswahl.

Um herauszufinden, ob die Begriffe zutreffend sind, sollten Sie als Nächstes die Definitionen der Begriffe im Artikel 2 der „Maschinenrichtlinie" näher analysieren.

§ Artikel 2 a)

Maschine

- eine mit einem anderen Antriebssystem als der unmittelbar eingesetzten menschlichen oder tierischen Kraft ausgestattete oder dafür vorgesehene Gesamtheit miteinander verbundener Teile oder Vorrichtungen, von denen mindestens eines bzw. eine beweglich ist und die für eine bestimmte Anwendung zusammengefügt sind.
- ...
- ...
- ...
- eine Gesamtheit miteinander verbundener Teile oder Vorrichtungen, von denen mindestens eines bzw. eine beweglich ist und die für Hebevorgänge zusammengefügt sind und deren einzige Antriebsquelle die unmittelbar eingesetzte menschliche Kraft ist."

Das würde für unser Beispiel zutreffen. Die Definitionen der Buchstaben d), e) und g) treffen dagegen für dieses Beispiel nicht zu. Jetzt ist aber genauso wichtig herauszufinden, welche Ausnahmen es gibt bzw. was vom Anwendungsbereich der Maschinenrichtlinie ausgenommen ist.

Diese Punkte finden sich im Artikel 1, Absatz 2. Unsere Hebebühne ist nicht dabei.

Allerdings kommt noch einmal der Begriff Heben ins Spiel. Wenn man in der Richtlinie nach Hebe sucht, erhält man 40 Einträge. Unter anderem auch den Hinweis auf Artikel 24, in dem auch der Begriff Aufzug definiert wird. Auch hier sind wieder die Absätze 1 und 2 zu beachten: Was fällt unter die EU-Richtlinie 2014/33/EU und was ist ausgenommen? Nach der Definition im Absatz 1 gilt für unsere Hebebühne auch die Richtlinie 2014/33/EU über Aufzüge.

Gelten weitere Richtlinien? Nun ist noch die Anwendung weiterer Richtlinien zu beachten, da die Hebebühne ja für ein Krankenhaus gebaut werden soll. Unter dem Link 1 sind alle Richtlinien, die eine CE-Kennzeichnung fordern, aufgelistet. Da die Hebebühne in einem Krankenhaus eingesetzt werden soll, stellt sich die Frage, ob es sich um ein Medizinprodukt handelt und sie demgemäß unter die EU-Richtlinie 93/42/EWG über Medizinprodukte fällt. Die Vorgehensweise ist gleich:

- zuerst im Anwendungsbereich nachlesen,
- dann die Begriffsbestimmungen im Kontext des Anwendungsbereiches auf das Produkt übertragen und
- anschließend die Ausschlussklauseln sowie Ausnahmebestimmungen prüfen.

Auf diese Art kann man relativ leicht herausfinden, ob ein Produkt in den Anwendungsbereich einer bestimmten Harmonisierungsrechtsvorschrift fällt. Um das aber noch einmal ganz klar herauszustellen:

Um das Lesen kommt man nicht herum – es sei denn, man bezahlt andere für das Lesen.

AUSSAGE:
Das Lesen der Harmonisierungsrechtsvorschriften kostet so viel Zeit und bringt mir keine Sicherheit, geschweige denn klare Vorgaben, was ich tun soll.

IRRTUM:
In den Harmonisierungsrechtsvorschriften stehen, meistens im Anhang I, die grundlegenden Anforderungen, die ein Produkt erfüllen muss. Das Lesen kostet am Anfang Zeit, spart mir aber kostenintensive Nachbesserungen.

4.4.3 Was darf ich auf keinen Fall vergessen?

Selbst wenn Sie keine Harmonisierungsrechtsvorschriften bzw. nationalen Vorschriften für Ihr Produkt finden, heißt das nicht, dass keine Rechtsvorschriften anwendbar sind. Für Verbraucherprodukte gilt immer automatisch die allgemeine europäische Produktsicherheitsrichtlinie 2001/95/EG (allerdings ohne CE-Kennzeichnungspflicht!). Diese grundlegenden Anforderungen sind das Minimum, das bei der Herstellung von Verbraucherprodukten zu beachten ist. Handelt es sich z.B. um elektrische Verbraucherprodukte wie ein Haushaltsgerät (z.B. Toaster, Waschmaschine) mit elektrischen Spannungen $> 50\ V_{AC}$, gilt zusätzlich zur Richtlinie 2001/95/EG die Niederspannungsrichtlinie 2014/35/EU und es ergibt sich aufgrund der Niederspannungsrichtlinie eine CE-Kennzeichnungspflicht.

Was ist aber zu tun, wenn es sich um ein Nicht-Verbraucherprodukt handelt, das unter keine Harmonisierungsrechtsvorschrift fällt? In diesem Fall muss der Hersteller in jedem einzelnen Mitgliedstaat die nationalen Produktsicherheitsvorschriften analysieren, ob, und wenn ja, welche Sicherheitsanforderungen zu erfüllen sind. In Deutschland ist solch ein Nicht-Verbraucherprodukt ohne Bezug zu einer Harmonisierungsrechtsvorschrift (keine CE-Kennzeichnungspflicht) vom § 3 Abs. 2 des Produktsicherheitsgesetzes erfasst.

§

„Ein Produkt darf, soweit es **nicht Absatz 1** (Anmerkung der Autoren: dies sind die Harmonisierungsrechtsvorschriften wie z.B. Niederspannungs-, Maschinen- oder Spielzeugrichtlinie, umgesetzt in nationale Verordnungen) unterliegt, nur auf dem Markt bereitgestellt werden, wenn es bei bestimmungsgemäßer oder vorhersehbarer Verwendung die Sicherheit und Gesundheit von Personen nicht gefährdet. Bei der **Beurteilung**, ob ein Produkt der Anforderung nach Satz 1 entspricht, sind insbesondere zu berücksichtigen:

1. die Eigenschaften des Produkts einschließlich seiner Zusammensetzung, seine Verpackung, die Anleitungen für seinen Zusammenbau, die Installation, die Wartung und die Gebrauchsdauer,
2. die Einwirkungen des Produkts auf andere Produkte, soweit zu erwarten ist, dass es zusammen mit anderen Produkten verwendet wird,
3. die Aufmachung des Produkts, seine Kennzeichnung, die Warnhinweise, die Gebrauchs- und Bedienungsanleitung, die Angaben zu seiner Beseitigung sowie alle sonstigen produktbezogenen Angaben oder Informationen,

§ 4. die Gruppen von Verwendern, die bei der Verwendung des Produkts stärker gefährdet sind als andere. Die Möglichkeit, einen höheren Sicherheitsgrad zu erreichen, oder die Verfügbarkeit anderer Produkte, die ein geringeres Risiko darstellen, ist kein ausreichender Grund, ein Produkt als gefährlich anzusehen."

Es gibt eine Vielzahl von Harmonisierungsrechtsvorschriften (siehe Abbildung 8), die nicht für bestimmte Produktklassen/Produktgruppen anzuwenden sind, sondern sich auf die Auswahl von Materialien oder Anforderungen bei der Verwendung oder auf die Umwelt beziehen. Hier seien beispielhaft die neue Richtlinie 2011/65/EU (kurz RoHS-Richtlinie) oder die neue Richtlinie über Elektro- und Elektronik-Altgeräte

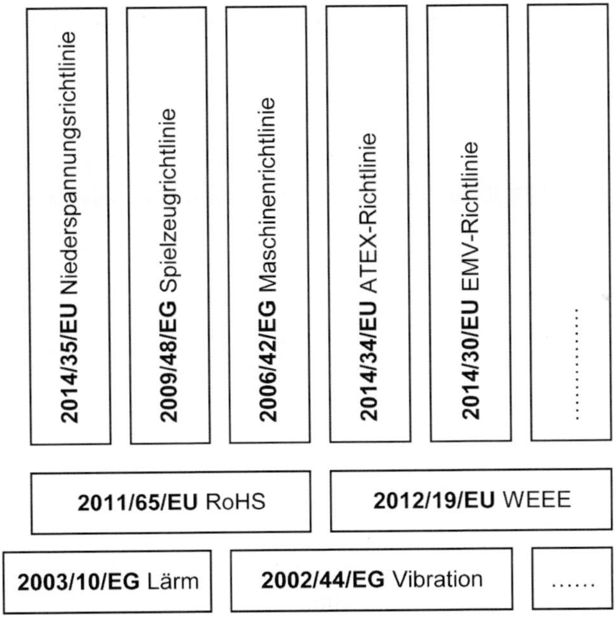

Abbildung 8: Produktspezifische (vertikale) und allgemeingültige (horizontale) Rechtsvorschriften

2012/19/EU (kurz WEEE-Richtlinie) genannt. Wird ein Stoff verwendet, der in der RoHS-Richtlinie gelistet ist, muss der Hersteller diese Anforderungen ebenfalls beachten. Bei der neuen WEEE-Richtlinie geht es um die Altgeräteentsorgung.

Hier sind neue Anforderungen zu beachten. Ebenso müssen die Anforderungen beachtet werden, die z. B. für Lärm oder Vibration gelten, hier die Richtlinien 2002/44/EG (Vibration) und 2003/10/EG (Lärm). Diese Anforderungen haben eventuell auch Auswirkungen auf die Produktgestaltung. Und sobald das Produkt elektrische oder elektronische Baugruppen beinhaltet, die elektromagnetische Störungen verursachen können (z. B. Mikroprozessorschaltungen) oder durch solche beeinflusst werden können (z. B. können elektrostatische Entladungen elektronische Bauelemente zerstören oder vorschädigen), greift auch die EMV-Richtlinie 2014/30/EU.

4.5 Fazit

Die Suche im Internet kann hilfreich sein. Allerdings erspart sie Ihnen nicht das Lesen, denn wenn Sie nicht lesen, was im gefundenen Artikel steht, können Sie daraus auch keine Maßnahmen ableiten. Oftmals wird auch immer weiter verlinkt und noch mal verlinkt und noch mal verlinkt, heraus kommt dann eine umfangreiche Linkliste.

Je genauer Sie die Recherche am Anfang betreiben, desto mehr Arbeit und Ärger ersparen Sie sich am Ende. Nichts ist schlimmer als festzustellen, dass eine Harmonisierungsrechtsvorschrift bzw. ein nationales Gesetz nicht beachtet wurde, da es einfach nicht bekannt war. Zum Ärger kommt dann noch der finanzielle Schaden hinzu.

Nutzen Sie die Möglichkeiten der Suchfunktionen in den verschiedenen Anwendungsprogrammen. Hier finden Sie recht schnell und einfach heraus, ob der verwendete Begriff im Text vorhanden ist, und wie oft er vorkommt. Daraus lässt sich eine grobe Aussage ableiten, wie groß der Zeitaufwand wird, um die entsprechenden Passagen zu lesen.

> Suchen Sie mit unterschiedlichen Begriffen. Da es keine einheitlichen Vorgaben für Begriffe gibt und Sie auch in der Vergabe von Begriffen für Ihr Produkt erst einmal frei sind, ist es möglich, dass in den Texten der Harmonisierungsrechtsvorschriften Ihr Produkt anders bezeichnet wird, als Sie zunächst erwarten.
>
> Als Beispiel: Hebebühne oder Maschine zum Heben von Lasten und Personen oder Lastenlift oder Lastenaufzug.

AUSSAGE:

Sie müssen nicht alle Anforderungen am Anfang kennen, Sie können erst mal entwickeln und die Anforderungen später umsetzen!

IRRTUM:

Wenn am Anfang keine Zeit für die Recherche vorhanden ist, ist die Zeit auch während der Entwicklung nicht vorhanden. Zusätzlich müssen Anforderungen später kostenintensiv in das Produkt hineinkonstruiert werden und haben eventuell auch Auswirkungen auf die technischen Eigenschaften des Produktes.

5 Steckbriefe der Harmonisierungsrechtsvorschriften

5.1 Einleitung

Sie finden in diesem Abschnitt Steckbriefe zu den einzelnen Harmonisierungsrechtsvorschriften nach dem neuen Konzept und die Fundstellen innerhalb der Richtlinien zu den entsprechenden Anforderungen und Verfahren. Berücksichtigt sind die Richtlinien bzw. Verordnungen mit Stand Dezember 2016. Wie bereits ausgeführt, wurden für einige europäische Harmonisierungsrechtsvorschriften offizielle Leitfäden durch die EU-Kommission veröffentlicht, die den Einstieg sowie die Interpretation erleichtern können (siehe Tabelle 6).

Die nachfolgenden Steckbriefe haben den gleichen Aufbau (siehe Tabelle 9) und beinhalten folgende Informationen:

- Konformitätsbewertungsverfahren. Zeigt Ihnen die Prozedur an, die anzuwenden ist, um die Konformität nachzuweisen.
- Anforderungen zum Inhalt an die Konformitätserklärung. Zeigt Ihnen die erforderlichen Inhalte der Konformitätserklärung auf.
  HINWEIS: Zu diesem Thema ist ein eigenes Werk in der Reihe „Produktsicherheit" im Beuth Verlag erschienen, siehe [14].
- Besonderheiten sind ebenfalls gelistet, z. B. ob es neben der Konformitätserklärung noch eine andere Art von Erklärung entsprechend der Richtlinie gibt.
- Schnittstelle zu anderen Harmonisierungsrechtsvorschriften. Zeigt Ihnen an, ob es erforderlich ist, aus dem spezifischen Dokument heraus noch andere Harmonisierungsrechtsvorschriften anzuwenden bzw. ob sie anstelle dieses Dokuments anzuwenden sind.
- Anforderungen an die Kennzeichnung. Zeigt Ihnen an, welche Kennzeichnungen neben der CE-Kennzeichnung die entsprechende Harmonisierungsrechtsvorschrift vorgesehen hat, z. B. Inhalt des Typenschildes, Angabe der benannten Stelle.

Tabelle 9: Legende für die Darstellungen bei der Kennzeichnung

Darstellung	Bedeutung
CE	CE-Kennzeichnung
XXXX	Nummer der notifizierten Stelle (sofern vorgesehen)
JJ	Ziffern des Jahres, in dem die CE-Kennzeichnung angebracht wurde

5.2 Niederspannungsgeräte

Die Niederspannungsrichtlinie gehört zu den ältesten Richtlinien der neuen Konzeption und wurde erst durch die Richtlinie 93/68/EWG nachträglich zu einer CE-Richtlinie. Seitdem wurde sie inhaltlich nicht mehr geändert. Im Rahmen des NLF wurde sie an den Beschluss 768/2008/EG angepasst. Nähere Informationen zur Niederspannungsrichtlinie finden Sie in weiterführender Literatur [11].

Die Besonderheit bei der Niederspannungsrichtlinie besteht darin, dass die Veröffentlichung harmonisierter Normen im EU-Amtsblatt aus rein informativen Zwecken erfolgt. Praktisch gesehen geht von einer harmonisierten Norm bereits die Konformitätsvermutung aus, wenn in einem einzigen EU-Mitgliedstaat nach dem jeweiligen einzelstaatlichen Verfahren die harmonisierten Normen bekannt gemacht wurden.

Tabelle 10: Niederspannungsrichtlinie

Harmonisierungsrechtsvorschrift	2014/35/EU
Konformitätsbewertungsverfahren	Artikel 6 Anhang III
Anforderungen zum Inhalt an die Konformitätserklärung	Artikel 15 Anhang IV
Schnittstelle zu anderen Harmonisierungsrechtsvorschriften	Anhang IV
Anforderungen an die Kennzeichnung	CE Artikel 16, Artikel 17 Anhang III, Nr. 4

5.3 Einfache Druckbehälter

Die Richtlinie über einfache Druckbehälter gehört ebenfalls zu den älteren Richtlinien und wurde 2009 als kodifizierte Fassung 2009/105/EG neu veröffentlicht und im Jahr 2014 an den Beschluss 768/2008/EG angepasst.

Tabelle 11: Richtlinie über einfache Druckbehälter

Harmonisierungs-rechtsvorschrift	2014/29/EU
Konformitätsbewertungs-verfahren	Artikel 13
Anforderungen zum Inhalt an die Konformitätserklärung	Artikel 14, Abs. 2 Anhang IV
Schnittstelle zu anderen Harmonisierungsrechts-vorschriften	Anhang IV
Anforderungen an die Kennzeichnung	CE **XXXX JJ** + Weitere gemäß Artikel 16, Abs. 4 Artikel 16 Anhang III, Nr. 1

5.4 Spielzeug

Die neue Spielzeugrichtlinie 2009/48/EG trat am 20.7.2009 in Kraft und ersetzt die Vorgängerrichtlinie 88/378/EWG. Sie ist seit dem 20.7.2011 rechtsverbindlich anzuwenden.

> § „Die Richtlinie 88/378/EWG wird mit Ausnahme von Artikel 2 Absatz 1 und Anhang II Teil 3 mit Wirkung vom 20.7.2011 aufgehoben. Artikel 2 Absatz 1 und Anhang II Teil 3 werden mit Wirkung vom 20.7.2013 aufgehoben."

Am 3.3.2012 hat die Kommission die Richtlinie 2012/7/EU der Kommission vom 2.3.2012 zur Änderung von Anhang II Abschnitt III der Richtlinie 2009/48/EG im Amtsblatt L 64 veröffentlicht. Die nationalen Rechts- und Verwaltungsvorschriften waren bis zum 20.1.2013 zu erlassen und sind seit dem 20.7.2013 anzuwenden.

Des Weiteren wurde der Beschluss der Kommission vom 1.3.2012 zu den von der Regierung der Bundesrepublik Deutschland mitgeteilten einzelstaatlichen

Bestimmungen zur Beibehaltung der Grenzwerte für Blei, Barium, Arsen, Antimon, Quecksilber sowie für Nitrosamine und nitrosierbare Stoffe in Spielzeug nach Anwendungsbeginn der Richtlinie 2009/48/EG des Europäischen Parlaments und des Rates über die Sicherheit von Spielzeug (2012/160/EU) am 20.3.2012 im Amtsblatt L 80 veröffentlicht.

Tabelle 12: Spielzeugrichtlinie

Harmonisierungs-rechtsvorschrift	2009/48/EG
Konformitätsbewertungsverfahren	Artikel 19
Anforderungen zum Inhalt an die Konformitätserklärung	Artikel 15 Anhang III
Schnittstelle zu anderen Harmonisierungsrechtsvorschriften	Nicht explizit definiert; Anhang I listet solche Spielzeuge, die nicht im Geltungsbereich erfasst werden. Artikel 52: Richtlinie 85/374/EWG (Produkthaftung) bleibt durch die Spielzeugrichtlinie unberührt; Richtlinie 2001/95/EG (allgemeine Produktsicherheit) gilt auch für Spielzeug Anhang II listet in den verschiedenen Absätzen geltende Richtlinien auf bzw. verweist auf diese: – 67/548/EWG – 1999/45/EWG – 76/768/EWG – Verordnung (EG) 1272/2008 – Verordnung (EG) 1907/2006 – Verordnung (EG) 1935/2004 Anhang II, Abs. IV verweist auf die einschlägigen gemeinschaftlichen Richtlinien bzgl. elektrischer, magnetischer und elektromagnetischer Felder. Anhang II, Abs. VI verweist auf die Vorschriften der Europäischen Atomgemeinschaft.

Harmonisierungs-rechtsvorschrift	2009/48/EG
Anforderungen an die Kennzeichnung	Artikel 16 und Artikel 17 Anhang V, Teil A – Allgemeine Warnhinweise Anhang V, Teil B Besondere Warnhinweise, Nr. 1 Spielzeug, das nicht zur Verwendung durch Kinder unter 36 Monaten bestimmt ist:  Anhang V, Teil B Nr. 2 bis Nr. 10 Besondere Warnhinweise

5.5 Bauprodukte

Das Bauprodukterecht wurde im Jahr 2011 durch Veröffentlichung der neuen Bauproduktenverordnung neu geregelt. Diese Verordnung enthält bereits die neue Struktur nach dem Beschluss 768/2008/EG, weist aber einige Besonderheiten auf (z. B. den Begriff Leistungserklärung).

> Die Bauproduktenrichtlinie 89/106/EWG wurde 2011 durch die Verordnung (EU) 305/2011 ersetzt. Das ist bezüglich der Ablösung einer Europäischen Richtlinie durch eine Verordnung ein Novum.

Tabelle 13: Verordnung über Bauprodukte

Harmonisierungs-rechtsvorschrift	Verordnung (EU) 305/2011
Konformitätsbewertungs-verfahren	Artikel 5 Artikel 11, Abs. 3 Artikel 19 Artikel 26 Artikel 37 Artikel 38 Artikel 66 Anhang V

Harmonisierungsrechtsvorschrift	Verordnung (EU) 305/2011
Anforderungen zum Inhalt an die Leistungserklärung	Artikel 4 Artikel 6 Artikel 7 Artikel 11, Abs. 1 Artikel 24 Anhang III
Schnittstelle zu anderen Harmonisierungsrechtsvorschriften	Artikel 8, Abs. 1 Artikel 8, Abs. 2, Abschnitt 4 Artikel 10 Artikel 24, Abs. 3 Artikel 66
Anforderungen an die Kennzeichnung	Artikel 11, Abs. 4 CE JJ (Ziffer der Jahreszahl) Angaben gemäß Artikel 9, Abs. 2: – Name und registrierte Anschrift des Herstellers oder das Kennzeichen, das eine einfache und eindeutige Identifikation des Namens und der Anschrift des Herstellers ermöglicht – eindeutiger Kenncode des Produkttyps – Bezugsnummer der Leistungserklärung – die in der Leistungserklärung erklärte Leistung nach Stufe oder Klasse – Fundstelle der einschlägigen harmonisierten technischen Spezifikation – soweit zutreffend die Kennnummer der notifizierten Stelle – der in den einschlägigen harmonisierten technischen Spezifikationen festgelegte Verwendungszweck Angaben gemäß Artikel 9, Abs. 3: – sofern notwendig ein Piktogramm oder anderes Zeichen, das eine besondere Gefahr oder eine besondere Verwendung angibt

5.6 Elektromagnetische Verträglichkeit (EMV)

Die neue EMV-Richtlinie 2014/30/EU ist eine phänomenbezogene Rechtsvorschrift und bezieht sich nicht auf eine konkrete Produktfamilie, sondern regelt die elektromagnetische Verträglichkeit von elektrotechnischen Betriebsmitteln (sowohl Geräte als auch ortsfeste Anlagen). Nähere Informationen zur EMV-Richtlinie bzw. dem deutschen EMV-Gesetz finden Sie in weiterführender Literatur [11][12].

Tabelle 14: EMV-Richtlinie

Harmonisierungs-rechtsvorschrift	2014/30/EU
Konformitätsbewertungs-verfahren	Artikel 7, Abs. 2 Artikel 14 Artikel 19 Anhang II Anhang III
Anforderungen zum Inhalt an die Konformitäts-erklärung	Artikel 15 Anhang IV
Schnittstelle zu anderen Harmonisierungsrechts-vorschriften	Artikel 2, Abs. 2, lit. a) Artikel 2, Abs. 2, lit. b) Artikel 2, Abs. 3
Anforderungen an die Kennzeichnung	CE Artikel 16, Artikel 17 **HINWEIS:** Die CE-Kennzeichnung gemäß EMV-Richtlinie ist für Geräte vorgesehen, nicht für ortsfeste Anlagen.

5.7 Maschinen

Die Maschinenrichtlinie 2006/42/EG ist seit dem 29. Dezember 2009 rechtsverbindlich anzuwenden. Zur praktischen Anwendung wird hier insbesondere auf den EU-Leitfaden verwiesen. Wer mehr zu den Änderungen zur Vorgängerrichtlinie erfahren möchte, sollte den KAN-Bericht 40 von der Kommission für Arbeitsschutz und Normung lesen [10].

Tabelle 15: Maschinenrichtlinie

Harmonisierungs-rechtsvorschrift	2006/42/EG
Konformitätsbewertungs-verfahren	Artikel 5 Artikel 12 Artikel 13 Anhang VIII Anhang IX Anhang X
Anforderungen zum Inhalt an die Konformitätserklärung	Anhang II, Nr. 1, Abschnitt A Anhang II, Nr. 1, Abschnitt B
Schnittstelle zu anderen Harmonisierungsrechtsvorschriften	Artikel 1, Abs. 1, lit. e) Artikel 1, Abs. 1, lit. k) Artikel 3 Artikel 5, Abs. 4 Artikel 24 Anhang I, Abs. 1.5.1
Anforderungen an die Kennzeichnung	Anhang I, Abs. 1.7.3 CE XXXX Artikel 16 Anhang III Artikel 5 (2) in Verbindung mit Artikel 13: **keine** CE-Kennzeichnung für unvollständige Maschinen (außer andere Harmonisierungsrechtsvorschriften fordern dies)

5.8 Persönliche Schutzausrüstungen

Die Verordnung zu persönlichen Schutzausrüstungen hebt die PSA-Richtlinie 89/686/EWG auf.

Tabelle 16: PSA-Verordnung

Harmonisierungs-rechtsvorschrift	VO 2016/425
Konformitätsbewertungs-verfahren	Artikel 8, Abs. 2 Artikel 10, Abs. 2 Artikel 19
Anforderungen zum Inhalt an die Konformitätserklärung	Artikel 15 Anhang IX
Schnittstelle zu anderen Harmonisierungsrechts-vorschriften	Artikel 2, Abs. 2 Artikel 15, Abs. 3 Anhang II, Nr. 1.4
Anforderungen an die Kennzeichnung	CE **XXXX** + Weitere gemäß Artikel 17, Abs. 4 Artikel 16 Artikel 17

5.9 Nichtselbsttätige Waagen

Die Richtlinie über nichtselbsttätige Waagen erfasst eichpflichtige Instrumente (keine Sicherheitsanforderungen!) und wurde ebenfalls an den Beschluss 768/2008/EG angepasst. Für solche Waagen, die innerhalb der Spannungsgrenzen der Niederspannungsrichtlinie liegen, gilt diese Richtlinie ergänzend. Die Störfestigkeitsanforderungen im Zusammenhang mit der elektromagnetischen Verträglichkeit richten sich nach der Richtlinie 2009/23/EG. Demzufolge gelten ergänzend zu dieser Richtlinie die Störaussendungsanforderungen der EMV-Richtlinie 2014/30/EU (Anhang I, Nr. 1, lit. a)).

Tabelle 17: Richtlinie über nichtselbsttätige Waagen

Harmonisierungs-rechtsvorschrift	2014/31/EU
Konformitätsbewertungs-verfahren	Artikel 13
Anforderungen zum Inhalt an die Konformitätserklärung	Artikel 14 Anhang IV
Schnittstelle zu anderen Harmonisierungsrechtsvor-schriften	Artikel 14, Abs. 3 Anhang I, Nr. 1 Anhang I, Nr. 9
Anforderungen an die Kenn-zeichnung	CE M JJ M **XXXX** + Weitere gemäß Artikel 17, Abs. 5 Artikel 6, Abs. 2 Artikel 15 Artikel 16 Artikel 17 Artikel 18 Anhang III

5.10 Aktive implantierbare medizinische Geräte

Diese Richtlinie gehört zu dem Paket der drei medizinischen Richtlinien: Richtlinie 90/385/EWG, Medizinprodukterichtlinie 93/42/EWG (siehe Abschnitt 5.14) sowie IVD-Richtlinie 98/79/EG (siehe Abschnitt 5.20).

Tabelle 18: Richtlinie aktive implantierbare medizinische Geräte

Harmonisierungs-rechtsvorschrift	90/385/EWG geändert durch 2007/47/EG
Konformitätsbewertungs-verfahren	Artikel 9 Artikel 10 Anhang 2 bis Anhang 6
Anforderungen zum Inhalt an die Konformitätserklärung	Anhang 2 und Anhang 5 definieren Verfahren Anhang 2, Abs. 2, Abschnitt 3 Anhang 4, Abs. 6.4 Anhang 5, Abs. 2, Abschnitt 2 Anhang 6, Abs. 2 Anhang 6, Abs. 2
Schnittstelle zu anderen Harmonisierungsrechts-vorschriften	Artikel 1, Abs. 3 bis Artikel 1, Abs. 6 Artikel 3, Abs. 2 Artikel 4, Abs. 5 Anhang 1, Abs. II, Abschnitt 8 Anhang 1, Abs. II, Abschnitt 10 Anhang 2, Abschnitt 4.3 Anhang 2, Abschnitt 7 Anhang 3, Abschnitt 5 Anhang 4, Abschnitt 7 Anhang 5, Abschnitt 6
Anforderungen an die Kennzeichnung	Anhang 1, Abs. II, Abschnitt 11 bis Abschnitt 14 Artikel 4, Abs. 2 und Artikel 9, Abs. 1 – Sonderanfertigungen und für die klinische Erprobung bestimmte Geräte ohne CE-Kennzeichnung CE XXXX Artikel 12 und Anhang 9

5.11 Gasverbrauchseinrichtungen

Die Verordnung wurde zur Aufhebung der Richtlinie 2009/142/EG veröffentlicht.

Tabelle 19: Verordnung über Gasverbrauchseinrichtungen

Harmonisierungs-rechtsvorschrift	VO 2016/426
Konformitätsbewertungs-verfahren	Artikel 7, Abs. 2 Artikel 14 Anhang III
Anforderungen zum Inhalt an die Konformitätserklärung	Artikel 15 Anhang V
Schnittstelle zu anderen Harmonisierungsrechts-vorschriften	Artikel 1, Abs. 4 Artikel 15, Abs. 4
Anforderungen an die Kennzeichnung	CE **XXXX JJ** + Weitere gemäß Artikel 17, Abs. 4 Artikel 16 Artikel 17 Anhang IV

5.12 Warmwasserheizkessel

In dieser Richtlinie sind die Anforderungen an den Wirkungsgrad von Warmwasserheizkesseln festgelegt.

HINWEIS: Die Richtlinie 2005/32/EG (änderte diese Richtlinie) wurde durch die sog. ErP-Richtlinie 2009/125/EG über energieverbrauchsrelevante Produkte ersetzt (siehe auch Kapitel 5.18).

Tabelle 20: Richtlinie Warmwasserheizkessel

Harmonisierungs-rechtsvorschrift	92/42/EWG geändert durch Richtlinien 2004/8/EG, 2005/32/EG und 2008/28/EG sowie Verordnung (EU) 813/2013
Konformitätsbewertungs-verfahren	Artikel 7, Abs. 2 Artikel 8 Anhang III Anhang IV
Anforderungen zum Inhalt an die Konformitätserklärung	Artikel 7, Abs. 3 – Keine weiteren Inhalte explizit definiert.
Schnittstelle zu anderen Harmonisierungsrechts-vorschriften	Artikel 3, Abs. 1, 7. Gedankenstrich Artikel 4, Abs. 5
Anforderungen an die Kennzeichnung	CE Artikel 7, Abs. 1 Anhang I

5.13 Explosivstoffe für zivile Zwecke

Die Richtlinie über Explosivstoffe für zivile Zwecke wurde im Rahmen des Alignment-Packages als Richtlinie 2014/28/EU neu veröffentlicht.

Tabelle 21: Richtlinie über Explosivstoffe für zivile Zwecke

Harmonisierungs-rechtsvorschrift	2014/28/EU
Konformitätsbewertungs-verfahren	Artikel 5, Abs. 2 Artikel 20 Anhang III
Anforderungen zum Inhalt an die Konformitätserklärung	Artikel 21 Anhang IV
Schnittstelle zu anderen Harmonisierungsrechts-vorschriften	Artikel 1, Abs. 2, lit. b) Artikel 21, Abs. 3

Harmonisierungs-rechtsvorschrift	2014/28/EU
Anforderungen an die Kennzeichnung	Artikel 15 Artikel 22 Artikel 23 Artikel 23, Abs. 2 XXXX Artikel 23, Abs. 3 + Weitere Zeichen gemäß Artikel 23, Abs. 4 Artikel 23, Abs. 5

5.14 Medizinprodukte

Im Amtsblatt L 72 (10.3.2012) wurde für Medizinprodukte die Verordnung (EU) 207/2012 der Kommission vom 9. März 2012 über elektronische Gebrauchsanweisungen für Medizinprodukte veröffentlicht. Ansonsten gehört die Medizinprodukterichtlinie auch zu den älteren CE-Richtlinien, die auf der Agenda der EU-Kommission zur inhaltlichen Überarbeitung steht. Die Medizinprodukterichtlinie soll im Rahmen einer Revision neu veröffentlicht werden.

Tabelle 22: Medizinprodukterichtlinie

Harmonisierungs-rechtsvorschrift	93/42/EWG geändert durch 2007/47/EG
Konformitätsbewertungs-verfahren	Artikel 11 Artikel 12 Artikel 14 Anhang II Anhang III Anhang IV Anhang V Anhang VI Anhang VII Anhang VIII

Harmonisierungs-rechtsvorschrift	93/42/EWG geändert durch 2007/47/EG
Anforderungen zum Inhalt an die Konformitätserklärung	Anhang II, Abs. 2 – nur marginal Anhang V, Abs. 2 – nur marginal Anhang VI, Abs. 2 – nur marginal Anhang IV, Abs. 8.1 Anhang V, Abs. 6.1 Anhang VI, Abs. 6.1 Anhang VII, Abs. 6.1 Konformitätserklärung als Verfahren beschrieben
Schnittstelle zu anderen Harmonisierungsrechtsvorschriften	Artikel 1, Abs. 3 Artikel 1, Abs. 4, Abs. 4 a) Artikel 1, Abs. 5 bis Abs. 8 Artikel 3 Artikel 4, Abs. 5 Artikel 7, Abs. 1 Artikel 21 Artikel 22, Abs. 4 Anhang I, Nr. II, Abs. 7.4 Anhang I, Nr. II, Abs. 7.5 Anhang I, Nr. II, Abs. 10.3 Anhang II, Abs. 3.2, lit. c) Anhang II, Abs. 4.3 Anhang II, Abs. 8 Anhang III, Abs. 3 Anhang III, Abs. 5 Anhang IV, Abs. 9 Anhang V, Abs. 7 Anhang VIII, Abs. 2.2 Anhang VIII, Abs. 3.2 Anhang IX, Nr. III, Abs. 4

Harmonisierungs-rechtsvorschrift	93/42/EWG geändert durch 2007/47/EG
Anforderungen an die Kennzeichnung	Artikel 4, Abs. 3 und Artikel 17 – Ohne CE-Kennzeichnung bei Sonderanfertigungen und für die klinische Prüfung bestimmten Geräte Artikel 17 Anhang XII XXXX Artikel 17 bei Verfahren gemäß den Anhängen II, IV, V und VI Anhang XII

5.15 Explosionsgefährdete Bereiche

Im Zusammenhang mit dem Beschluss 768/2008/EG wurde die ATEX-Richtlinie an die Struktur des Anhangs I dieses Beschlusses angepasst und als Richtlinie 2014/34/EU veröffentlicht (aber ohne inhaltliche Änderungen).

Tabelle 23: ATEX-Richtlinie

Harmonisierungs-rechtsvorschrift	2014/34/EU
Konformitätsbewertungs-verfahren	Artikel 6, Abs. 2 Artikel 13 Artikel 13, Abs. 5 – Sonderregelung durch zuständige Behörde möglich
Anforderungen zum Inhalt an die Konformitätserklärung	Artikel 14 Anhang X
Schnittstelle zu anderen Harmonisierungsrechtsvor-schriften	Artikel 1, Abs. 2, lit. d) Artikel 14, Abs. 3 Anhang II, Nr. 1.2.7

Harmonisierungs-rechtsvorschrift	2014/34/EU
Anforderungen an die Kennzeichnung	Artikel 13, Abs. 3 – Ohne CE-Kennzeichnung bei Komponenten Artikel 15 Artikel 16 CE Artikel 16 CE xxxx Artikel 16, Abs. 3 Ex Gerätegruppe Gerätekategorie + Weitere nach Anhang II, Nr. 1.0.5 Artikel 16, Abs. 5

5.16 Sportboote

Die Richtlinie über Sportboote gehört auch zu den älteren Richtlinien und fordert die Übereinstimmung mit den grundlegenden Anforderungen in Bezug auf Sicherheit, Gesundheit, Umweltschutz und Verbraucherschutz. In Bezug auf die technische Entwicklung auf dem Markt haben sich jedoch neue Probleme hinsichtlich der Umweltanforderungen ergeben, so dass eine Revision erforderlich wurde. Deshalb wurde die Richtlinie 94/25/EG durch die Richtlinie 2013/53/EU ersetzt und gleichzeitig an die Struktur des Beschlusses 768/2008/EG angepasst.

Tabelle 24: Sportbooterichtlinie

Harmonisierungs-rechtsvorschrift	**2013/53/EU**
Konformitätsbewertungs-verfahren	Artikel 7, Abs. 2 Artikel 19 Artikel 20 Artikel 21 Artikel 22 Artikel 23 Artikel 24
Anforderungen zum Inhalt an die Konformitätserklärung	Artikel 15 Anhang III Anhang IV
Schnittstelle zu anderen Harmonisierungsrechts-vorschriften	Artikel 6, Abs. 4, lit b) Artikel 6, Abs. 4, lit c) Anhang IV
Anforderungen an die Kennzeichnung	Artikel 16 Artikel 17 Artikel 18, Abs. 2 + Weitere nach Artikel 18, Abs. 2 XXXX Artikel 18, Abs. 3 Anhang I, A, Nr. 2.1 Anhang I, B, Nr. 1 Anhang V

5.17 Aufzüge

Die Richtlinie über Aufzüge wurde auch an den Beschluss 768/2008/EG im Rahmen des Alignment-Packages angepasst und als Richtlinie 2014/33/EU veröffentlicht.

Tabelle 25: Richtlinie über Aufzüge

Harmonisierungs-rechtsvorschrift	2014/33/EU
Konformitätsbewertungs-verfahren	Artikel 7, Abs. 2 Artikel 8, Abs. 2 Artikel 15 Artikel 16 Anhang IV Anhang V Anhang VI Anhang VII Anhang VIII Anhang IX Anhang X Anhang XI Anhang XII
Anforderungen zum Inhalt an die Konformitätserklärung	Anhang II, Abs. A & B
Schnittstelle zu anderen Harmonisierungsrechts-vorschriften	Artikel 1, Abs. 3 Artikel 17, Abs. 3 Anhang I, Nr. 1.1. Anhang I, Nr. 5.1
Anforderungen an die Kennzeichnung	Artikel 18 Artikel 19 CE Artikel 19, Abs. 2 CE XXXX Artikel 19, Abs. 3 & Abs. 4 + Weitere nach Artikel 19, Abs. 5, Satz 2

Harmonisierungs-rechtsvorschrift	2014/33/EU
Anforderungen an die Kennzeichnung	Anhang I, Abs. 5 Anhang V, Abs. 5 Anhang VI, Abs. 5 Anhang VII, Abs. 5 Anhang VIII, Abs. 5 Anhang IX, Abs. 5 Anhang X, Abs. 7 Anhang XI, Abs. 7 Anhang XII, Abs. 7

5.18 Umweltgerechte Gestaltung energieverbrauchsrelevanter Produkte – Öko-Design

Die erste Fassung der Öko-Design-Richtlinie trug die Nummer 2005/32/EG. Diese wurde ersetzt durch die Richtlinie über energieverbrauchsrelevante Produkte 2009/125/EG. Für bestimmte Produkte kommt ergänzend die Richtlinie 2010/10/EU über die Energieverbrauchskennzeichnung zur Anwendung. Auch unter dieser Richtlinie wurden spezifische Verordnungen erlassen (siehe Tabelle 27).

> Aktuell ist die Richtlinie 2009/125/EG die gültige Rahmenrichtlinie. Zu dieser Rahmenrichtlinie gehören bestimmte Produktgruppen, für die sogenannte Durchführungsmaßnahmen als Europäische Verordnungen erlassen werden (siehe Link 13). Erst auf Basis dieser Verordnungen ist eine CE-Kennzeichnung möglich. Ausschließlich in diesen Verordnungen sind die Übergangsfristen dokumentiert.

In Tabelle 27 sind die (Stand Dezember 2016) aktuell veröffentlichten Durchführungsmaßnahmen aufgelistet. Es wird empfohlen, sich regelmäßig über den Stand weiterer geplanter Durchführungsmaßnahmen zu informieren (z. B. über die Website der BAM: https://www.ebpg.bam.de/de/produktgruppen/).

Tabelle 26: Öko-Design-Richtlinie (EvrP-RL)

Harmonisierungs-rechtsvorschrift	2009/125/EG
Konformitätsbewertungs-verfahren	Artikel 8 Anhang IV Anhang V Anhang VII: Durchführungsmaßnahmen Artikel 17 Anhang VIII: Selbstregulierungsmaßnahme
Anforderungen zum Inhalt an die Konformitätserklärung	Anhang VI
Schnittstelle zu anderen Harmonisierungsrechts-vorschriften	Artikel 1, Nr. 17, 18 und 19 Artikel 8 Artikel 9 Artikel 15, Abs. 2, lit. b) Artikel 15, Abs. 3, lit. a) Artikel 24 Anhang I, Teil 1, 1.2 Anhang I, Teil 1, 1.3 Anhang I, Teil 2 Anhang IX
Anforderungen an die Kennzeichnung	CE Artikel 5 und Anhang III

Tabelle 27: Veröffentlichte Durchführungsmaßnahmen

	Bezug zur ErP-Richtlinie 2009/125/EG	Bezug zur Richtlinie 2010/30/EU
Fernsehgeräte	Verordnungen (EG) 642/2009, geändert durch Verordnung (EU) 801/2013	Verordnungen (EU) 1062/2010 und (EU) 518/2014
Leerlauf- und Schein-aus-Verluste (stand-by)	Verordnungen (EG) 1275/2008 und (EU) 801/2013	keine

	Bezug zur ErP-Richtlinie 2009/125/EG	**Bezug zur Richtlinie 2010/30/EU**
Ladegeräte und Netzteile	Verordnung (EG) 278/2009	keine
Bürobeleuchtung und Straßenbeleuchtung	Verordnung (EG) 245/2009, geändert durch Verordnungen (EU) 347/2010 und 2015/1428	keine
Klima- und Lüftungstechnik im Haushalt	Verordnung (EU) 206/2012	Verordnungen (EU) 626/2011 und 518/2014
Elektromotoren	Verordnung (EG) 640/2009, geändert durch Verordnung (EU) 4/2014	keine
Umlaufpumpen	Verordnung (EG) 641/2009, geändert durch Verordnung (EU) 622/2012	keine
Ventilatoren	Verordnung (EU) 327/2011	keine
Kühl- und Tiefkühlgeräte im Haushalt	Verordnung (EG) 643/2009	Verordnungen (EU) 1060/2010 und (EU) 518/2014
Geschirrspüler und Waschmaschinen im Haushalt	Verordnungen (EU) 1015/2010 und 1016/2010	Verordnungen (EU) 1061/2010, 1059/2010 und 518/2014 sowie Richtlinie 96/60/EG
Haushaltsbeleuchtung, allgemeine Beleuchtung ungebündeltes Licht	Verordnung (EG) 244/2009	Verordnungen (EU) 874/2012 und 518/2014
gebündeltes Licht	Verordnung (EU) 1194/2012, geändert durch Verordnung (EU) 2015/1428	Verordnungen (EU) 874/2012 und 518/2014
Einfache Set-Top-Boxen	Verordnung (EG) 107/2009	keine

	Bezug zur ErP-Richtlinie 2009/125/EG	Bezug zur Richtlinie 2010/30/EU
Heizkessel und Kombiboiler (Gas/Öl/Elektrisch)	Verordnung (EU) 813/2013	Verordnungen (EU) 811/2013 und 518/2014
Warmwasser-bereiter (Gas/Öl/Elektrisch)	Verordnung (EU) 814/2013	Verordnungen (EU) 812/2013 und 518/2014
Festbrennstoff-kessel	Verordnung (EU) 2015/1189	Verordnung (EU) 2015/1187
Einzelraum-heizgeräte	Verordnungen (EU) 2015/1188 und 2015/1185	Verordnung (EU) 2015/1186
Klimatechnik	Verordnung (EU) 1253/2014	Verordnung (EU) 1254/2014
PCs (Desktop/Laptop) und Computermonitore	Verordnung (EU) 617/2013	keine
Bildgebende Geräte (Drucker, Scanner, Kopierer ...)	In dieser Produktgruppe wurde eine Selbstregulierungsinitiative der Hersteller am 12.10.2009 im Konsultationsforum beraten. Die freiwillige Selbstverpflichtung wurde im Februar 2011 von den teilnehmenden Herstellern unterzeichnet.	keine
Verbrauch im vernetzten Bereitschaftsbetrieb (networked stand-by)	Verordnung (EU) 801/2013	keine
Professionelle Kühlung	Verordnung (EU) 2015/1095	Verordnung (EU) 2015/1094
Wäschetrockner	Verordnung (EU) 932/2012	Verordnungen (EU) 392/2012 und 518/2014
Staubsauger	Verordnung (EU) 666/2013	Verordnung (EU) 665/2013 und 518/2014

	Bezug zur ErP-Richtlinie 2009/125/EG	Bezug zur Richtlinie 2010/30/EU
Haushalts- und Gewerbeöfen für Speisen, inkl. Mikrowellengeräte	Verordnung (EU) 66/2014	Verordnung (EU) 65/2014
Wasserpumpen	Verordnung (EU) 547/2012	keine
Transformatoren	Verordnung (EU) 548/2014	keine

5.19 Druckgeräte

Die Druckgeräterichtlinie wurde als Richtlinie 97/23/EG veröffentlicht. Erforderlich war aber eine Revision, die mit Veröffentlichung der neuen Druckgeräterichtlinie 2014/68/EU abgeschlossen wurde und entsprechend dem Beschluss 768/2008/EG strukturiert ist.

Tabelle 28: Druckgeräterichtlinie

Harmonisierungs-rechtsvorschrift	2014/68/EU
Konformitätsbewertungs-verfahren	Artikel 6 Artikel 14 Anhang II Anhang III
Anforderungen zum Inhalt an die Konformitätserklärung	Artikel 17 Anhang III, Abs. 1, Nr. 4 Anhang III, Abs. 2, Nr. 5 Anhang III, Abs. 3, Nr. 5 Anhang III, Abs. 4, Nr. 4 Anhang III, Abs. 5, Nr. 5 Anhang III, Abs. 6, Nr. 7 Anhang III, Abs. 7, Nr. 5 Anhang III, Abs. 8, Nr. 7 Anhang III, Abs. 9, Nr. 5 Anhang III, Abs. 10, Nr. 5 Anhang III, Abs. 11, Nr. 5 Anhang III, Abs. 12, Nr. 6 Anhang IV

Harmonisierungs-rechtsvorschrift	2014/68/EU
Schnittstelle zu anderen Harmonisierungsrechts-vorschriften	Artikel 1, Abs. 2, lit. c) bis lit. g) Artikel 1, Abs. 2, lit. s) Artikel 13, Abs. 1, lit. a) Artikel 17, Abs. 3
Anforderungen an die Kennzeichnung	Artikel 16 Artikel 18 Artikel 19 Anhang I, Nr. 3.3 Anhang III, wie unter „Anforderungen zum Inhalt an die Konformitätserklärung“ Artikel 19, Abs. 3 XXXX Artikel 19, Abs. 4 + Weitere nach Artikel 19, Abs. 5

5.20 In-vitro-Diagnostika (IVD)

Die IVD-Richtlinie erfasst In-vitro-Diagnostika und ihr Zubehör. Im Sinne dieser Richtlinie wird Zubehör als eigenständiges In-vitro-Diagnostikum behandelt. Laborapparate mit mechanischen Merkmalen, die eigens für In-vitro-Untersuchungen bestimmt sind, fallen in den Anwendungsbereich dieser Richtlinie. Die Richtlinie 98/37/EG des Europäischen Parlaments und des Rates vom 22. Juni 1998 zur Angleichung der Rechtsvorschriften der Mitgliedstaaten über Maschinen (inzwischen durch die Richtlinie 2006/42/EG ersetzt) musste deshalb zur Anpassung an diese Richtlinie geändert werden. Die Kommission plant im Rahmen der Überarbeitung der Medizinprodukterichtlinie auch eine Überarbeitung dieser Richtlinie.

Im Maschinenleitfaden zur neuen Maschinenrichtlinie sowie in der neuen Maschinenrichtlinie selbst werden leider IVD-Laborgeräte nicht erwähnt, so dass es hier zu Abgrenzungsproblemen kommen kann, wenn solche Produkte Maschinenfunktionen aufweisen.

Unter Initiative der Technischen Kommission ABL der Spectaris wurde deshalb ein eigener Leitfaden entwickelt. Parallel wurde von der IEC eine Norm mit dem Arbeitstitel „Safety Requirements for Electrical Equipment for Measurement, Control and Laboratory Use – Part 2-120:2017 Particular safety requirements for machinery“ veröffentlicht. Für die EU hat die EN 61010-2-120:2017 ein Mandat unter der Maschinenrichtlinie bekommen, so dass in einer der nächsten Normenlisten mit der Veröffentlichung zu rechnen ist.

Tabelle 29: IVD-Richtlinie

Harmonisierungs-rechtsvorschrift	98/79/EG
Konformitätsbewertungs-verfahren	Artikel 9 Anhang III Anhang IV Anhang V Anhang VI Anhang VII Anhang VIII
Anforderungen zum Inhalt an die Konformitätserklärung	Anhang III, Anhang VI – Keine explizite Anforderungen an den Inhalt. Bezieht sich auf das Produkt oder die vorgenommenen Prüfungen. Anhang VI Anhang VIII
Schnittstelle zu anderen Harmonisierungsrechts-vorschriften	Artikel 1, Abs. 2, lit. c) Artikel 1, Abs. 7 Artikel 4, Abs. 5 Artikel 21 Anhang I, Abs. B, Nr. 4.2 Anhang I, Abs. B, Nr. 8.3
Anforderungen an die Kennzeichnung	Anhang I, Abs. B, Nr. 8.1 bis Nr. 8.5 Artikel 16, Abs. 1 – Produkte zu Leistungsbe-wertungs- zwecken ohne CE-Kennzeichnung CE Artikel 16 und Anhang X

Harmonisierungs-rechtsvorschrift	98/79/EG
Anforderungen an die Kennzeichnung	CE xxxx Artikel 16 und Anhang X: Wenn eine benannte Stelle für die Durchführung der Verfahren in den Anhängen III, IV, VI und VII verantwortlich ist.

5.21 Funkanlagen

Die neue Funkanlagenrichtlinie (Radio Equipment Directive, RED) weist einige Besonderheiten auf. In Bezug auf die elektrische Sicherheit überstimmt sie die Niederspannungsrichtlinie 2014/35/EU, da sie keine Spannungsgrenzen definiert.

Zu beachten ist, dass Produkte, in die sog. Funkmodule integriert werden, in den Anwendungsbereich der Funkanlagenrichtlinie fallen. Diesem Umstand muss beim Konformitätsbewertungsverfahren sowie der EU-Konformitätserklärung Rechnung getragen werden. Außerdem besteht das Problem, dass viele Normen noch immer von ETSI überarbeitet werden müssen, so dass kaum damit zu rechnen ist, dass bis zum 12. Juni 2017 alle benötigten Normen im Amtsblatt veröffentlicht sein werden. Das würde bedeuten, Hersteller können gemäß Artikel 17 Abs. 4 2014/53/EU nicht das Verfahren der internen Fertigungskontrolle anwenden. Es blieben nur die beiden Verfahren

a) **EU-Baumusterprüfung** und anschließend Prüfung der Konformität mit dem Baumuster auf der Grundlage einer internen Fertigungskontrolle gemäß Anhang III

und

b) Übereinstimmung aufgrund einer umfassenden Qualitätssicherung gemäß Anhang IV

übrig, solange für den Hersteller die für seine Funkanlage geltenden Normen nicht verfügbar sind. Dies kann zu der Situation führen, dass es Engpässe bei den notifizierten Stellen geben kann, da Hersteller gezwungen wären, notifizierte Stellen einzuschalten (abgesehen vom kommerziellen Gesichtspunkt), wenn für die entsprechenden Produkte keine Produktnormen verfügbar sind.

Nach Analyse des Artikels 17 bzw. Anhang II (Konformitätsbewertungsverfahren „interne Fertigungskontrolle“) fällt außerdem auf, dass die Risikobeurteilung im Anhang V (im Unterschied zur EMV-Richtlinie bzw. dem Beschluss 768/2008/EG) fehlt. Sie wird nur bei Modul B (Anhang III, Ziffer 3, lit. c)) beim Einschalten einer notifizierten Stelle gefordert.

Auf Nachfrage bei der Bundesnetzagentur wurde dies bestätigt. Die Kommission hat betont, es sei eine Risikobewertung zu machen, obwohl sie nicht explizit erwähnt wird. Rein rechtlich könnte sehr wohl diskutiert werden, ob dies so schlicht gefordert werden kann, wenn im Rechtsakt diese Anforderung fehlt.

Grundsätzlich gibt es zur neuen Richtlinie noch viele Auslegungsfragen, so dass der vorgesehene EU-Leitfaden dringend benötigt wird. Es ist geplant, dass dieser jedoch erst in 2017 an die Kommission übermittelt und danach verabschiedet werden kann.

HINWEIS: Zur Funkanlagenrichtlinie wird beim Beuth Verlag – mit den Autoren Bartsch und Loerzer – ein eigenes Werk erscheinen.)

Tabelle 30: Funkanlagenrichtlinie

Harmonisierungs-rechtsvorschrift	2014/53/EU
Konformitätsbewertungs-verfahren	Artikel 10 Artikel 17 Anhang II Anhang III Anhang IV
Anforderungen zum Inhalt an die Konformitätserklärung	Artikel 18 Anhang VI
Schnittstelle zu anderen Harmonisierungsrechts-vorschriften	Artikel 1, Abs. 4 Artikel 2, Abs. 1, Nr. 7 und Nr. 8 Artikel 3, Abs. 1, lit. a) Artikel 3, Abs. 1, lit. b) Artikel 7 Artikel 8 Artikel 18, Abs. 3 Anhang I, Nr. 2 und Nr. 3 Anhang VI

Harmonisierungs-rechtsvorschrift	2014/53/EU
Anforderungen an die Kennzeichnung	Artikel 10, Abs. 6 & Abs. 7 Artikel 19 Artikel 20 Anhang II, Nr. 4 Anhang III, Modul C, Nr. 3 Anhang IV, Nr. 5 CE Artikel 20, Abs. 2 CE XXXX Artikel 20, Abs. 3

5.22 Messgeräte

Die Messgeräterichtlinie erfasst eichpflichtige Instrumente (keine Sicherheitsanforderungen!) und wurde zwischenzeitlich an den Beschluss 768/2008/EG angepasst und als Richtlinie 2014/32/EU veröffentlicht. Insofern gilt für Messgeräte innerhalb der Spannungsgrenzen der Niederspannungsrichtlinie diese Richtlinie ergänzend. Die Störfestigkeitsanforderungen im Zusammenhang mit der elektromagnetischen Verträglichkeit richten sich nach der Messgeräterichtlinie. Demzufolge gelten ergänzend zur Messgeräterichtlinie die Störaussendungsanforderungen der EMV-Richtlinie 2014/30/EU (Anhang I, Nr. 1, lit. a)).

Tabelle 31: Messgeräterichtlinie

Harmonisierungs-rechtsvorschrift	**2014/32/EU**
Konformitätsbewertungs-verfahren	Artikel 8, Abs. 2 Artikel 17 Anhang I, Nr. 12 Anhang II Gerätespezifische Festlegungen in Anhang III bis Anhang XII
Anforderungen zum Inhalt an die Konformitätserklärung	Artikel 19 Anhang XIII Gerätespezifische Festlegungen in Anhang III bis Anhang XII
Schnittstelle zu anderen Harmonisierungsrechts-vorschriften	Artikel 2, Ab. 2 Artikel 19, Abs. 3 Anhang VII, Abs. 1.4 Anhang VIII, Abs. 2.1 Anhang IX, Abs. 23 Anhang XII, Abs. 3.2 Anhang XIV
Anforderungen an die Kennzeichnung	Artikel 20 Artikel 21 Artikel 22 Anhang I, Abs. 9 Anhang II spezifisch für jedes Konformitäts-bewertungsverfahren Anhang X, Kapitel I, Abs. 4 Anhang X, Kapitel II, Abs. 5 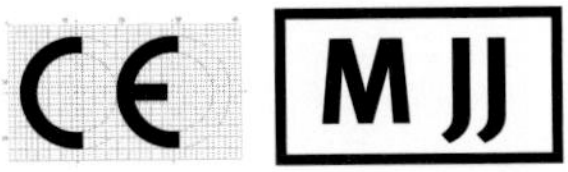 Artikel 21, Abs. 2  Artikel 22, Abs. 5 + Weitere gemäß Artikel 22, Abs. 6

5.23 Seilbahnen

Diese Verordnung betrifft die Sicherheit von Seilbahnen für den Personenverkehr. Von dieser Verordnung werden auch Sicherheitsbauteile erfasst.

Tabelle 32: Seilbahnverordnung

Harmonisierungs-rechtsvorschrift	VO (EU) 2016/424
Konformitätsbewertungs-verfahren	Artikel 11, Abs. 2 Artikel 18 Anhang III Anhang IV Anhang V Anhang VI
Anforderungen zum Inhalt an die Konformitätserklärung	Artikel 19 Anhang IX
Schnittstelle zu anderen Harmonisierungsrechts-vorschriften	Artikel 2, Abs. 2 Artikel 19, Abs. 3
Anforderungen an die Kennzeichnung	CE **XXXX** + weitere gemäß Artikel 21, Abs. 4 Artikel 20 Artikel 21

5.24 Pyrotechnische Gegenstände

Auch diese Richtlinie gehörte zum Paket der an den Beschluss 768/2008/EG anzupassenden Richtlinien und wurde als Richtlinie 2013/29/EU veröffentlicht.

Tabelle 33: Richtlinie über pyrotechnische Gegenstände

Harmonisierungs-rechtsvorschrift	2013/29/EU
Konformitätsbewertungs-verfahren	Artikel 8, Abs. 2 Artikel 17 Anhang II
Anforderungen zum Inhalt an die Konformitätserklärung	Artikel 18 Anhang III
Schnittstelle zu anderen Harmonisierungsrechts-vorschriften	Artikel 18, Abs. 3 Artikel 2, Abs. 2, lit. b) Artikel 2, Abs. 2, lit. d) Artikel 2, Abs. 2, lit. e) Artikel 11, Abs. 3
Anforderungen an die Kennzeichnung	Artikel 9 Artikel 10 Artikel 11 Artikel 19 Artikel 20 Anhang I, Nr. 3, lit. h) Anhang I, Nr. 5, Abschnitt A und Abschnitt B CE Artikel 20, Abs. 2 Anhang II, Module C2, D, E, G und H CE XXXX Artikel 20, Abs. 3 + Weitere gemäß Artikel 20, Abs. 4

5.25 Beschränkung der Verwendung bestimmter gefährlicher Stoffe in Elektro- und Elektronikgeräten (RoHS)

Die neue RoHS-Richtlinie 2011/65/EU ersetzt sdie erste Fassung der Richtlinie 2002/95/EG zum 3. Januar 2013 und führt ab diesem Stichtag die **CE-Kennzeichnungspflicht** ein. Für bestimmte Produktkategorien gelten entsprechende Übergangsfristen. Außerdem wurde der Anwendungsbereich um weitere Produktkategorien ergänzt. Um die RoHS-Konformität nachzuweisen, wurde die harmonisierte EN 50581:2012* „Technische Dokumentation zur Beurteilung von Elektro- und Elektronikgeräten hinsichtlich der Beschränkung gefährlicher Stoffe" im EU-Amtsblatt unter der RoHS-Richtlinie veröffentlicht.

Tabelle 34: RoHS-Richtlinie

Harmonisierungs-rechtsvorschrift	2011/65/EU
Konformitätsbewertungs-verfahren	Gemäß Modul A in Anhang II des Beschlusses Nr. 768/2008/EG (interne Fertigungskontrolle)
Anforderungen zum Inhalt an die Konformitätserklärung	Artikel 13 und Anhang VI
Schnittstelle zu anderen Harmonisierungsrechts-vorschriften	keine direkten Schnittstellen im Rechtstext
Anforderungen an die Kennzeichnung	CE Artikel 14 und 15

* Soll durch EN 63000 ersetzt werden.

6 Welchen Stellenwert und welchen Nutzen haben Normen?

6.1 Einführung

In einigen Anwenderkreisen wird angemerkt, dass Normen

- zu umfangreich seien,
- zu viel Interpretationsspielraum ließen oder
- schwer lesbar seien, um nur einige Kommentare zu nennen. Andererseits werden die Vorteile der Normen nicht zur Kenntnis genommen oder mögen auf den ersten Blick nicht zu erkennen sein. Im Kontext der Rechtsvorschriften im Bereich der Harmonisierungsrechtsvorschriften, der Produkthaftung und der Vertragsgestaltung werden die Vorteile deutlicher:
- Harmonisierte Normen dienen der technischen Konkretisierung der in den Harmonisierungsrechtsvorschriften allgemein formulierten grundlegenden Anforderungen.
- Bei sachgerechter Anwendung harmonisierter Normen lösen diese die Konformitätsvermutung im Zusammenhang mit den in den Harmonisierungsrechtsvorschriften geforderten grundlegenden Anforderungen aus.
- Außerdem genießt der Hersteller den Vorteil der Beweislastumkehr, da die Marktaufsichtsbehörden die eventuelle Nichtkonformität mit einer Norm nachweisen müssten.
- Normen als anerkannte Regeln der Technik sind von einer Mehrheit von Fachleuten aus der Industrie sowie anderer beteiligter Kreise erarbeitet worden und werden als Wiedergabe des Standes der Technik angesehen.

> Zunächst geht es aber um die rechtliche Erfüllung der grundlegenden Anforderungen: ein normkonform produziertes Produkt ist nicht automatisch rechtskonform.

Es gibt durchaus Fälle in der Rechtsliteratur, die belegen, dass ein Produkt trotz Normerfüllung und einer Drittstellenzertifizierung zu entsprechenden Schadenersatzansprüchen im Zusammenhang mit § 823 Abs. 1 BGB und dem Produkthaftungsgesetz führen kann. Beispielhaft sei hier das Urteil des OLG Hamm 21. Zivilsenat (Akz. 21 U 14/08, I-21 U 14/08 vom 21.10.2010) zum Thema Verkehrssicherungspflichtverletzung genannt: Haftung des Herstellers einer Brennpaste bei Verletzungen auf Grund eines Grillunfalls. In diesem Fall kam es zum Unfall eines Kindes, das schwere Brandverletzungen erlitt. Ursächlich laut Kläger (das Kind, vertreten durch die Eltern) sei ein Produktfehler der Brennpastenflasche. Die Beklagte bestritt dies und berief sich auf die Normkonformität sowie ein TÜV-Zertifikat. Letztendlich bejahte das OLG die Klage auf Schmerzensgeld:

> §
>
> „Die Beklagte bestreitet weiter den Unfallhergang. Die Schilderung des Klägers sei nicht plausibel. Es liege auch kein Produktfehler vor. Die DIN-Vorschriften für Brennpasten seien eingehalten worden. Das Produkt sei TÜV-geprüft. Auch die Bundesanstalt für Materialforschung und -prüfung habe die Brennpastenflasche untersucht und habe keine Verkehrssicherungspflichtverletzung feststellen können.
>
> Entscheidend für die Frage, ob ein Konstruktionsfehler vorliegt, ist, ob das Produkt insoweit dem Stand von Wissenschaft und Technik und den anerkannten Regeln des Fachs entspricht. Technische Normen – insbesondere DIN-Normen – bilden zwar einen Mindeststandard an Sicherheit. Ihre Einhaltung genügt aber nicht, wenn die technische Entwicklung oder die wissenschaftlichen Erkenntnisse über die Normen hinausgegangen sind oder wenn sich bei der Benutzung des Produkts Gefahren gezeigt haben (Produktbeobachtungspflicht), die in den Normen noch nicht berücksichtigt sind.
>
> Der Sachverständige hat sich außerdem mit den damals geltenden DIN-Vorschriften und der Abnahme durch den TÜV eingehend auseinandergesetzt. Nach der DIN 66358 ist es erforderlich, dass das Dosierventil fest mit der Flasche verbunden ist. Der Sachverständige kommt zu dem Ergebnis, dass die nach der DIN 66358 vorgeschriebene und vom TÜV durchgeführte Prüfung der Verbindung Dosierventil – Flaschenhals nur unter der Anwendung von Zugkräften vorgenommen wurde. Dies sei unzureichend, weil bei der Verwendung der Brennpaste auch mit Hebelkräften zu rechnen sei.
>
> Die Beklagte haftet damit für alle aufgrund des Konstruktionsfehlers entstandenen Schäden, und zwar in voller Höhe.“

In diesem Fall hat die angesprochene Norm augenscheinlich einen Mangel, da diese Norm keine Prüfung unter Anwendung von Hebelkräften beinhaltete.

Normen und somit auch harmonisierte Normen sind der Mindeststandard. Der Hersteller hat aber darüber hinaus auch Verkehrssicherungspflichten, die sich aus dem Produkthaftungsrecht ableiten (siehe Abschnitt 7.5). Danach hat er u.a. eine Produktbeobachtungspflicht und die Pflicht, den Stand von Wissenschaft und Technik zu ermitteln. Und dies kann auch über eine Norm hinausgehen. Der erste Schritt sollte in der Praxis als Minimalanforderung die Anwendung anerkannter Regeln der Technik sein.

Es wird regelmäßig die Frage formuliert, wie ein potentieller Anwender die Normanforderungen für sein Produkt ermitteln kann. Hierfür gibt es zum einen entsprechende Internetseiten sowie Datenbanklösungen oder entsprechende Berater sowie zum anderen die Prüf- und Zertifizierungsorganisationen, die Sie bei der Anforderungsermittlung unterstützen können.

In Abbildung 9 sind diejenigen Organisationen dargestellt, die Normen erarbeiten. Auf der internationalen Ebene sind hier die beiden Organisationen ISO und IEC zu nennen. In Europa gibt es die drei Normungsorganisationen CEN (nichtelektrotechnische Normen), CENELEC (elektrotechnische Normen) sowie ETSI (Funk- und Telekommunikationssektor), die Europäische Normen (EN) erarbeiten. Im Zusammenhang mit der neuen Konzeption vergibt die EU-Kommission entsprechende Mandate an diese drei Organisationen, harmonisierte Normen zu erarbeiten. Es gilt aber immer der Grundsatz, dass Normen freiwillig anzuwenden sind, außer eine Norm wurde direkt in ein Gesetz übernommen und ist somit integraler Bestandteil des Gesetzes.

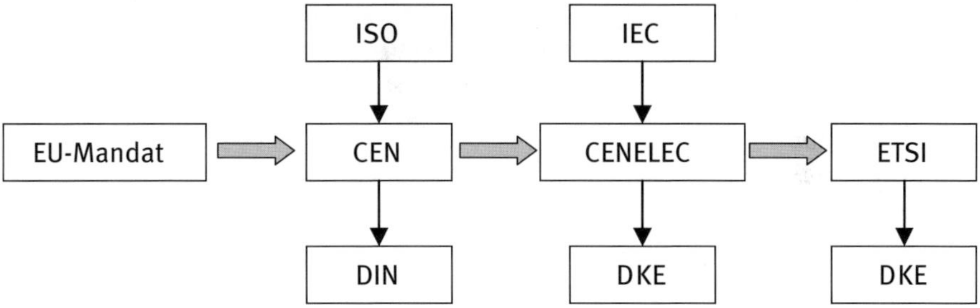

Abbildung 9: Normungsorganisationen und deren Zuordnung

6.2 Harmonisierte Europäische Normen

Unter dem Dach der neuen Konzeption geht von harmonisierten Europäische Normen (EN) eine sogenannte Vermutungswirkung in Bezug auf die Übereinstimmung mit den jeweils in den Harmonisierungsrechtsvorschriften festgeschriebenen grundlegenden Anforderungen (z.B. EMV, elektrische Sicherheit, Spielzeugsicherheit, Maschinenschutz) aus [5], wenn diese im Amtsblatt der Europäischen Union veröffentlicht wurden und von den Anwendern sachgerecht und im Geltungsbereich dieser Normen in Bezug auf die Produkte angewandt wurden.

Durch entsprechende Vereinbarungen zwischen ISO und CEN (Wiener Abkommen) sowie IEC und CENELEC (Dresdner Abkommen) wird versucht, die Normungsarbeit möglichst auf einer Ebene durchzuführen. Dadurch werden auch in Europa unter dem Dach der neuen Konzeption Internationale Normen als Europäische Normen umgesetzt. Dies spiegelt sich in der entsprechenden Nomenklatur der Arbeitsergebnisse wider (siehe Tabelle 35). Die darin aufgeführten Normen stellen harmonisierte Normen dar, da sie unter der Maschinen-, Spielzeug- und Niederspannungsrichtlinie (Beispiele) im EU-Amtsblatt veröffentlicht wurden.

Tabelle 35: Beispiele für Arbeitsergebnisse

Titel	DIN-Norm	Europäische Norm	Internationale Norm
Sicherheit von Maschinen – Allgemeine Gestaltungsleitsätze – Risikobeurteilung und Risikominderung	DIN EN **ISO** 12100	EN **ISO** 12100	ISO 12100
Sicherheit von Spielzeug – Teil 8: Aktivitätsspielzeug für den häuslichen Gebrauch	DIN EN 71-8	EN 71-8	Keine Entsprechung
Einrichtungen der Informationstechnik – Sicherheit – Teil 1: Allgemeine Anforderungen	DIN EN 60950-1	EN 60950-1	IEC 60950-1
		EN 60950-1/A1 Europäische Normänderungen mit internationalem Bezug sind an der einziffrigen Zählweise (A1, ...) zu erkennen.	IEC 60950-1/A1
		EN 60950-1/A11 Rein **europäische** Normänderungen sind an der zweiziffrigen Zählweise (A11, ...) zu erkennen.	Keine Entsprechung

6.3 Praxishinweise

Wie oben beschrieben, lösen harmonisierte Normen eine Konformitätsvermutung aus, wenn sie im Amtsblatt der Europäischen Union veröffentlicht wurden. Die Veröffentlichung der Referenzdaten erfolgt nach einer definierten Prozedur.

FRAGE: Welche Referenzdaten werden veröffentlicht, und welche Informationen sind für das Ausstellen einer EU-Konformitätserklärung von Bedeutung?

Dazu wird aus Tabelle 35 die EN 60950-1 als Beispiel dafür, wie eine Veröffentlichung im EU-Amtsblatt erfolgt, dargestellt (Tabelle 36). Die Liste zur Niederspannungsrichtlinie ist der damals geltenden Mitteilung 2012/C 245/01 vom 14.8.2012 beispielhaft entnommen worden, um die Systematik zu erläutern.

Tabelle 36: Referenzdaten harmonisierter Normen im EU-Amtsblatt am Beispiel der EN 60950-1

ENO	Referenz und Titel der Norm (und Referenzdokument)	Referenz der ersetzten Norm	Datum der Beendigung der Annahme der Konformitätsvermutung für die ersetzte Norm ANMERKUNG 1
Cenelec	EN 60950-1:2006 Einrichtungen der Informationstechnik – Sicherheit – Teil 1: Allgemeine Anforderungen IEC 60950-1:2005 (modifiziert)	EN 60950-1: 2001 + A11:2004 ANMERKUNG 2.1	Datum abgelaufen (1.12.2010)
	EN 60950-1:2006/A11:2009	ANMERKUNG 3	Datum abgelaufen (1.12.2010)
	EN 60950-1:2006/A1:2010 IEC 60950-1:2005/A1:2009 (modifiziert)	ANMERKUNG 3	**1.3.2013**
	EN 60950-1:2006/A12:2011	ANMERKUNG 3	**24.1.2013**
	EN 60950-1:2006/AC:2011		

ANMERKUNG 1: Allgemein wird das Datum der Beendigung der Annahme der Konformitätsvermutung das Datum der Zurücknahme sein (dow, date of withdrawal), das von der europäischen Normungsorganisation bestimmt wird, aber die Benutzer dieser Normen werden darauf aufmerksam gemacht, dass dies in bestimmten Ausnahmefällen anders sein kann.

ANMERKUNG 2.1: Die neue (oder geänderte) Norm hat den gleichen Anwendungsbereich wie die ersetzte Norm. Zum festgelegten Datum besteht für die ersetzte Norm nicht mehr die Annahme der Konformitätsvermutung mit den grundlegenden Anforderungen der Richtlinie.

ANMERKUNG 3: Wenn es Änderungen gibt, dann besteht die betroffene Norm aus EN CCCCC:YYYY, ihren vorangegangenen Änderungen, falls vorhanden, und der zitierten neuen Änderung. Die ersetzte Norm (Spalte 3) besteht folglich aus der EN CCCCC:YYYY und ihren vorangegangenen Änderungen, falls vorhanden, aber ohne die zitierte neue Änderung. Ab dem festgelegten Datum besteht für die ersetzte Norm nicht mehr die Konformitätsvermutung mit den grundsätzlichen Anforderungen der Richtlinie.

Interessant ist, welche Normversion zu welchem Stichtag eine Konformitätsvermutung auslöst. Fakt ist, dass eine EU-Konformitätserklärung bei Serienprodukten kein statisches Dokument darstellt, das ewig ohne Änderung gilt. Bei wiederholter Bereitstellung von Produkten auf dem Markt ist jeweils die Normenlage zu prüfen, und es ist zu analysieren, ob Normänderungen wie z. B. die EN 60950-1:2006/A1:2010 Einfluss auf das Produkt nehmen.

FRAGE: Welche Bedeutung hat die Spalte 4 im Zusammenhang mit Spalte 3 in der Praxis?

- Bis 28.2.2013 konnte die Konformität für die EN 60950-1:2006+A11:2009 bescheinigt werden.
- Ab 1.3.2013 gilt additiv auch die Änderung A1:2010, so dass in der EU-Konformitätserklärung die Angabe EN 60950-1:2006+A11:2009**+A1:2010** für die Referenz der angewandten harmonisierten Norm lautet. Dies galt wiederum bis zum 23.1.2014.
- Ab 24.1.2013 geht die Konformitätsvermutung nur noch von der EN 60950-1:2006+A11:2009+A1:2010**+A12: 2011** aus.
- Die Änderung AC steht für Amendment Corrigenda, die Norm wurde also korrigiert.

Zwischenzeitlich wurde noch die Änderung A2:2013-08 im Amtsblatt veröffentlicht, die seit dem 02.07.2016 anzuwenden ist. Insgesamt ist für die EN 60950-1 eine neue Nachfolgenorm veröffentlicht worden: die EN 62368-1, die mit dem „hazard based safety engineering“ eine Strategie verfolgt. Hier ist eine Übergangsfrist bis zum 19.06.2019 unter der Niederspannungsrichtlinie vorgesehen.

> Das Thema „Wie sieht eine EU-Konformitätserklärung aus, und welche Mindestanforderungen gelten für die Inhalte?“ ist in einer eigenen Publikation [14] behandelt worden, die u. a. zahlreiche Mustervorlagen beinhaltet.

FRAGE: Wo sind nun diese Listen der harmonisierten Normen für die jeweiligen Harmonisierungsrechtsvorschriften zu finden?

Zum einen kann der Suchende täglich das EU-Amtsblatt Teil C kontrollieren (Link 5), oder er nutzt die zentrale Einstiegsseite European Standards – Harmonised Standards (Link 10). Diese Einstiegsseite ist allerdings nicht zwingend tagesaktuell. Und natürlich ist dies eine manuelle Überwachung. Wer hier nach entsprechenden IT-Lösungen sucht, kann entsprechende Anbieter finden, die auch einen entsprechenden Aktualisierungsservice bieten (Beuth Verlag GmbH, DIN Software GmbH, Globalnorm GmbH). Werden auch Informationen zu rechtlichen Produktkonformitätsanforderungen – auch über die EU hinausgehend – benötigt, bietet die Globalnorm GmbH entsprechende Beratungs- und Recherchedienstleistungen sowie das Product Compliance Portal ROGER WILLCO zur Recherche und Überwachung der gesetzlichen Marktzugangsvoraussetzungen von Produkten an.

FRAGE: Müssen „ACs“ zu harmonisierten Normen in der Konformitätserklärung angegeben werden?

Verweise auf Berichtigungen „.../AC:YYYY“ (Hinweis: Amendment Corrigenda) werden ausschließlich zu Informationszwecken veröffentlicht. Berichtigungen dienen der Behebung von Druck-, sprachlichen und anderen Fehlern im Wortlaut der Norm und können sich auf eine oder mehrere Sprachfassungen (Englisch, Französisch und/oder Deutsch) einer durch die europäischen Normungsorganisationen angenommenen Norm beziehen. Demzufolge müssen ACs nicht in der Konformitätserklärung angegeben werden.

7 Product-Compliance-Management

7.1 Einführung

Die Entwicklung von Produktinnovationen ist eine komplexe Aufgabe geworden und ist häufig geprägt von einer sehr kurzen time to market. Des Weiteren sind Produkte technologisch hoch komplex, so dass das Thema funktionale Sicherheit zunehmend an Bedeutung gewinnt und somit auch die Produkthaftungsrisiken je nach Produkt höher sind als vielleicht noch vor 10 oder 15 Jahren. Ein Unternehmer muss sich deshalb dessen bewusst sein, dass Produkthaftung ein integraler Bestandteil seiner Arbeitskultur zu sein hat. Um die Risiken beherrschen zu können [8][9], ist deshalb eine fundierte Basis an regulatorischem und normativem Wissen auf allen Ebenen im Unternehmen unabdingbar. Dieses Fachwissen, das sich global und dynamisch, schneller und schneller ändert, beeinflusst das ganze Qualitätssicherungssystem. Es macht auch einen Teil der business intelligence aus. Ein Unternehmen kennt den Markt nur, wenn auch die jeweiligen fremden Rechtsordnungen im weltweiten Warenvertrieb (regulatory affairs) bekannt sind sowie die Netzwerke, die diese bestimmen. Mitarbeiter, die nicht über dieses Wissen verfügen, können keine rechtskonformen Produkte entwickeln.

Dies sollte alle Führungskräfte im Entwicklungsbereich, in Produktion, Einkauf und Produktmanagement und Vertrieb sensibilisieren. Dazu sollten die internen Prozesse auf den Prüfstand gestellt werden, ob sie diese unternehmerischen Anforderungen erfüllen.

§ 7.3.2 Entwicklungseingaben (DIN EN ISO 9001:2015-11):

„Die Organisation muss die Anforderungen bestimmen, die für die jeweiligen Produkt- und Dienstleistungsarten, die entwickelt werden, von wesentlicher Bedeutung sind. Dabei muss die Organisation Folgendes betrachten:

a) Funktions- und Leistungsanforderungen;
b) aus vorausgegangenen vergleichbaren Entwicklungstätigkeiten gewonnene Informationen;
c) **gesetzliche und behördliche Anforderungen**;
d) **Normen, Standards** oder Anleitungen für die Praxis, zu deren Umsetzung sich die Organisation verpflichtet hat;
e) mögliche **Konsequenzen aus Fehlern** aufgrund der Art der Produkte und Dienstleistungen."

Die Entwicklungsabteilungen kämpfen hier zum Teil gebetsmühlenartig darum, dass sie konkrete Anforderungen aus den Märkten bzw. von den Kunden bekommen. Im Vertrieb und Produktmanagement scheint vielfach die Meinung vorzuherrschen, dass die Ermittlung der gesetzlichen und normativen Produktkonformitätsanforderungen nicht ihre Aufgabe ist. Dies kann sich insbesondere dann negativ bemerkbar machen, wenn fremde Märkte betreten werden, die in Bezug auf die EU völlig andere Rechtsvorschriften und Produktzulassungs- und/oder Zertifizierungsanforderungen stellen. In der Zukunft werden die Unternehmen vor der Herausforderung stehen, das Thema Product-Compliance-Management professioneller zu organisieren. In einigen Organisationseinheiten gibt es inzwischen sogenannte CE-Koordinatoren. Dies kann allerdings nur ein erster Schritt sein und darf nicht als reine Alibi-Funktion dienen. Der CE-Koordinator sollte in der Organisationsstruktur auch die Möglichkeit haben, z. B. die Auslieferung eines Produktes zu stoppen, wenn beispielsweise bestimmte Unterlagen wie die Risikobeurteilung noch nicht vollständig sind. Kritisch anzumerken ist aus Sicht der Autoren, dass der Begriff CE-Koordinator einen zu sehr auf die EU und die CE-Kennzeichnung beschränkten Blickwinkel hat. In einigen Unternehmen wurde daher der Product Compliance Officer eingeführt, der die globale Sicht hat. Durch die Globalisierung und die in Deutschland sehr stark ausgeprägte Exportindustrie wird in anderen Industriezweigen ein Umdenken erforderlich werden.

Nur so können Unternehmen im globalen Markt zukünftig Produkte sicher und erfolgreich verkaufen. Nicht zu unterschätzen ist, dass sie mit diesem Wissen eine Kernkompetenz haben, die sie im Wettbewerb erfolgreich einsetzen sollten. Dementsprechend ist zur Sicherstellung der Produktkonformität eine entsprechende Infrastruktur erforderlich, die sich gerade bei stark wachsenden Marktsegmenten auch in der betriebsorganisatorischen Umsetzung widerspiegeln muss:

§

7.1.3 Infrastruktur (DIN EN ISO 9001:2015-11):

„Die Organisation muss die Infrastruktur bestimmen, bereitstellen und instand halten, die für die Durchführung ihrer Prozesse notwendig ist und um die Konformität von Produkten und Dienstleistungen zu erreichen.

a) Gebäude und zugehörige Versorgungseinrichtungen;
b) Ausrüstung, einschließlich Hardware und Software;
c) Transporteinrichtungen und
d) Informations- und Kommunikationstechnik.“

7.2 Wissensmanagement

In der VDI-Richtlinie VDI 5610 Blatt 1 [17] werden die Begriffe „Daten“, „Informationen“ und „Wissen“ wie folgt definiert:

> „Daten sind objektive Fakten; sie sind ohne Zusammenhang und weitere Hintergründe nicht deutbar und als Rohmaterial zu verstehen.
>
> Informationen sind strukturierte Daten mit Relevanz und Zweck, die in einen Kontext gebracht, kategorisiert, kalkuliert und korrigiert werden können.
>
> Wissen ist vernetzte Information, die in die Lage versetzt, Vergleiche anzustellen, Verknüpfungen herzustellen und **Entscheidungen zu treffen**.“

Demzufolge müssen für eine erfolgreiche und rechtskonforme Vermarktung von Produkten Informationen vorliegen, um daraus Wissen generieren zu können. Im Kontext der gestiegenen gesetzlichen Vorgaben müssen in den jeweiligen Produktentstehungsphasen die beteiligten Personen mit dem entsprechenden Wissen ausgestattet werden. Dabei wird es darauf ankommen, ob es gelingt, auch Mitarbeiter aus den Abteilungen Einkauf, Vertrieb oder Produktmanagement für das Thema Marktzugangsvoraussetzungen (Konformitäts- und Zulassungsanforderungen) zu sensibilisieren.

7.3 Der RI-Prozess

Der Begriff Regulatory Intelligence kann wie folgt beschrieben werden:

> – The act of gathering and analyzing publicly available regulatory information.
> – This includes communicating the implications of that information, and monitoring the current regulatory environment for opportunities to shape future regulations, guidance, policy, and legislation.

Dieser Begriff stammt aus dem Medizin-/Arzneimittelsektor und zeigt, dass in diesem Industriesektor aufgrund der zahlreichen gesetzlichen Produktzulassungsanforderungen eine andere Rechtssensibilität herrscht als in anderen

Industriebereichen. Ein solcher RI-Prozess ist insbesondere in vielen kleinen und mittelständischen Betrieben nicht vorhanden. Hierzu wäre ein fundiertes regulatorisches Basiswissen erforderlich, so dass im Einzelfall auch Rechtsanwälte (intern oder extern) miteingebunden sein müssen. Von herausragender Bedeutung ist an dieser Stelle, dass die Kenntnis der lokalen gesetzlichen Produktkonformitätsanforderungen nicht erst ermittelt wird, wenn das Produkt bereits in das Land eingeführt wurde oder der Vertrag über den Bau einer Maschinenanlage in Brasilien ohne Kenntnis dieser Anforderungen unterschrieben wurde. Die erforderlichen Informationen sind je nach Schwierigkeitsgrad der Informationsbeschaffung sowie der Qualität nicht mit einer Internet-Suchmaschine zu finden (mal ganz zu schweigen von Sprachproblemen). Ein angemessener Zeitfaktor für die Recherche sowie die Analyse und Bewertung der Konformitätsanforderungen muss also unbedingt mit eingeplant werden. Hinzu kommt, dass solche Informationen zumeist nicht kostenlos sind, wenn der Hersteller die Erwartung hat, dass diese Informationen verifiziert, rückverfolgbar und rechtssicher sein sollen. Mögliche Informationsquellen sind:

- Behörden, Ministerien, Marktaufsichtsbehörden,
- Außenhandelskammern,
- Botschaften,
- lokal tätige Rechtsanwälte,
- Prüf- und Zertifizierungsorganisationen oder
- auf das Thema Marktzugangsvoraussetzungen spezialisierte Informationsdienstleister.

7.4 Die juristische Landkarte

Am Beispiel Deutschland ist in Abbildung 10 die juristische Landkarte der einzelnen Rechtsbereiche dargestellt. Hinsichtlich der Anforderungen beim Inverkehrbringen von Produkten sind die Vorschriften im Bereich des Verwaltungsrechts angesiedelt (öffentliches Recht). Dies sind zum Beispiel:

- das Gesetz über die elektromagnetische Verträglichkeit (EMVG),
- das Produktsicherheitsgesetz (ProdSG) nebst den Verordnungen wie z. B.
    - die 1. Verordnung zum Produktsicherheitsgesetz (1. ProdSV) für Niederspannungsgeräte oder
    - die 9. Verordnung zum Produktsicherheitsgesetz (9. ProdSV), kurz Maschinenverordnung, oder
- das Medizinproduktegesetz oder
- das Energie-verbrauchsrelevante-Produkte-Gesetz (EVPG).

Diese Vorschriften sollen sicherstellen, dass ausschließlich gesetzeskonforme Produkte in den Verkehr gebracht werden. Dabei handelt es sich nicht ausschließlich um Sicherheitsvorschriften, sondern auch zunehmend um umweltrelevante Themen wie das EVPG oder phänomenorientierte Vorschriften wie das Gesetz über die elektromagnetische Verträglichkeit. Dazu gelten im Bereich der CE-Kennzeichnung in den 28 EU-Mitgliedstaaten sowie den drei EFTA-Staaten Island, Norwegen und Liechtenstein die gleichen Harmonisierungsrechtsvorschriften. Diese Staaten bilden den Europäischen Wirtschaftsraum (EWR). Da der freie Warenverkehr nicht behindert werden darf, müssen die grundlegenden Anforderungen, die Bedingungen zum Inverkehrbringen, die Begriffsbestimmungen sowie die Konformitätsbewertungsverfahren eins zu eins in das jeweilige nationale Recht übernommen werden. Unterschiede in den Mitgliedstaaten kann es demzufolge bei den Sanktionen geben. So unterscheiden sich z. B. die Strafen im Vergleich zwischen dem deutschen EMV-Gesetz und den „Penalties of the EMC Regulations 2006“ [12], die für Großbritannien und Nordirland gelten. Des Weiteren ist darauf zu achten, ob in den Harmonisierungsrechtsvorschriften Aussagen zum Thema Gefahrenhinweise und Gebrauchsanleitung getroffen wurden. Falls keine entsprechenden EU-Vorschriften existieren, ist ein Blick in das jeweilige nationale Recht erforderlich. Die deutschen Gesetze und Verordnungen sind im Internet zu finden (Link 8).

Um das Inverkehrbringen von nicht gesetzeskonformen Produkten zu verhindern, führen die jeweils national verantwortlichen Marktaufsichtsbehörden entsprechende Kontrollen durch. Wie die Marktaufsichtsstatistiken belegen, halten sich nicht alle Marktteilnehmer an die Spielregeln. Konsequenterweise werden dann entsprechende Sanktionen ausgesprochen, die bis zum Vertriebsverbot reichen können (vgl. dazu auch die Verordnung (EG) 765/2008). Diese Säule des öffentlichen Rechts kann als Präventivrecht bezeichnet werden: Durch entsprechende Product-Compliance-Vorgaben soll das Bereitstellen von nicht gesetzeskonformen Produkten auf dem Markt verhindert werden.

Geschieht das doch, liegt es daran, dass Marktaufsichtskontrollen keine hundertprozentige Abdeckung erreichen können, oder daran, dass im Sicherheitsdesign etwas übersehen wurde.

Dann greift im Falle von Körperverletzung, Todesfall und dergleichen das Strafrecht. Die außervertragliche Haftung greift dann, wenn ein Dritter geschädigt wurde und auf Schadenersatz klagt.

In Deutschland kommen in diesem Fall zwei Gesetze in Frage:

- das Produkthaftungsgesetz (in Umsetzung der europäischen Produkthaftungsrichtlinie 85/374/EWG, geändert durch Richtlinie 1999/34/EG) und
- § 823 BGB „verschuldensabhängige Produzentenhaftung“.

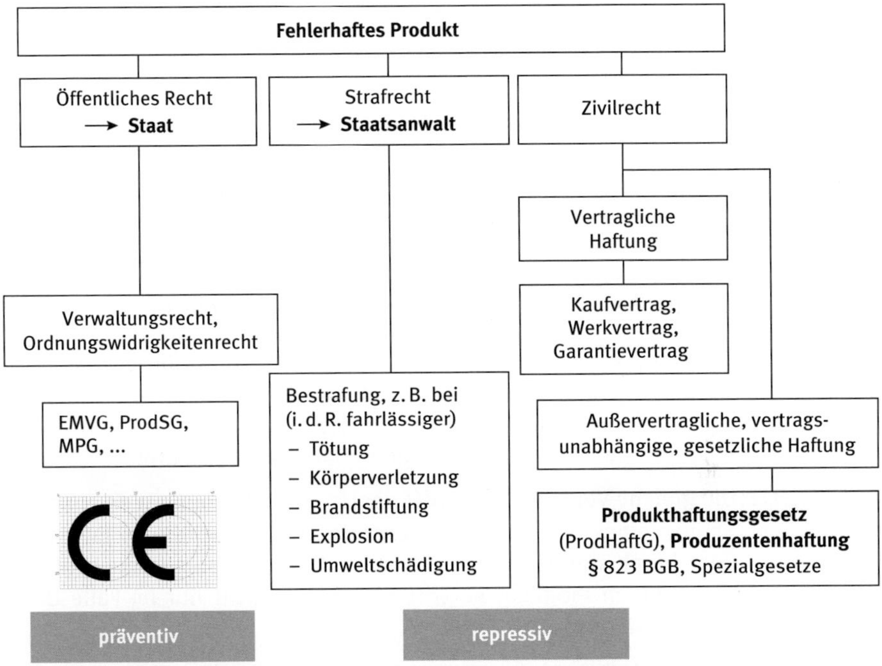

Abbildung 10: Juristische Landkarte

7.5 Produkthaftung und Produzentenhaftung

Über das Thema Produkthaftung gibt es einschlägige Fachliteratur wie z. B. [7], so dass in diesem Werk die für die Praxis wichtigsten Aspekte näher betrachtet werden.

Das Produkthaftungsgesetz kommt gemäß § 1 Abs. 1 ProdHaftG zur Anwendung, wird ...

> §
>
> „... durch den Fehler eines Produkts jemand getötet, sein Körper oder seine Gesundheit verletzt oder eine Sache beschädigt, so ist der Hersteller des Produkts verpflichtet, dem Geschädigten den daraus entstehenden Schaden zu ersetzen. Im Falle der Sachbeschädigung gilt dies nur, wenn eine andere Sache als das fehlerhafte Produkt beschädigt wird und diese andere Sache ihrer Art nach gewöhnlich für den privaten Ge- oder Verbrauch bestimmt und hierzu von dem Geschädigten hauptsächlich verwendet worden ist.“

Das Produkthaftungsgesetz richtet sich an juristische Personen, also GmbH, GmbH & Co. KG, AG, etc. und deren gesetzliche Vertreter (Vorstand, Geschäftsführer). Es stellt eine rein verschuldensunabhängige Haftung dar.

Daneben gilt für die Schadenersatzpflicht in Deutschland die Produzentenhaftung gemäß § 823 BGB. Diese Vorschrift wird auch als verschuldensabhängige (deliktische) Haftung bezeichnet. Diese richtet sich zunächst an den tatsächlichen Hersteller, ggf. aber auch an natürliche Personen wie Geschäftsführer, Vorstände, leitende Angestellte sowie jeden Mitarbeiter, der den Produktfehler sowie den daraus entstandenen Schaden zu verantworten hat.

§

(1) Wer vorsätzlich oder fahrlässig das Leben, den Körper, die Gesundheit, die Freiheit, das Eigentum oder ein sonstiges Recht eines anderen widerrechtlich verletzt, ist dem anderen zum Ersatz des daraus entstehenden Schadens verpflichtet.

(2) Die gleiche Verpflichtung trifft denjenigen, welcher gegen ein den Schutz eines anderen bezweckendes Gesetz verstößt. Ist nach dem Inhalt des Gesetzes ein Verstoß gegen dieses auch ohne Verschulden möglich, so tritt die Ersatzpflicht nur im Falle des Verschuldens ein.

Gemäß § 823 Abs. 2 BGB haften Hersteller auch, wenn sie gegen ein anderes Schutzgesetz verstoßen und dieser Umstand schadensursächlich ist. Hier kämen z. B. die Maschinenverordnung (9. ProdSV), das Medizinproduktegesetz (MPG) oder die Spielzeugverordnung (2. ProdSV) in Frage.

Da der § 823 Abs. 1 BGB keine konkreten Vorgaben macht, wie ein Produkt sicher zu konstruieren ist, gibt es verschiedene Rechtsprechungen des Bundesgerichtshofes (BGH), die als Verkehrssicherungspflichten bezeichnet werden.

Offensichtlich sind Unternehmen, wenn sie fehlerhafte Produkte mit einem Folgeschaden in den Verkehr gebracht haben, ihren Verkehrssicherungspflichten nicht in dem gesetzlich geforderten Maße nachgekommen. Dieser Begriff teilt sich in zwei Bereiche auf:

- die Produktpflichten und
- die Betriebsorganisationspflichten.

Zu den Produktpflichten gehören im Einzelnen:

- Konstruktions- und Planungspflicht,
- Fabrikationspflicht (Qualitätssicherung in der Fertigung, z. B. ISO 9001),

- Instruktionspflicht (Warnhinweise, Anleitungen) sowie
- die Zuliefererpflichten.

Zu den Betriebsorganisationspflichten gehören z. B.

- kompetentes Personal sowie dessen Weiterbildung,
- Kenntnis des Stands von Wissenschaft und Technik (Vorschriften, Normen),
- Reklamations- und Beschwerdemanagement,
- passive und aktive Produktbeobachtung (after-market-Kontrolle) nebst einem Rückrufmanagementsystem für alle Vertriebsregionen,
- konkrete Aufgabendelegierung und deren Erfüllungsüberwachung im Betrieb samt Dokumentation.

In Europa gilt zum Thema Produkthaftung die Produkthaftungsrichtlinie 85/374/EWG, die in nationales Recht umzusetzen war. Die oben bezeichneten Verkehrssicherungspflichten gelten in ähnlicher Weise aber auch in Drittstaaten wie Australien, Brasilien oder den USA.

In den USA gibt es auch die Haftung aufgrund von Sorgfaltpflichtsverletzungen (Negligence). Der Unterschied zu Europa liegt in der Art der Bestrafung. So kennen die Amerikaner den Schadenersatz mit Strafcharakter (Punitive Damages). Hier wird der Beklagte für sein Verhalten mit hohen Schadenersatzsummen bestraft, da er mit einem unsicheren Produkt einen Gewinn erzielt hat. Diese Art der Bestrafung soll auch Dritte warnen. Die Höhe des Schadenersatzes richtet sich nach der Art der unerlaubten Handlung, dem Schadensausmaß und den Vermögensverhältnissen. Sehr häufig tritt dabei die Instruktionshaftung in Erscheinung. Ein Thema sind hier ausländische Sprachen [15].

§

„Only a handful of judicial decisions in America have examined whether a warning must be made in a foreign language to be adequate. Two decisions have ruled that a warning is not inadequate because it is written in English only, that is, there is in general no duty to warn in Spanish or other foreign language – even if the product is advertised in Spanish or sold in Puerto Rico. See Torres-Rios v. LPS Labs., 152 F.3d 11 (1st Cir. 1998) (P.R. law) (no duty to warn in Spanish of explosion risk to workers welding near 55-gallon chemical drum). See also Ramirez v. Plough, Inc., 863 P.2d 167 (Cal. 1993) (no duty to warn in Spanish on St. Joseph's Aspirin for Children that infant could contract Reye's Syndrome from product). But a couple of other decisions appear to disagree and suggest that foreign language

§ warnings sometimes may be necessary to make a warning adequate. See Fuentes v. Shin Caterpillar Mitsubishi, Ltd., 2003 WL 22205665 (Cal. Ct. App. 2003); Stanley Industries, Inc. v. W. M. Barr & Co., 784.F Supp. 1570 (S.D. Fla. 1992)."

Zu den außereuropäischen Produkthaftungsvorschriften gibt es vertiefende Literatur [16]. Insbesondere das Risiko der Instruktionshaftung ist nicht zu unterschätzen und wird im nachfolgenden Kapitel im Detail behandelt.

8 Welche Anforderungen gelten für technische Unterlagen und Benutzerinformationen?

8.1 Einführung

Für die besagten Unterlagen gibt es eine Reihe von Begriffen, die in der Praxis gerne miteinander vermischt werden. Die nachfolgende Abbildung 11 und die Erläuterung sollen dazu beitragen, die Begriffe differenziert zu benutzen.

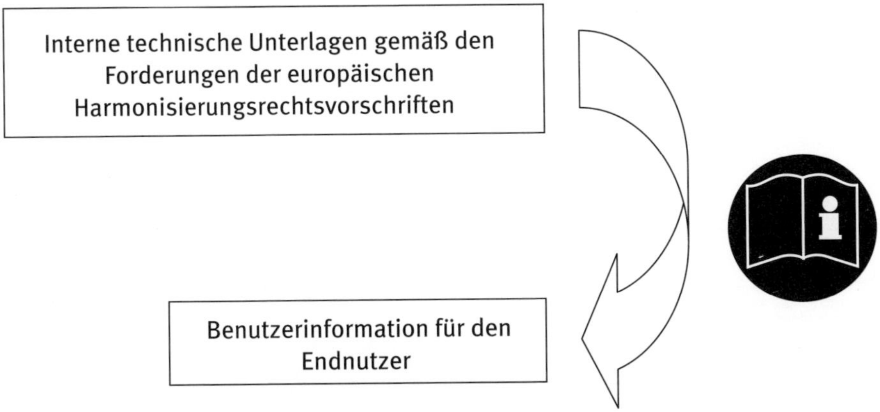

Abbildung 11: Benutzerinformation als Teil der internen technischen Unterlagen

Die Benutzerinformation ist ein Bestandteil der internen technischen Unterlagen. Keine der europäischen Richtlinien oder Verordnungen sieht vor, dass der Hersteller eines Produktes die kompletten technischen Unterlagen an den Benutzer übergeben muss. Wenn jemand Einsicht in die, oder die Herausgabe der technischen Unterlagen beanspruchen kann, ist das die jeweils zuständige Marktaufsichtsbehörde.

Die Anforderungen an die Bestandteile der internen technischen Unterlagen definieren die europäischen Richtlinien oder Verordnungen. Manche der europäischen Regelwerke schreiben detailliert die Bestandteile vor, während andere eher allgemein gehalten sind. Unabhängig von den Anforderungen, welche das für Ihr Produkt zutreffende Regelwerk aufstellt, sollten Sie sich immer von einer Vorgabe leiten lassen:

Ihre internen technischen Unterlagen müssen diejenigen Informationen enthalten, anhand deren die Erfüllung der Anforderungen bzw. die Übereinstimmung mit den einschlägigen Rechtsvorschriften abzuleiten ist.

8.2 Übersicht der Anforderungen an die Benutzerinformation

Mindestens genauso vielfältig wie die Anforderungen an Ihr Produkt sind die Anforderungen an die Benutzerinformation für Ihr Produkt. Diese erstrecken sich von den bindenden Rechtsvorschriften über freiwillig anzuwendende Normen und Empfehlungen bis hin zu Anforderungen an die Didaktik, d. h. die Vermittlung von Wissen bzw. Fertigkeiten in Zusammenhang mit Ihrem Produkt, und die kulturellen Besonderheiten, die es in Ländern außerhalb Deutschlands gibt (Abbildung 12).

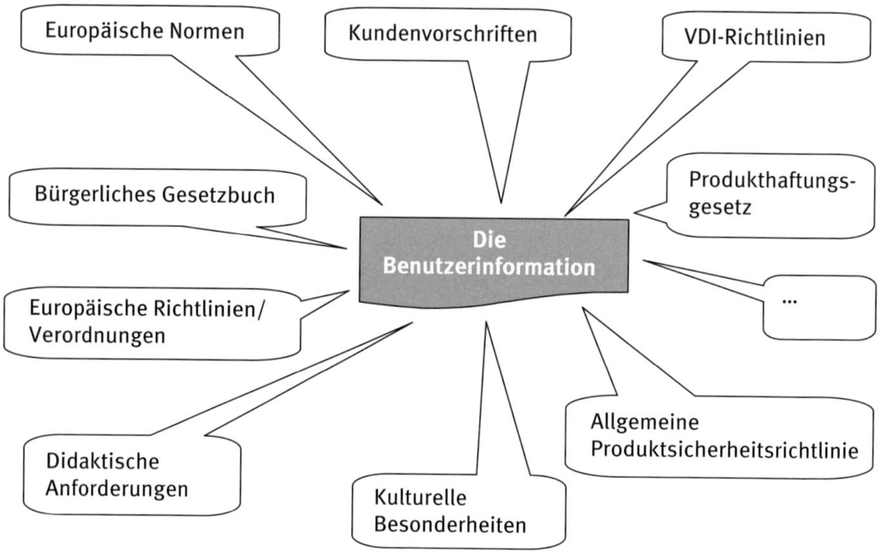

Abbildung 12: Anforderungen an die Benutzerinformation

8.3 Rechtliche Anforderungen an die technischen Unterlagen

Wie bei den Anforderungen an die Beschaffenheit von Produkten bilden auch bei der Benutzerinformation und den technischen Unterlagen die rechtlichen Anforderungen den unabdingbar zu erfüllenden Rahmen. Zu nennen sind hier die europäischen Richtlinien. Alle EU-Richtlinien fordern mehr oder weniger detailliert, dass der Hersteller eines Produktes technische Unterlagen und auch eine Benutzerinformation erstellt. Diesen Anforderungen müssen Sie als Hersteller Folge leisten.

Maßgeblich für den Umfang und auch die Inhalte ist zunächst die auf Ihr Produkt zutreffende Rechtsvorschrift, z.B. eine europäische Richtlinie und deren festgelegte Anforderungen an eine Benutzerinformation. Wenn mehrere Rechtsvorschriften auf Ihr Produkt zutreffen, müssen Sie auch in Bezug auf die Anforderungen an die Benutzerinformation diese Rechtsvorschriften beachten.

Ergänzend zu den in Kapitel 5 beschriebenen Harmonisierungsrechtsvorschriften sei noch die EU-Richtlinie 2001/95/EG über die allgemeine Produktsicherheit von Verbraucherprodukten genannt. Auch diese europäische Richtlinie stellt Anforderungen an eine Gebrauchs- oder Bedienungsanleitung einschließlich der zu nennenden Sicherheitshinweise.

Wie schon erwähnt, gibt es bei den verschiedenen Rechtsvorschriften unterschiedliche Anforderungen. Auch die Bezeichnung für die Benutzerinformation unterscheidet sich in den verschiedenen Rechtsvorschriften. Eine einheitliche Terminologie gibt es nicht. Die EU-Maschinenrichtlinie 2006/42/EG spricht von einer Betriebsanleitung, die EU-Medizinprodukterichtlinie 93/42/EWG spricht von einer Gebrauchsanweisung (siehe hierzu insbesondere die Verordnung (EU) 207/2012 über elektronische Gebrauchsanweisungen, Abschnitt 5.14). Das ist für Ihre Arbeit nur dahingehend relevant, als dass Sie den richtigen Begriff verwenden sollten.

> Ihre Benutzerinformation muss den Benutzer über einen sicherheitsgerechten Umgang mit Ihrem Produkt informieren. Das gilt auch für Gefahren, die für den Benutzer nicht ohne Weiteres erkennbar sind. Weiterhin müssen Sie dem Benutzer die Informationen zur Verfügung stellen, die er für eine vollständige Nutzung Ihres Produktes benötigt.

Die Leitfäden zu den verschiedenen Richtlinien präzisieren zum Teil die Anforderungen an die Inhalte der Benutzerinformation.

8.3.1 Was ist im New Approach dazu gefordert?

Die Richtlinien des neuen Konzeptes sehen für die geregelten Produktkategorien und Industriesektoren bestimmte Umfänge der Benutzerinformation und den technischen Unterlagen vor. Diese technischen Unterlagen müssen belegen, dass der Hersteller die Anforderungen aus der entsprechenden Richtlinie an sein Produkt eingehalten hat. Diese Nachweispflicht erstreckt sich über den Entwurf, die Herstellung und den Betrieb des Produktes.

Die inhaltliche Verantwortung für die technischen Unterlagen verbleibt beim Hersteller eines Produktes (entweder eine natürliche oder eine juristische Person).

8.3.2 Was fordert die Revision des New Approach?

Der Beschluss 768/2008/EG fordert vom Hersteller eines Produktes in Artikel 12 (Pflichten der Hersteller) unter Absatz 7, dass diese gewährleisten, dass dem Produkt die Gebrauchsanleitung und die Sicherheitsinformationen beigefügt sind. Die Gebrauchsanleitung und die Sicherheitsinformationen müssen in einer Sprache abgefasst sein, die von den Verbrauchern und sonstigen Endbenutzern leicht verstanden werden kann. Die konkrete Sprachregelung wird allerdings in den nationalen Rechts- und Verwaltungsvorschriften der Mitgliedstaaten festgelegt. Es ist davon auszugehen, dass dies die entsprechenden Amtssprachen des Mitgliedstaats sind. Beispielhaft sei hier die 1. ProdSV mit § 8 Abs. 3 in Umsetzung der Niederspannungsrichtlinie 2014/35/EU genannt:

> „Der Hersteller hat dafür zu sorgen, dass dem elektrischen Betriebsmittel die Betriebsanleitung und die Sicherheitsinformationen in deutscher Sprache beigefügt sind."

Der Einführer von Produkten wiederum muss prüfen (§ 10 Abs. 2 Nr. 4, 1. ProdSV), ob der Hersteller seinen Informationspflichten nachgekommen ist, anderenfalls darf er solche Produkte nicht in den Verkehr bringen. In der Lieferkette muss auch der Händler überprüfen, ob dem Produkt eine Gebrauchsanleitung und die Sicherheitsinformationen beigefügt sind, bevor er Produkte auf dem Markt bereitstellt, siehe beispielsweise § 12 Abs. 2 Nr. 2, 1. ProdSV.

8.3.3 Weitere Gesetze und Regeln

Bürgerliches Gesetzbuch und Produkthaftungsgesetz: Neben den für Sie relevanten (europäischen) Richtlinien beinhalten weitere juristische Regelwerke Anforderungen an Ihre Benutzerinformation. So hat die Rechtsprechung in Deutschland basierend auf § 823 Bürgerliches Gesetzbuch die Verkehrssicherungspflichten entwickelt. Kernaussage bzw. Kernforderung dieser Verkehrssicherungspflichten ist Folgendes: Wer eine Gefahrenquelle schafft oder zugänglich macht, muss dafür Sorge tragen, dass eine Person die Gefahrenquelle erkennt und diese Gefahr abwenden kann. Das bedeutet übertragen auf die Benutzerinformation, dass eine Instruktionspflicht gegeben ist. Sie müssen die Bedienpersonen auf Gefahrenquellen hinweisen und ihnen mitteilen, wie sie die Gefahren abwenden können. Wenn der Hersteller diesen Pflichten nicht nachkommt, kann er schadenersatzpflichtig werden.

Nationale Rechtsvorschriften: Bedenken Sie bitte, dass es in Europa eine einheitliche Gesetzgebung durch die Harmonisierungsrechtsvorschriften gibt. Verschiedene Mitgliedstaaten haben nationale Vorschriften, die Sie kennen müssen. Beispielhaft sind hier Frankreich und Polen zu nennen mit ihren Gesetzen zum Schutz der jeweiligen Landessprache. Sind keine Regelungen zum Thema Sprache der Instruktion in den Harmonisierungsrechtsvorschriften zu finden (z. B. in der Niederspannungsrichtlinie), müssen Sie damit rechnen, dass es einzelstaatliche Vorschriften gibt, wie z. B. § 3 Abs. 4 Produktsicherheitsgesetz.

Kulturelle Besonderheiten: Nicht außer Acht lassen sollten Sie auch kulturelle Besonderheiten in Ländern außerhalb Deutschlands. Was ist damit gemeint? Bei manchen Völkern ist es ungewöhnlich, Bilder zur Kommunikation zu verwenden, z. B. in Nepal. In anderen Ländern sind Bilder zur Kommunikation gebräuchlich, aber ihre Interpretation weicht von unserem westeuropäischen Deutungsschema ab. Für Terminologie und Symbole gilt Gleiches. Sie können mit den falschen Begriffen und Symbolen politische und religiöse Verwirrung verursachen. Recherchieren Sie beim Export von Produkten in ihrem Zielland diese Empfindsamkeiten.

Das allgemeine Gleichbehandlungsgesetz (AGG): In Deutschland und auch in der Europäischen Union gilt das AGG – das allgemeine Gleichbehandlungsgesetz. Sie dürfen über Ihre Benutzerinformation keine Personengruppe benachteiligen, z. B. Frauen oder Männer. Sie würden dann mit diesem Gesetz kollidieren, wenn Sie bei der Reparatur Frauen von den Tätigkeiten ausschließen würden.

8.3.4 Art der Darbietung

Verbal und visuell: Der Begriff Art der Darbietung entstammt dem Produkthaftungsgesetz (§ 3 Absatz 1). „Ein Produkt hat einen Fehler, wenn es nicht die Sicherheit bietet, die unter Berücksichtigung aller Umstände, insbesondere a) seiner Darbietung, ... berechtigterweise erwartet werden kann."

Wie bieten Sie Ihr Produkt dar, hier speziell unter dem Gesichtspunkt der Benutzerinformation? Tragen die Personen in den Abbildungen die notwendigen persönlichen Schutzausrüstungen, z. B. Schutzhandschuhe beim Auspacken eines sterilen medizintechnischen Produktes? Das bezieht die Darstellung oder Darbietung der von Ihnen vorgegebenen Arbeitsweise mit ein: Ist es dem Benutzer möglich, Ihr Produkt gefahrlos zu benutzen, wenn er sich an die von Ihnen vorgegebene Arbeitsweise hält?

Zielgruppe: Für welche Personen erstellen Sie die Benutzerinformation? Haben Sie Verbraucherprodukte für Konsumenten, oder ist Ihr Produkt ein Investitionsgut für die Industrie? Ihre Zielgruppe sollten Sie bereits aus der Projektierungsphase Ihres Produktes kennen, siehe Abschnitt 2.3.1.

Darbietendes Medium: Papier ist für viele Produkte nach wie vor das Medium der Wahl. Benutzerinformationen sind darüber hinaus in vielfältiger elektronischer Form machbar:

- PDF-Dokument (Online zum Herunterladen)
- CD-ROM
- Über die Visualisierungshilfe eines Produktes
- Utility-Film
- Animierte Graphiken
- ...

Wenn Sie das Medium Papier ganz oder teilweise durch ein elektronisches Medium ersetzen möchten, sollten Sie sich von der Frage leiten lassen: Ist es ihrem Benutzer möglich, an dem Ort der notwendigen Tätigkeit Zugriff auf das elektronische Medium zu haben? Diese Frage müssen Sie mit nein beantworten, wenn es sich um ein Produkt ohne Visualisierungshilfe handelt, z. B. eine Hebebühne oder eine Handbohrmaschine. Sie können nicht davon ausgehen, dass Ihr Benutzer über die Hilfsmittel verfügt, um die elektronische Benutzerinformation anzusehen. Es ist ihm dann nicht möglich, an die Informationen zu gelangen, die für das sichere Ausführen seiner Tätigkeiten notwendig sind.

Sofern es sich um sicherheitsrelevante Informationen handelt, ist die Papierform das erforderliche Medium. Der Leitfaden zur EU-Maschinenrichtlinie 2006/42/EG fordert dies z. B. in § 255: Alle sicherheitsbezogenen Anweisungen sind in Papierform zu liefern.

Validierung oder Usability: Sie sind Ihrer Verpflichtung zum Erstellen einer Benutzerinformation nachgekommen? Das ist gut. Können Sie eine Aussage über die Gebrauchstauglichkeit Ihrer Benutzerinformation machen? Testen Sie die Gebrauchstauglichkeit Ihrer Benutzerinformation; dazu gibt es verschiedene Möglichkeiten. Nur dadurch bekommen Sie eine Rückmeldung, ob Ihre Zielgruppe mit den von Ihnen zur Verfügung gestellten Informationen zurechtkommt.

8.4 Normative Anforderungen

Normen sollen die in (europäischen) Richtlinien vorgegebenen Ziele konkretisieren. Was auf der technischen Ebene Normen, wie z. B. die EN ISO 12100:2010 (Sicherheit von Maschinen – Allgemeine Gestaltungsleitsätze – Risikobeurteilung und Risikominderung), erfüllen, ist auf die Benutzerinformation bezogen die IEC 82079-1:2012-08, die die IEC 62079 ersetzt hat. Diese Neufassung wurde in Europa als EN 82079-1:2012-09 veröffentlicht. Nachfolgend erhalten Sie einen Überblick über Normen und Richtlinien, die Anforderungen an die Benutzerinformation festlegen (Tabelle 37).

Tabelle 37: Übersicht von Normen zum Thema Anleitungen und Dokumentation

Nummer	Ausgabe	Titel
DIN EN 82079-1	2013-06	Erstellen von Gebrauchsanleitungen – Gliederung, Inhalt und Darstellung – Teil 1: Allgemeine Grundsätze und detaillierte Anforderungen (IEC 82079-1:2012)
DIN EN ISO/IEC 17050-1	2010-08	Konformitätsbewertung – Konformitätserklärung von Anbietern – Teil 1: Allgemeine Anforderungen (ISO/IEC 17050-1:2004, korrigierte Fassung 2007-06-15)
DIN EN ISO/IEC 17050-2	2005-01	Konformitätsbewertung – Konformitätserklärung von Anbietern – Teil 2: Unterstützende Dokumentation (ISO/IEC 17050-2:2004)
VDI 4500 Blatt 1	2006	Technische Dokumentation – Begriffsdefinitionen und rechtliche Grundlagen
VDI 4500 Blatt 2	2006	Technische Dokumentation – Organisieren und Verwalten
VDI 4500 Blatt 3	2006	Technische Dokumentation – Erstellen und Verteilen von elektronischen Ersatzteilinformationen

Nummer	Ausgabe	Titel
VDI 4500 Blatt 4	2011	Technische Dokumentation – Dokumentationsprozess: Planen – Gestalten – Erstellen
VDI 4500 Blatt 5	In Bearbeitung	Wirtschaftlich Dokumentieren
VDI 4500 Blatt 6	In Bearbeitung	Elektronisch Publizieren
VDI 4500 Blatt 7	In Bearbeitung	Archivierung elektronischer Daten und Dokumente
VDI 4500 Blatt 8	In Bearbeitung	Zulieferdokumentation im Maschinen- und Anlagenbau

8.5 Leitfäden zu Benutzerinformationen

Neben den normativen Regelwerken aus Abschnitt 8.4 existieren noch eine Reihe weiterer Regelwerke. Das sind zum Teil private Festlegungen verschiedener Organisationen, wie z. B. der tekom e. V. – Gesellschaft für Technische Kommunikation e. V. als der deutsche Fachverband für Technische Kommunikation und Informationsentwicklung.

Tabelle 38: Leitlinien zum Thema Benutzerinformationen

Titel	Ausgabe	Herausgeber
Leitfaden Betriebsanleitungen	2010	tekom – Gesellschaft für technische Kommunikation e. V.
Richtlinie zur Erstellung von Sicherheitshinweisen in Betriebsanleitungen	2005	tekom – Gesellschaft für technische Kommunikation e. V.
Entschließung des Rates über Gebrauchsanleitungen für Technische Konsumgüter (Mitteilung 98/C 411/01 vom 31.12.1998)	17.12.1998	Der Rat der Europäischen Kommission; Amtsblatt C 411, S. 1
...		

8.6 Weitere Anforderungen an Benutzerinformationen

Sie finden in diesem Abschnitt eine Auflistung verschiedener Quellen, die Ihnen Informationen und Tipps zur Gestaltung Ihrer Benutzerinformation geben.

Tabelle 39: Weitere Quellen zum Thema Benutzerinformationen

Titel	Herausgeber
BIA-Report „Betriebsanleitungen – spannend wie ein Krimi?“	Hauptverband der gewerblichen Berufsgenossenschaften HVBG, Sankt Augustin
tekom Schriften zur Technischen Kommunikation – Band 1–15	Verlag Schmidt Römhild
...	

Es existieren zahlreiche Anforderungen an die Benutzerinformation aus dem Bereich des Rechtes und auch der Normen. Sie stellen nicht nur Forderungen auf, sondern unterstützen Sie bei der Gestaltung. Sie sollten der Benutzerinformation dieselbe Aufmerksamkeit schenken, die Sie ihrem Produktdesign zukommen lassen. Denken Sie daran: Die Benutzerinformation ist Ihr Aushängeschild beim Kunden. Es ist eine gute Möglichkeit, sich und Ihr Produkt in Szene zu setzen. Mit einer sicheren und umfangreichen Benutzerinformation kommen Sie Ihrer Verantwortung gegenüber Ihren Kunden nach. Wenn Sie dieser Verantwortung nicht nachkommen, sehen Sie sich Sanktionen durch die Marktaufsicht oder auch der Staatsanwaltschaft ausgesetzt. Ihre Benutzerinformation ist auch Ihre Haftungsentlastung!

9 Produktkonformitätskennzeichnung

9.1 Was sind Konformitätskennzeichen, und welche Rolle spielen sie?

Was bedeutet konform im Sinne der Harmonisierungsrechtsvorschriften? Konform bedeutet die Übereinstimmung des Produktes in Bezug auf die grundlegenden Anforderungen, die in den Harmonisierungsrechtsvorschriften benannt sind (z. B. Anhang I der Maschinenrichtlinie oder Anhang I der Niederspannungsrichtlinie). Das Konformitätskennzeichen der EU ist die *CE-Kennzeichnung* und muss an solchen Produkten angebracht werden, die unter eine oder mehrere Harmonisierungsrechtsvorschriften fallen. Mit dem Anbringen der CE-Kennzeichnung und dem damit verbundenen Konformitätsbewertungsverfahren bestätigt der Hersteller, dass sein Produkt den grundlegenden Anforderungen entspricht. Worauf die CE-Kennzeichnung basiert, ist einzig der EU-Konformitätserklärung zu entnehmen.

§ Artikel 30 Abs. 2 der Verordnung (EG) 765/2008:

„Die CE-Kennzeichnung gemäß Anhang II wird nur auf Produkten angebracht, für die spezifische Harmonisierungsrechtsvorschriften der Gemeinschaft deren Anbringung vorschreiben, und wird auf keinem anderen Produkt angebracht.“

Diese Vorschrift besagt, dass es **verboten** ist, eine CE-Kennzeichnung anzubringen, wenn es für das jeweilige Produkt gar keine anwendbare Harmonisierungsrechtsvorschrift gibt. Im Ernstfall drohen hier Geldstrafen im Sinne einer Ordnungswidrigkeit.

BEISPIEL:

Eine unvollständige Maschine unterliegt gemäß der Maschinenrichtlinie nicht der CE-Kennzeichnungspflicht, da Artikel 13 dies nicht vorsieht. Sofern also keine andere Harmonisierungsrechtsvorschrift (z. B. EMV-Richtlinie) eine CE-Kennzeichnung fordert, ist die CE-Kennzeichnung verboten.

Außerdem kann eine unlautere bzw. irreführende Handlung im Sinne des Gesetzes gegen den unlauteren Wettbewerb (UWG) vorliegen, die entsprechende Rechtsfolgen nach sich ziehen könnte. Es ist also Vorsicht angebracht, wenn ein Auftraggeber einfach nur die CE-Kennzeichnung vom Lieferanten fordert, ohne dass eindeutig ist, dass dieses Produkt überhaupt einer CE-Kennzeichnungspflicht unterliegt.

Grundsätzlich ist – insbesondere im globalen Markt – zu prüfen, ob es im Zielland ein gesetzlich gefordertes Konformitätskennzeichen gibt (EU: CE-Kennzeichnung). Demgegenüber ist ein GS-Zeichen (geprüfte Sicherheit) ein freiwilliges Konformitätskennzeichen, das auf Basis eines GS-Vertrages von einer GS-Prüfstelle erteilt wird.

9.2 Was sagt ein Konformitätskennzeichen aus?

Ein Konformitätskennzeichen bestätigt die Übereinstimmung einer Sache mit bestimmten Anforderungen. Leider sind viele Zeichen nicht geläufig, so dass ein Endverbraucher oder ein gewerblicher Kunde keine klare Aussage über bestimme Eigenschaften bzw. Produktmerkmale bekommt. Andere Konformitätskennzeichen sind dagegen (welt-)weit verbreitet und vermitteln dem Kunden eine klare Botschaft.

Welche Informationen, Symbole sind nun an den Kunden gerichtet und welche richten sich an die Behörden? Aufgrund der Globalisierung und des Bestrebens, ein Produkt für möglichst viele Absatzmärkte konform zu produzieren, müssen auch viele Anforderungen erfüllt werden, und muss deren Übereinstimmung durch ein Konformitätskennzeichen angezeigt werden. Das geht zum Teil so weit, dass bei einigen Produkten die vorhandene Fläche dafür nicht mehr ausreicht oder die Informationen so klein sind, dass sie nicht erkannt werden können.

Allein die Vielzahl der Symbole macht es schier unmöglich, alle an den Verbraucher gerichteten Informationen herauszufiltern. Hinzu kommt, dass die Botschaft, die hinter den Symbolen steckt, bekannt sein muss. Es gibt eine Unzahl von Konformitätskennzeichen. Jedes Konformitätskennzeichen hat auch eine bestimmte Bedeutung, die allerdings bekannt sein oder hinterfragt werden muss. Hier den Überblick zu behalten, ist sehr schwierig. Auf vielen elektrischen Produkten wie z. B. Haushaltsgeräten oder IT-Produkten finden Sie reihenweise solche Konformitätskennzeichnungen.

Abbildung 13: Beispiel von Konformitätskennzeichnungen auf einem Notebook

HINWEIS: Die Abbildung soll auf keinen Fall eine Aussage über die Qualität des Produktes machen, sondern lediglich auf die Vielfalt der Informationen hinweisen.

9.3 Welche Konformitätskennzeichen gibt es?

Ein Auszug einiger in Deutschland bekannter Konformitätskennzeichen ist in Tabelle 40 aufgeführt. Weitere Konformitätskennzeichen sind in im Anhang (11.6) aufgeführt. Diese Liste ist nicht vollständig, da immer neue Zeichen hinzukommen bzw. weltweit zahlreiche Kennzeichen existieren, die kaum noch zu überblicken sind.

Tabelle 40: Kennzeichnungsbeispiele

Konformitätszeichen	Bezeichnung	Wendet sich an:	Anwendung
	VDE-Prüfzeichen: Wird von einer zugelassenen Stelle zum Zeichen der Erfüllung von entsprechenden Normen angebracht.	Wendet sich an den Verbraucher/Käufer.	Freiwillig
	Geprüfte Sicherheit: Wird von einer zugelassenen Stelle zum Zeichen der Erfüllung von entsprechenden Normen angebracht.	Wendet sich an den Verbraucher/Käufer.	Freiwillig
	TÜV Oktagon: Wird von einer zugelassenen Stelle zum Zeichen der Erfüllung von entsprechenden Normen angebracht.	Wendet sich an den Verbraucher/Käufer.	Freiwillig
	Symbol für die getrennte Sammlung von Elektro- und Elektronikgeräten (Altgeräteentsorgung gemäß WEEE-Richtlinie).	Wird vom Hersteller angebracht und richtet sich an den Verbraucher zur fachgerechten Entsorgung.	Gesetzlich
	CE-Kennzeichnung	Wird vom Hersteller angebracht und richtet sich an die Marktaufsichtsbehörden.	Gesetzlich

FRAGE: Kann/darf der Hersteller ein Konformitätskennzeichen selber anbringen?

Das hängt vom konkreten Einzelfall ab. Handelt es sich um ein gesetzlich vorgeschriebenes Konformitätskennzeichen, enthalten die jeweiligen Vorschriften auch einen Hinweis darauf, wer für die Konformitätskennzeichnung verantwortlich ist. Handelt es sich um ein Prüfzeichen, müssen erst die notwendigen Prüfungen bestanden werden, um ein Prüfzeichen anbringen zu dürfen. Solche Prüfzeichen und die dazugehörigen Zertifikate haben eine entsprechend zeitlich begrenzte Gültigkeit. Außerdem ist häufig im jeweiligen Vertrag zur Nutzung solcher Prüfzeichen eine kostenpflichtige Fertigungsstättenbesichtigung verankert.

10 Welche gesetzlichen Anforderungen gelten außerhalb Europas?

10.1 Einleitung

Die EU zählt aktuell 28 Mitgliedstaaten. Zusammen mit den drei EFTA-Staaten Island, Norwegen und Liechtenstein bilden diese Länder den Europäischen Wirtschaftsraum (EWR). In diesen 31 Staaten gelten formal die Harmonisierungsrechtsvorschriften der neuen Konzeption.

Für global agierende Unternehmen ist es aus Kostengründen wichtig, dass für die zu vermarktenden Industrie- und Verbraucherprodukte möglichst internationale Standards von ISO und IEC für die sicherheits- und EMV-gerechte Konstruktion angewandt werden können. Voraussetzung hierfür ist, dass diese Standards in den jeweiligen territorialen Geltungsbereichen akzeptiert werden. In den meisten größeren Industrienationen gelten entsprechende Rechtsvorschriften, die das Inverkehrbringen, die grundlegenden Sicherheits- und EMV-Anforderungen sowie das anzuwendende Konformitätsbewertungsverfahren regeln. Das Problem besteht darin, dass häufig eine zusätzliche *Zertifizierung* erforderlich ist, obwohl als Prüfgrundlage die gleichen Normen herangezogen werden. Aus Sicht der Industrie ist hier kein Zusatznutzen ersichtlich. Es ergeben sich im Gegenteil neue potenzielle Handelshemmnisse. In anderen Drittstaaten ist die Zertifizierung wiederum Grundlage für eine behördliche *Zulassung*. Ohne Zulassung ist dementsprechend eine Vermarktung unzulässig (Bsp.: FDA-Zulassung für Medizinprodukte in den USA oder CCC-Zulassung in Bezug auf EMV und elektrische Sicherheit in China).

Die CE-Kennzeichnung basiert im Vergleich dazu nur in bestimmten Fällen auf einer Zertifizierung, und zwar wenn eine Harmonisierungsrechtsvorschrift für bestimmte Risikoprodukte die Einschaltung einer notifizierten Stelle fordert. Eine Zulassung im Sinne einer behördlichen Genehmigung sieht die neue Konzeption nicht vor. Im Gegenteil: die CE-Kennzeichnung erfolgt aufgrund einer Eigenbescheinigung (EU-Konformitätserklärung) des Herstellers in Eigenverantwortung. Dieses Konformitätsbewertungsverfahren wird auch als Modul A (interne Fertigungskontrolle) gemäß Beschluss 768/2008/EG bezeichnet.

1. Sofern eine Harmonisierungsvorschrift nicht zwingend die Einschaltung einer notifizierten Stelle für besondere Risikoprodukte (z. B. Medizinprodukte ab der Klasse 2a oder Anhang IV-Maschinen) fordert, sind Begriffe wie CE-Zulassung, CE-Zertifizierung oder CE certificate of conformity schlichtweg falsch! Die CE-Kennzeichnung basiert auf der Konformitätsvermutung verbunden mit der internen Fertigungskontrolle.
2. Außerhalb des Europäischen Wirtschaftsraumes hat die CE-Kennzeichnung keine Rechtswirkung!

Das Interesse besteht darin, dass für Industrie- und Verbraucherprodukte weltweit ein und dieselben Prüfgrundlagen gelten und auf unnötige Zusatzzertifizierungen verzichtet wird. Als Konformitätsnachweis wäre eine weltweit gültige Konformitätserklärung auf Basis der ISO/IEC 17050-1 ein optimaler Weg.

Die EU-Kommission hat sich deshalb zwei grundlegende Ziele gesetzt:

- Erstens strebt sie an, dass auf anderen Märkten die durch Normen und Konformitätsbewertungsverfahren bedingten Handelshemmnisse für Industrie- und Verbraucherprodukte abgebaut werden und die Errichtung neuer Handelsbarrieren möglichst verhindert wird.
- Zweitens will sie nach Möglichkeit dazu beitragen, dass in Drittländern Normen und Vorschriften angenommen werden, die auf internationalen bzw. europäischen Regelungen beruhen oder zumindest kompatibel sind, um den Marktzugang und die Wettbewerbsfähigkeit europäischer Produkte zu steigern.

Ein Instrument auf diesem Weg sind bilaterale Abkommen zur gegenseitigen Anerkennung der Konformitätsbewertung von reglementierten Produkten (MRAs, Mutual Recognition Agreements). Diese MRAs bilden nicht die weltweite Harmonisierung von Rechtsvorschriften ab, wie dies zum Teil fälschlicherweise verstanden wird. Bereits Mitte der 90er Jahre begann die EU-Kommission, mit einigen Drittstaaten solche Abkommen auszuhandeln.

Das Ziel eines MRAs besteht darin, die jeweiligen Vertragspartner zu ermächtigen, Produkte vor der Ausfuhr in ihrem jeweiligen Hoheitsgebiet nach den Regeln und Vorschriften der anderen Vertragspartei zu prüfen und, falls erforderlich, zu zertifizieren.

An dieser Stelle wird deutlich, dass ein MRA nicht das Ziel verfolgt, die Zertifizierungsverfahren eines Drittlandes etwa zu vermeiden bzw. abzuschaffen.

Es geht lediglich darum, den Marktzugang zu vereinfachen, indem jede Vertragspartei die Prüfungen, Konformitätsbescheinigungen und Genehmigungen von zugelassenen Konformitätsbewertungsstellen der anderen Vertragspartei anerkennt.

Dazu werden bei der jeweiligen Vertragspartei zugelassene Konformitätsbewertungsstellen (KBS) angemeldet (engl. „designated conformity assessment bodies", CABs, siehe auch Link 15).

Diese KBS haben die entsprechende Kompetenz und Kenntnis der Vorschriften, um das entsprechende Konformitätsbewertungsverfahren des jeweiligen Vertragspartners rechtskonform anzuwenden. Zum Teil sind keine zusätzlichen Prüfungen erforderlich. Bei der genauen Klärung dieser Frage können KBS bereits hilfreich zur Seite stehen. Die EU-Kommission hat mit Australien, Kanada, Israel, Japan, Neuseeland, der Schweiz und den USA jeweils Abkommen geschlossen. Es gibt noch weitere Verträge, die auf der Website der EU abgefragt werden können.

Grundsätzlich gilt es, für jedes Land zu klären, welche rechtlichen Grundlagen für das Inverkehrbringen von Produkten gelten. Leider gibt es keine allgemeine Übersicht oder Auflistung, welche Anforderungen wo erfüllt werden müssen. Diese Informationen müssen entweder selbst oder über externe Dienstleister eingeholt werden. Auch hier gilt wieder, je früher die Anforderungen ermittelt werden, desto wahrscheinlicher bleiben Nachrüstungen und eventuell sogar Strafen erspart.

> Legen Sie ganz klar in Ihrer Firma fest, wer für die Ermittlung der Anforderungen verantwortlich ist, siehe auch Abschnitt 8.2.2, DIN EN ISO 9001:2015-11.

10.2 Unterschiedliche Konformitätskennzeichnungen

10.2.1 Gesetzliche Anforderungen

Ein Vorteil innerhalb der EU ist, dass die gesetzlichen Anforderungen aufgrund der Harmonisierung für viele Industriesektoren gleich sind. Natürlich gibt es in unterschiedlichen Ländern oder Regionen auch unterschiedliche Interpretationen, wie eine Anforderung zu erfüllen ist. Eine gesetzliche Anforderung muss immer erfüllt werden und kann auch nicht vertraglich ausgenommen werden. Hier als Beispiel Informationen des Herstellers zum sicheren Gebrauch, auch als Bedienungsanleitung bekannt. In der Produktsicherheitsrichtlinie 2001/95/

EG ist im Artikel 5 aufgeführt, dass dem Verbraucher Informationen für die sichere Benutzung mitzuliefern sind. Über die Sprache gibt es hier keinen Hinweis. In der deutschen Umsetzung der EU-Produktsicherheitsrichtlinie, dem Produktsicherheitsgesetz (ProdSG), ist in § 3 Abs. 4 die Anforderung formuliert, dass die Gebrauchsanleitung in deutscher Sprache mitzuliefern ist. Eine vertragliche Vereinbarung, sie für in Deutschland in Verkehr gebrachte Produkte (nur) in einer anderen als der deutschen Sprache zu liefern, ist also unzulässig.

Die MRL 2006/42/EG enthält ebenso eine Anforderung, dass die Betriebsanleitung in einer der Amtssprachen des Verwendungslandes mitzuliefern ist.

AUSSAGE:

Wir haben vertraglich vereinbart, in welchen Sprachen die Informationen für das Bedienpersonal geliefert werden können!

IRRTUM:

Wenn es eine gesetzliche Forderung bezüglich der Sprache gibt, darf die vertragliche Vereinbarung geltendem Recht nicht widersprechen.

In der Tabelle 41 unten sind einige Konformitätszeichen aus verschiedenen Drittstaaten aufgeführt. Eine ausführliche Liste (entnommen dem Product Compliance Portal ROGER WILLCO) ist in Abschnitt 11.6 abgebildet.

Tabelle 41: Beispiele von Konformitätskennzeichen aus Drittstaaten

Konformitätszeichen	Bezeichnung	Wendet sich an:	Anwendung
	RCM-Kennzeichen in Australien (Regulatory Compliance Mark). Gilt für EMV und Sicherheit elektrischer Produkte sowie für Sendefunkanlagen und Telekommunikationsendgeräte.	Hersteller, Importeur	Gesetzlich
	FCC für USA Konformitätsanforderung: EMV und Funk	Hersteller, Importeur	Gesetzlich

Konformitätszeichen	Bezeichnung	Wendet sich an:	Anwendung
	EAC für Russland bzw. Eurasische Zollunion Konformitätsanforderung: EMV, Sicherheit, Maschinenschutz und weitere.	Hersteller, Importeur	Gesetzlich
	Underwriters Laboratories Prüfzeichen für USA Konformitätsanforderung: elektrische Sicherheit	Die Bundesvorschrift 29 CFR 1910 Subpart S Electrical richtet sich an den Betreiber	Freiwillig, in einigen Bundesstaaten, Städten Vorschrift (abhängig vom Produkt).

10.2.2 Marktanforderungen

Zu den gesetzlichen Anforderungen kommt oft die Erwartungshaltung, die der Markt, sprich: der Endnutzer, an Produkte stellt. So wird sehr häufig erwartet, dass ein Produkt mehr als die gesetzlichen Anforderungen erfüllt. Als Beispiele seien hier die nicht gesetzlichen Gütesiegel wie z. B. TÜV, VDE, BG Zert oder Keymark genannt. Mit diesen Konformitätskennzeichen und den dazu gehörigen Prüfungen erwerben sich die Hersteller Vorteile wie

- einfachen Marktzugang oder
- Nachweis der Sicherheit durch ein externes Prüfinstitut (haftungsentlastende Maßnahme im Zusammenhang mit Produkthaftung).

Für manche Prüfzertifikate ist die Anwendung des IEC CB Scheme von Vorteil (vgl. [11] sowie Link 16).

Für Anwender/Verbraucher ist dabei häufig nicht zu erkennen, welche inhaltliche Aussage hinter dem Zeichen steht.

Handelt es sich um ein

- gesetzlich vorgeschriebenes Kennzeichen, Pflichtzeichen oder
- um ein Qualitätszeichen, Gütesiegel oder
- um eine reine Information des Herstellers?

Aufgrund der geschichtlichen Entwicklung von Prüfsiegeln in Deutschland wird der Benutzer/Käufer zunächst mit hoher Wahrscheinlichkeit von einem Qualitätszeichen bzw. Gütesiegel ausgehen.

Leider werden die Prüf- oder Konformitätszeichen zum Teil kopiert und auf die Produkte aufgebracht.

10.2.3 Vertragliche Anforderungen

Grundsätzlich gilt, dass ein Vertrag keine Regelungen beinhalten darf, die darüberstehendes Recht (öffentlich-rechtliche Vorschriften) aushebeln würden. So kann z. B. der Lieferant einer Maschine mit dem Kunden in der Türkei nicht vereinbaren, dass die Sprache der Betriebsanleitung mit Englisch ausreichend ist, da die türkische Maschinenschutzvorschrift in deren Anhang I Nr. 1.7.4 die türkische Sprache fordert.

Genauso wenig ist es zulässig, die Produkthaftung vertraglich auszuschließen oder die CE-Kennzeichnung als ausreichend für den weltweiten Vertrieb zu vereinbaren.

Gerade im Maschinenexportgeschäft ist zu beobachten, dass viele deutsche Unternehmen mit ihren ausländischen Kunden häufig die CE-Kennzeichnung als Vertragsgrundlage heranziehen. Dies mag in Ermangelung der Kenntnis der lokalen Rechtslage passieren oder schlichtweg daran liegen, dass z. B. im Maschinenbau die Meinung vorherrscht, es gebe weltweit keine vergleichbaren Vorschriften zur Maschinenrichtlinie. Dies ist schlichtweg falsch! Gerade die größeren Nationen wie Australien (siehe sektoraler Anhang Maschinenschutz im Beschluss des Rates 98/508/EG, Amtsblatt L 229, S. 41), Brasilien (NR 12), Neuseeland (siehe sektoraler Anhang Maschinenschutz Beschluss des Rates 98/509/EG, Amtsblatt L 229, S. 99), die USA (29 CFR 1910 Subparts O and S) oder Russland (Technisches Reglement Maschinensicherheit) haben sehr wohl einzelstaatliche Maschinensicherheitsvorschriften veröffentlicht. Es stellt sich nur die Frage, ob diese im Arbeitsschutz verankert sind und den Import von Maschinen regeln oder ob es direkte Vorschriften zum Inverkehrbringen im Zielland gibt. Als dritte Variante ist noch denkbar, dass die Vorschriften ausschließlich für den Betreiber gelten und dieser den Maschinenlieferanten per Vertrag in die Pflicht nimmt.

> Compliance and conformance to law. Seller and buyer at all times shall comply with all applicable federal, state, and local laws and regulations. Seller warrants that if properly operated, the machine shall conform to OSHA requirements, as set forth in the specifications.

Demzufolge ist der Maschinenbauer gut beraten, sich mit den US OSHA Regulations inhaltlich auseinanderzusetzen, zumal sich diese doch sehr stark vom europäischen Ansatz unterscheiden. Beispielhaft seien hier die US-Vorschriften genannt, die im Vergleich zu analysieren sind:

- US 29 CFR 1910 Subpart O Machine Guarding ⟷ Maschinenrichtlinie 2006/42/EG
- US 29 CFR 1910 Subpart S Electrical Safety ⟷ Niederspannungsrichtlinie 2014/35/EU
- ANSI/NFPA 79 ⟷ IEC/EN 60204-1 (Sicherheit von Maschinen – Elektrische Ausrüstung von Maschinen – Teil 1: Allgemeine Anforderungen)

Andere Kunden verwenden compliance letter, die konkrete Anforderungen beinhalten, deren Übereinstimmung der Maschinenbauer bestätigen soll, wie das folgende Beispiel zeigt (Abbildung 14 und Abbildung 15).

To: <German Company> 05/18/2012

Reference: Letter of Compliance to Local or International Regulations and Standards

I/We [OEM/Vendor/Builder legal business name] have read and understood the requirements of Ontario Regulation 528/00 (filed September, 2000) and Occupational Health and Safety Act of Ontario (Reg. 851 of R. P. O. 1990). The attached document lists the regulations and standards to which our equipment is designed and manufactured to. The list should qualify our equipment for exemption from a Prestart Health and Safety Review.

Sincerely

____

Name, Title, Signature

Abbildung 14: Canadian compliance letter

Letter of Compliance to Local or International Regulations and Standards

I/We [OEM/Vendor/Builder legal business name] have designed/manufactured the following machine(s), equipment, device(s) according to the regulations and standards listed:

List of Machine/Equipment Part Numbers, SN's	Generic Standards	Machine Standards	other Standards
	EC Machinery Directive (2006/42/EC)		
			Company standard #195
		Machine Tool Safety ANSI B11.19	
			Ontario Electrical Safety Code 25th Addition, 2012
		Safeguarding of Machinery CSA Z432-04	

Abbildung 15: Annex to the Canadian compliance letter

In Abbildung 16 ist ein weiteres Beispiel für eine vertragliche Anforderung dargestellt. In diesem Fall geht es um eine Produktionsanlage für den Einsatz in China. Da in China (noch) keine rechtlichen Anforderungen an industrielle Maschinen und Anlagen bestehen, aber sehr wohl an Geräte und Komponenten, kommt es immer wieder zu Problemen mit dem Zoll in China, da das CCC-Regime eng mit zollrechtlichen Anforderungen verknüpft ist. Diskussionswürdig aus Sicht des Auftragnehmers ist sicherlich die Haftungsübernahmeklausel, die in dieser Form aus Sicht des Maschinenbauers sicherlich nicht akzeptabel ist. Insofern ist es wichtig, dass in die Verkaufs- und Projektgespräche nicht nur Einkäufer und Vertriebsleute involviert sind, sondern auch Experten aus dem Bereich Product Compliance, die in der Lage sind, die Anforderungen zu ermitteln und zu bewerten.

Unsere Bestellung 167828/7898-009, Auftrag 768543

Sehr geehrter Herr ...,

da der o. g. Auftrag wie vereinbart für unser Projekt ... verwendet wird, gelten hierfür folgende ergänzende Vorschriften:

> Lastenheft Nr. #32456 für Produktionsanlagen in China, Stand 01.09.2006, technische Vorgaben für die mechanische Fertigung China, Stand November 2006

Die bestellten Güter sind für den Export in die VR China bestimmt und müssen daher den dort gültigen einschlägigen Regelungen und Gesetzen entsprechen. Insbesondere ist bei der Auswahl der Komponenten darauf zu achten, dass diese einer sogenannten „China Compulsory Certification (CCC)" unterzogen wurden. Aufwendungen und Haftungsforderungen, die uns durch den Einsatz von Komponenten ohne CCC entstehen, werden wir Ihnen in voller Höhe weiterbelasten. Welche Komponenten hiervon im Einzelfall betroffen sind, ist tagesaktuell aus dem Internet zu entnehmen, z. B. unter **www.ccc-mark.com/lists-of-products-subject-to-ccc-mark.html.**

Abbildung 16: Auftrag für eine Produktionsanlage in China

10.3 Was muss ich außerhalb der EU beachten?

Außerhalb der EU gelten natürlich zuerst die gesetzlichen Anforderungen des jeweiligen Landes. Diese Anforderungen herauszufinden, gestaltet sich oft schon sehr schwer. Für einige Industriesektoren wie z. B. Maschinen stammen die Anforderungen aus der Arbeitssicherheit. Über die Vorgaben, die den Betreibern bezüglich Arbeitssicherheit gemacht werden, kommen die Anforderungen wieder an den Hersteller, da der Betreiber dies eins zu eins über den Vertrag an den Hersteller weitergibt. Diese indirekten Anforderungen herauszufinden, die ein Hersteller nicht immer gleich erkennen kann, gestaltet sich als sehr schwierig. Mittlerweile gibt es Datenbanken, in denen für gängige Produkte diese Vorgaben recherchiert werden können.

Besonders wichtig bei Lieferungen außerhalb der EU ist die Ermittlung, welche Anforderungen im jeweiligen Markt/Land gelten und ob diese Anforderungen von den EU-Anforderungen abweichen (Abbildung 17).

Das hört sich zunächst einfach an, ist aber zum Teil sehr mühsam, da

- die für den Binnenmarkt angewandten Normen,
- die Normen des neuen, außerhalb der EU liegenden Marktes,
- und die Unterschiede der Anforderungen aus den jeweiligen Normen

bekannt sein müssen.

BEISPIEL: Elektrische Sicherheit von Maschinenausrüstungen.

Innerhalb der EU gilt für Maschinen die harmonisierte Norm EN 60204-1, sofern keine darüberstehende Produktnorm vorliegt. In Australien gilt für Maschinenausrüstungen der Standard AS 60204.1 und in den USA ANSI/NFPA 79. Diese Normen müssen inhaltlich auf Abweichungen mit der EN 60204-1 überprüft werden.

Gerade zum Thema elektrische Sicherheit werden Hersteller mit lokalen Zertifizierungsanforderungen konfrontiert. Beispielhaft sei hier die oben angeführte ANSI/NFPA 79 genannt. Hier stellt sich die Frage, welche rechtliche Stellung dieser Code hat.

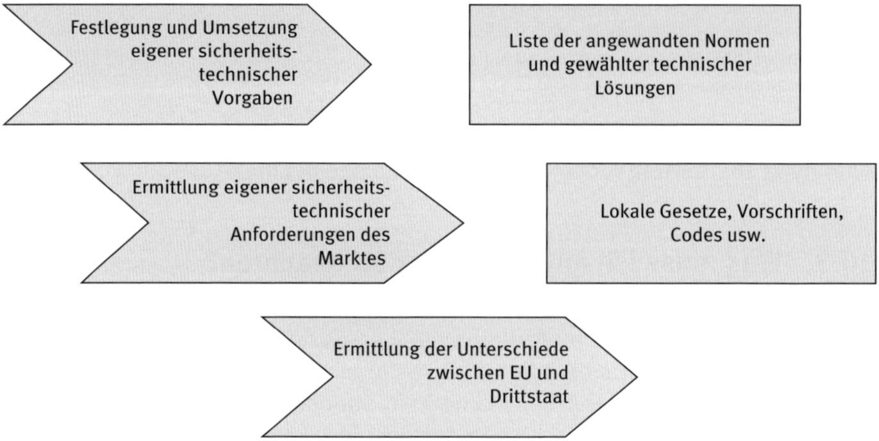

Abbildung 17: Anforderungsmanagement

In Abbildung 18 ist das Prinzip der CE-Kennzeichnung auf Basis der Niederspannungsrichtlinie mit der amerikanischen UL-Zertifizierung im Vergleich dargestellt. Während im EWR ein elektrisches Produkt rechtskonform mit der Niederspannungsrichtlinie entwickelt und produziert sein muss, bevor es in den Verkehr gebracht wird, ist die Einfuhr des gleichen Produktes in den USA auf der Betreiberseite rechtlich geregelt (siehe US 29 CFR 1910 Subpart S). Insofern stellt die UL-Zertifizierung keine rechtliche Anforderung dar. Allerdings stellt sich die Frage, ob ein US-Kunde dem Importeur ein Produkt ohne entsprechende Zertifizierung abnimmt (Marktanforderung), da er es dann nicht in Betrieb nehmen darf.

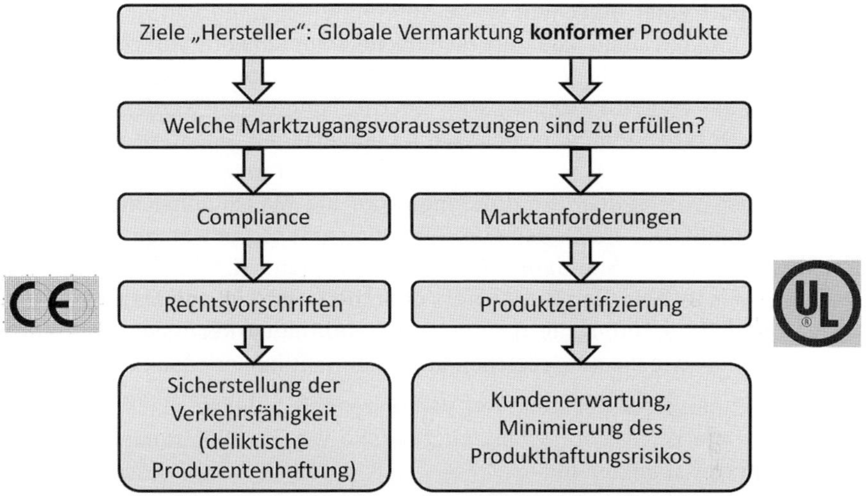

Abbildung 18: Unterschiedliche Marktzulassungsanforderungen „USA ⟷ EWR“

1910.303

Approval. The conductors and equipment required or permitted by this subpart **shall be** acceptable only if approved, as defined in Sec. 1910.399.

1910.399

Approved. Acceptable to the authority enforcing this subpart. The authority enforcing this subpart is the Assistant Secretary of Labor for Occupational Safety and Health. The definition of „acceptable“ indicates what is acceptable to the Assistant Secretary of Labor, and therefore approved within the meaning of this subpart.

Diese Vorschriften enthalten keine rechtliche Vorgabe, dass nur die UL-Zertifizierung von der AHJ (Authority having Jurisdiction) akzeptiert wird. Vielmehr hat die OSHA eine ganze Reihe von Prüforganisationen akkreditiert, die als National Recognized Testing Laboratories (NRTL) bezeichnet werden. Hierunter finden sich z. B. auch deutsche Prüforganisationen, die in den USA Niederlassungen unterhalten.

Für den Import einer Maschine in die Vereinigten Staaten von Amerika stellt sich die Rechtslage ähnlich dar. Als technische Komplementärvorschrift zur Maschinenrichtlinie kann die Vorschrift 29 CFR 1910 Subpart O Machine Guarding sowie ebenfalls 29 CFR 1910 Subpart S Electrical angesehen werden; allerdings sind diese Vorschriften im Arbeitsschutz angesiedelt. Insofern unterliegen Maschinen keinen Importanforderungen, so dass der amerikanische Betreiber üblicherweise vertragliche Anforderungen an die Maschinensicherheit stellt (siehe Abschnitt 10.2.3). Für den Maschinenbau gibt es nur wenige Staaten wie Brasilien (Regulatory Standard NR 12) oder Russland (EAC-Zertifizierung auf Grundlage des technischen Reglements über die Sicherheit von Maschinen und Anlagen vom 15.9.2009), die für das Inverkehrbringen Rechtsvorschriften in ähnlicher Weise wie die europäische Maschinenrichtlinie erlassen haben.

Zwei Kundenbeispiele der jüngeren Vergangenheit belegen, dass es bei der globalen Vermarktung von Produkten genauso wie im EWR zunächst auf die Rechtskonformität ankommt.

Bereich Maschinenbau:

„Wie heute telefonisch besprochen, wurde uns von unserer chinesischen Niederlassung mitgeteilt, dass gem. lokaler Zollvorschriften angeblich die u. g. Bauteile unter die CCC-Vorschrift fallen. Die Teile kommen von Zulieferern, die uns mitgeteilt haben, dass sie bisher nie Probleme mit dem Import dieser Teile nach China hatten (da Nennspannung unter 36 V). Beide Bauteile werden in einem Schaltschrank verbaut und werden vom Bedienpersonal nicht angefasst. Die Bauteile kommen aus dem Automotive-(Nutzfahrzeug-)Bereich und werden dort in Großserien eingesetzt. Die Bauteile gehören zu einer Motorsteuerung des Antriebsmotors für neue chinesische Lokomotiven, für die wir die Aufladetechnik liefern.

Für uns ist nun zu klären, ob diese Teile tatsächlich unter CCC fallen (wo steht das?) und wenn nicht, würden wir ein entsprechendes Schreiben für den chinesischen Zoll benötigen."

Elektrische Einbaukomponente:

„Ein Produkt unseres Kunden wird vom Zoll in Saudi-Arabien zurückgehalten. Uns wurde mitgeteilt, dass der Grund für die Entscheidung des Zolls unsere Einbaukomponente ist, für die kein Zertifikat vorliegt.

Ist es richtig, dass für Einbaukomponenten Zertifikate gefordert werden vom Zoll in Saudi-Arabien?"

Anhand dieser beiden Beispiele wird deutlich, dass bereits in der Produktplanungsphase Informationen zu den Marktzugangsvoraussetzungen vorliegen müssen. Ansonsten besteht die Gefahr, dass Produkte nicht eingeführt werden dürfen. Damit entstehen durch Unwissenheit Kosten für Nachzertifizierungen, Vertragsstrafen oder die time to market verlängert sich rapide. Besonders tückisch wird es, wenn Drittstaaten ihre Product-Compliance-Vorschriften mit Zollvorgaben verknüpfen. Informationsdienstleister wie z. B. die Globalnorm GmbH bieten hier Ländersteckbriefe sowie das Product Compliance Portal ROGER WILLCO, welches Informationen zu den rechtlichen Marktzugangsvoraussetzungen bietet, sowie entsprechende Beratungs- und produktspezifische Recherchedienstleistungen.

Planen Sie frühzeitig die Product Compliance. Gehen Sie nicht davon aus, dass bei der globalen Vermarktung Ihrer Produkte die CE-Kennzeichnung ausreicht. Diesen Aspekt greift auch die neue DIN EN ISO 9001 in Kapitel 8.2.2 [19] auf. Bei der Produktanforderungsermittlung sind **jegliche zutreffende gesetzlichen und behördliche Anforderungen** zu ermitteln. Sensibilisieren Sie Ihre Kollegen aus dem Einkauf, dem Vertrieb und dem Produktmanagement durch interne Schulungsmaßnahmen oder indem Sie aus diesem Buch passende Passagen zitieren. Die Autoren würden sich freuen, wenn Sie Anregungen zu diesem Buch geben würden. Wir wünschen Ihnen viel Erfolg bei der Realisierung Ihres internen Product-Compliance-Managements.

11 Anhang

11.1 Literaturverzeichnis

[1] Beschluss Nr. 768/2008/EG des Europäischen Parlaments und des Rates vom 9. Juli 2008 über einen gemeinsamen Rechtsrahmen für die Vermarktung von Produkten und zur Aufhebung des Beschlusses 93/465/EWG des Rates (Abl. L 218 vom 13.8.2008, Seite 82).

[2] Verordnung (EG) Nr. 765/2008 des Europäischen Parlaments und des Rates vom 9. Juli 2008 über die Vorschriften für die Akkreditierung und Marktüberwachung im Zusammenhang mit der Vermarktung von Produkten und zur Aufhebung der Verordnung (EWG) Nr. 339/93 des Rates (Abl. L 218 vom 13.8.2008, Seite 30).

[3] Entschließung des Rates vom 7. Mai 1985 über eine neue Konzeption auf dem Gebiet der technischen Harmonisierung und der Normung (Abl. C 136 vom 4.6.1985, Seite 1).

[4] Mitteilung 2016/C 272/01 (Amtsbl. C 272, S. 1 vom 26. Juli 2016) – Bekanntmachung der Kommission – Leitfaden für die Umsetzung der Produktvorschriften der EU 2016 („Blue Guide“).

[5] Berndt, A.; Downe, S.; Krüger, M.: Stichwörter zur Europäischen Normung, Berlin – Wien – Zürich: Beuth Verlag GmbH, 2. überarbeitete Auflage 2011.

[6] DIN EN ISO/IEC 17000:2005-12 Konformitätsbewertung – Begriffe und allgemeine Grundlagen (ISO/IEC 17000:2004); Dreisprachige Fassung EN ISO/IEC 17000:2004.

[7] Holliger-Hagmann, E.: Management der Produkthaftpflicht – Ein Leitfaden für KMU, Großunternehmen und die Advokatur, Zürich: Schulthess Juristische Medien AG, 2001.

[8] ISO 31000:2009 Risk management — Principles and guidelines.

[9] ISO/IEC 31010:2009 Risk management – Risk assessment techniques.

[10] Bamberg, U.; Boy, S.: Die neue Maschinen-Richtlinie – Änderungen infolge der Neufassung: Gegenüberstellung und Kommentare, Kommission Arbeitsschutz und Normung (www.kan.de), St. Augustin/Brüssel, 2008.

[11] Ebeling, C.; Loerzer, M.: EMV- und Niederspannungsrichtlinien – Sicherheitsanforderungen für den Maschinenbau im globalen Markt, Berlin – Wien – Zürich: Beuth Verlag GmbH, 2., vollständig überarbeitete Auflage, 2017.

[12] Loerzer, M.: Das EMV-Gesetz im Maschinen- und Anlagenbau, Berlin – Wien – Zürich: Beuth Verlag GmbH, 2009.

[13] Loerzer, M.; Schacht, M.: Konformitätsverantwortung – CE-Kennzeichnung im Produktentstehungsprozess, Berlin – Wien – Zürich: Beuth Verlag GmbH, 1. Auflage 2016.

[14] Loerzer, M.; Ritschel, A.; Stöwe, R.: Konformitätserklärungen nach DIN EN ISO/IEC 17050-1 – Erstellen und Bewerten, Berlin – Wien – Zürich: Beuth Verlag GmbH, 1. Auflage 2012.

[15] Owen, David G.: Products Liability – In a Nutshell, Thomson/West; USA, Eighth Edition 2008.

[16] Rödler & Partner: Handbuch internationale Produkthaftung, Köln: Bundesanzeiger Verlagsges. mbH, 2009.

[17] VDI-Richtlinie 5610 Blatt 1 „Wissensmanagement im Ingenieurwesen – Grundlagen, Konzepte, Vorgehen (2009-03)."

[18] Qualitätsmerkmal Technische Sicherheit – Eine Denkschrift des Vereins Deutscher Ingenieure, Düsseldorf: Verein Deutscher Ingenieure e.V./VDI-Ausschuss Technische Sicherheit, 2010.

[19] DIN EN ISO 9001:2015-11 Qualitätsmanagementsysteme – Anforderungen (ISO 9001:2015); Deutsche und Englische Fassung EN ISO 9001:2015.

11.2 Nützliche Internetseiten

Link 1 www.newapproach.org

Link 2 http://ec.europa.eu/DocsRoom/documents/18027/

Link 3 https://ec.europa.eu/growth/single-market/goods_en

Link 4 https://ec.europa.eu/growth/single-market/goods/new-legislative-framework_en

Link 5 http://eur-lex.europa.eu/homepage.html
(Zugang zu den EU-Amtsblättern)

Link 6 http://eur-lex.europa.eu/collection/eu-law/legislation/recent.html
(Zugang zum EU-Recht)

Link 7 http://eur-lex.europa.eu/collection/eu-law/consleg.html
(Zugang zu den konsolidierten EU-Rechtsvorschriften)

Link 8 www.gesetze-im-internet.de

Link 9 https://www.cenelec.eu/membersandexperts/referencematerial/cenelecguides.html

Link 10 https://ec.europa.eu/growth/single-market/european-standards/harmonised-standards_en

Link 11 http://lasi.osha.de → Publikationen → Aktualisierungen von Leitlinien

Link 12 http://www.din.de/de/service-fuer-anwender/anp → ANP-TGP: Themengruppe Produktkonformität

Link 13 www.evpg.bam.de

Link 14 www.ce-richtlinien.eu

Link 15 https://ec.europa.eu/growth/single-market/goods/international-aspects/mutual-recognition-agreements_en

Link 16 www.iecee.org

11.3 Begriffe und Definitionen

Approval Permission for a product or process to be market ed or used for stated purposes or under stated conditions [7.1 in ISO/IEC 17000].

Approved Acceptable for the authority having jurisdiction [US 29 CFR 1910 Subpart S].

Bereitstellung auf dem Markt Bereitstellung auf dem Markt ist jede entgeltliche oder unentgeltliche Abgabe eines Produkts zum Vertrieb, Verbrauch oder zur Verwendung auf dem Gemeinschaftsmarkt im Rahmen einer Geschäftstätigkeit [1].

Bevollmächtigter Bevollmächtigter ist jede in der Gemeinschaft ansässige natürliche oder juristische Person, die von einem Hersteller schriftlich beauftragt wurde, in seinem Namen bestimmte Aufgaben wahrzunehmen [1].

CE-Kennzeichnung CE-Kennzeichnung ist die Kennzeichnung, durch die der Hersteller erklärt, dass das Produkt den geltenden Anforderungen genügt, die in den Harmonisierungsrechtsvorschriften der Gemeinschaft über ihre Anbringung festgelegt sind [1].

Die Buchstaben CE stehen für „Conformité Européenne“, was „Europäische Konformität“ bedeutet. Anfangs wurde der Ausdruck „EC-Zeichen“ benutzt, der jedoch 1993 offiziell mit der Direktive 93/68/EEC durch „CE-Kennzeichnung“ ersetzt wurde. Die „CE-Kennzeichnung“ wird nun in allen offiziellen EU-Dokumenten verwendet [Link 4].

Compliance Im Englischen wird die Benennung „compliance (Einhalten)“ benutzt, um die Handlung, das zu tun, was gefordert ist, zu beschreiben (z. B. eine Organisation „complies (hält ein)“, indem sie etwas konform macht oder gesetzliche Anforderungen erfüllt) [0.5 in ISO/IEC 17000].

Einführer (auch als Importeur bezeichnet) Einführer ist jede in der Gemeinschaft ansässige natürliche oder juristische Person, die ein Produkt aus einem Drittstaat auf dem Gemeinschaftsmarkt *in Verkehr bringt* [1].

Endnutzer Im Zusammenhang mit diesem Leitfaden bezeichnet der Ausdruck Endnutzer eine natürliche Person (z. B. Verbraucher) oder eine rechtliche Einheit (z. B. Unternehmen), die das Gerät bestimmungsgemäß nutzt oder beabsichtigt, es bestimmungsgemäß zu nutzen. Im Allgemeinen wird unterstellt, dass ein Endnutzer nicht über Fachkenntnisse auf dem Gebiet der elektromagnetischen Verträglichkeit verfügt [EU-EMV-Leitfaden].

Erklärung Bestätigung durch den Anbieter (Erstellen einer Konformitätsaussage auf der Grundlage einer Entscheidung, die der Bewertung folgt, dass die Erfüllung **festgelegter Anforderungen** dargelegt wurde) [5.4 mit 5.2 in ISO/IEC 17000].

Händler Händler ist jede natürliche oder juristische Person in der Lieferkette, die ein Produkt auf *dem Markt bereitstellt*, mit Ausnahme des *Herstellers* oder des *Einführers* [1].

Harmonisierungsrechtsvorschriften der Gemeinschaft Rechtsvorschriften der Gemeinschaft zur Harmonisierung der Bedingungen für die Vermarktung von Produkten [1].

EU-Richtlinien, EU-Verordnungen.

Hersteller Hersteller ist jede natürliche oder juristische Person, die ein Produkt herstellt bzw. entwickeln oder herstellen lässt und dieses Produkt unter ihrem eigenen Namen oder ihrer eigenen Marke vermarktet [1].

Inverkehrbringen Inverkehrbringen ist die erstmalige Bereitstellung eines Produkts auf dem Gemeinschaftsmarkt [1].

Konformität Erfüllung einer Anforderung.

Festgelegte Anforderungen kö nnen in normativen Dokumenten wie Rechtsvorschriften, Normen und technischen Spezifikationen niedergelegt sein [3.6.1 in ISO 9000 in Verbindung mit 3.1 in ISO/IEC 17000].

Konformitätsbewertung Darlegung, dass festgelegte Anforderungen bezogen auf ein Produkt, einen Prozess, ein System, eine Person oder eine Stelle erfüllt sind [2.1 in ISO/IEC 17000].

Konformitätsbewertung durch eine erste Stelle Tätigkeit, durchgeführt von der Person oder von der Organisation (z. B. Hersteller), die den Gegenstand (z. B. ein Produkt) der Konformitätsbewertung anbietet [2.2 in ISO/IEC 17000].

Konformitätsbewertung durch eine dritte Stelle Tätigkeit, durchgeführt von einer Person oder einer Stelle (z. B. internes oder externes nach ISO/IEC 17025 akkreditiertes Prüflabor oder eine gemäß ISO/IEC 17020 akkreditierte Zertifizierungsstelle), die den Gegenstand (z. B. ein Produkt) der Konformitätsbewertung anbietet und von Interessen als Anwender dieses Gegenstandes unabhängig ist [2.4 in ISO/IEC 17000].

Mandatory mark rechtsverbindliches, obligatorisches (Konformitäts-)Kennzeichen

Regulatory affairs fremde Rechtsordnungen im globalen Markt

Wirtschaftsakteure Hersteller, Bevollmächtigter, Einführer und Händler [1]

Zertifizierung Bestätigung durch eine dritte Stelle bezogen auf Produkte, Prozesse, Systeme oder Personen [5.5 mit 5.2 in ISO/IEC 17000].

Zulassung Erlaubnis, ein Produkt oder einen Prozess zum angegebenen Zweck oder unter angegebenen Bedingungen auf den Markt zu bringen oder zu nutzen [7.1 in DIN EN ISO/IEC 17000].

11.4 Abkürzungen

ATEX	**At**mosphéres **Ex**plosibles
AHJ	**A**uthority **h**aving **j**urisdiction (für die jeweilige Rechtsvorschrift zuständige Behörde)
CB	**C**ertification **b**ody
CE	**C**ommunauté **E**uropéenne (franz. für Europäische Gemeinschaft)
CEN	**C**omité **E**uropéen de **N**ormalisation (European Committee for Standardization, Europäisches Komitee für Normung)
CENELEC	**C**omité **E**uropéen de **N**ormalisation **Elec**trotechnique (European Committee for Electrotechnical Standardization, Europäisches Komitee für elektrotechnische Normung)
CISPR	**C**omité **I**nternational **S**pécial des **P**erturbations **R**adioélectriques (International Special Committee on Radio Interference)
DIN	Deutsches Institut für Normung e. V.
DKE	Deutsche Kommission Elektrotechnik, Elektronik, Informationstechnik im DIN und VDE
doc	**D**ate **o**f **c**essation of presumption of conformity of the superseded standard – Datum der Beendigung der Konformitätsvermutung für die ersetzte Norm (Ende der Konformitätsvermutung einer Vorgängernorm zur CE-Kennzeichnung), wird im EU-Amtsblatt veröffent-

licht und soll dem dow entsprechen, wovon aber in bestimmten Ausnahmefällen abgewichen werden kann.

DoC	**D**eclaration **o**f **C**onformity (Konformitätserklärung), DIN EN ISO/IEC 17050-1, auch: **S**uppliers **D**eclaration **o**f **C**onformity, SDoC
EHS	**E**nvironment, **h**ealth and **s**afety (auch häufig mit HSE abgekürzt)
EMV	**E**lektro**m**agnetische **V**erträglichkeit
EMVG	**G**esetz über die **El**ektro**m**agnetische **V**erträglichkeit
EN	**Eu**ropäische **N**orm (Norm Européenne), erarbeitet von CEN, CENELEC und ETSI
ETSI	**E**uropean **T**elecommunications **S**tandards **I**nstitute
EU	**E**uropäische **U**nion
EWR	**E**uropäischer **W**irtschaftsraum
IEC	**I**nternational **E**lectrotechnical **C**ommission (Commission Electrotechnique Internationale)
IECEE	**I**nternational **E**lectrotechnical **C**ommission for Safety of **E**lectrical **E**quipment (CB Scheme)
ISO	Die Übersetzungen des Namens Internationale Organisation für Normung ergeben verschiedene Abkürzungen, abhängig von der Sprache, zum Beispiel: IOS (International Organization for Standardization) auf Englisch oder OIN (Organisation internationale de normalisation) auf Französisch. Deshalb wählte man die einheitliche Kurzbezeichnung ISO, die vom griechischen Wort „isos“ abstammt, das „gleich“ bedeutet.
MPG	**M**edizin**p**rodukte**g**esetz
MRA	**M**utual **r**ecognition **a**greement
OJEU	**O**fficial **J**ournal of the **E**uropean **U**nion (Amtsblatt der Europäischen Union)
PPE	**P**ersonal **p**rotective **e**quipment
ProdSG	**Prod**ukt**s**icherheits**g**esetz
REACH	**R**egistration, **E**valuation, **A**uthorisation and Restriction of **Ch**emicals
RoHS	**R**estriction **o**f **H**azardous **S**ubstances in Electrical and Electronic Equipment
WEEE	**W**aste **E**lectrical and **E**lectronic **E**quipment
WTO TBT	The WTO (**W**orld **T**rade **O**rganization) Agreement on **T**echnical **B**arriers to **T**rade (http://www.wto.org/english/tratop_e/tbt_e/tbtagr_e.htm)

11.5 Blue Guide – Auszüge*

II

(Mitteilungen)

MITTEILUNGEN DER ORGANE, EINRICHTUNGEN UND SONSTIGEN STELLEN DER EUROPÄISCHEN UNION

EUROPÄISCHE KOMMISSION

BEKANNTMACHUNG DER KOMMISSION

Leitfaden für die Umsetzung der Produktvorschriften der EU 2016 („Blue Guide“)

(Text von Bedeutung für den EWR)

(2016/C 272/01)

Inhaltsverzeichnis **Seite in diesem Buch**

 den vollständigen Blue Guide finden Sie im Rechtsinformationssystem der Europäischen Union unter http://eur-lex.europa.eu/legal-content/DE/TXT/PDF/?uri=CELEX:52016XC0726(02)&from=DE

3. Die Akteure in der Lieferkette und deren Verpflichtungen

In den Harmonisierungsrechtsvorschriften der Union werden als „Wirtschaftsakteure“ Hersteller, Bevollmächtigter, Einführer und Händler definiert.[90]

3.1. Hersteller

- *Als Hersteller wird jede natürliche oder juristische Person bezeichnet, die ein Produkt herstellt bzw. entwickeln oder herstellen lässt und dieses Produkt unter ihrem eigenen Namen oder ihrer eigenen Marke vermarktet.*
- *Der Hersteller ist für die Konformitätsbewertung seines Produkts zuständig und muss bestimmte Anforderungen erfüllen, zum Beispiel in Bezug auf die Rückverfolgbarkeit.*
- *Bringt ein Hersteller ein Produkt auf dem Unionsmarkt in Verkehr, so muss er unabhängig davon, ob er in einem Drittland oder einem EU-Mitgliedstaat niedergelassen ist, dieselben Anforderungen erfüllen.*
- *Bei gefährlichen oder nichtkonformen Produkten muss der Hersteller mit den zuständigen nationalen Marktaufsichtsbehörden zusammenarbeiten.*

Als Hersteller wird jede natürliche oder juristische Person bezeichnet, die für die Entwicklung oder die Herstellung eines Produktes zuständig ist und dieses Produkt unter ihrem eigenen Namen oder ihrer eigenen Marke vermarktet[91]. Diese Definition enthält zwei kumulative Bedingungen: Die Person muss das Produkt herstellen (oder herstellen lassen) und unter ihrem eigenen Namen oder ihrer eigenen Marke vermarkten. Wird das Produkt also unter dem Namen oder der Marke einer anderen Person vermarktet, so wird diese als Hersteller betrachtet.

Die Verantwortlichkeit des Herstellers gilt auch für eine natürliche oder juristische Person, die Fertigerzeugnisse zusammenbaut, verpackt, verarbeitet oder etikettiert, um sie unter ihrem eigenen Namen oder ihrer eigenen Marke in Verkehr zu bringen. Außerdem gehen die Herstellerverpflichtungen auf denjenigen über, der den Verwendungszweck eines Produkts so verändert, dass andere wesentliche oder sonstige rechtliche Anforderungen gelten, oder der ein Produkt erheblich verändert oder umbaut (wodurch ein neues Produkt entsteht), um es in Verkehr zu bringen oder in Betrieb zu nehmen in den Fällen, in denen

90 Siehe Anhang I Artikel R1 Nummer 7 des Beschlusses Nr. 768/2008/EG.

91 Siehe Anhang I Artikel R1 Absatz 3 des Beschlusses Nr. 768/2008/EG.

die für das Produkt geltenden Harmonisierungsrechtsvorschriften der Union auch die Inbetriebnahme umfassen[92].

Der Hersteller kann das Produkt selbst entwickeln und herstellen. Er kann es aber auch entwickeln, herstellen, zusammenbauen, verpacken, verarbeiten oder etikettieren lassen, um es unter seinem Namen oder seiner Marke in Verkehr zu bringen, wodurch er selbst als Hersteller fungiert[93]. Bei der Vergabe von Arbeiten an Subunternehmer muss der Hersteller die Oberaufsicht über das Produkt behalten und sicherstellen, dass er alle notwendigen Informationen erhält, die für die Erfüllung seiner Verpflichtungen entsprechend dem einschlägigen Harmonisierungsrechtsakt der Union notwendig sind. Auf keinen Fall darf der Hersteller, der seine Arbeiten vollständig oder teilweise an einen Subunternehmer vergibt, seine Verantwortung beispielsweise an einen Bevollmächtigten, eine Vertriebsgesellschaft, einen Benutzer oder Subunternehmer weiterreichen.

Der Hersteller hat die letztendliche Verantwortung für die Konformität seines Produkts mit den anzuwendenden Harmonisierungsrechtsvorschriften der Union, da er entweder das Produkt selbst entworfen und hergestellt hat oder das Produkt unter seinem Namen oder seiner Marke auf den Markt gelangt.

Wird also ein Produkt einem Hersteller für weitere Arbeitsschritte, wie z. B. Montage, Verpackung, Verarbeitung oder Etikettierung, überlassen, muss dieser beim Inverkehrbringen die alleinige und unmittelbare Verantwortung für die Konformität seines Produkts mit den anzuwendenden Rechtsvorschriften tragen und dazu auch in der Lage sein.

Der Hersteller ist für die Entwicklung und die Herstellung des Produkts entsprechend den in den einschlägigen Harmonisierungsrechtsvorschriften der Union festgelegten wesentlichen oder sonstigen rechtlichen Anforderungen und für die Durchführung der Konformitätsbewertung nach dem oder den in den Harmonisierungsrechtsvorschriften der Union vorgeschriebenen Verfahren verantwortlich[94].

Der Hersteller muss den Entwurf und den Bau des Produkts verstehen, damit er die Verantwortung dafür tragen kann, dass das Produkt alle Bestimmungen

---

92 Siehe Anhang I Artikel R6 des Beschlusses Nr. 768/2008/EG.

93 Diese Hersteller werden oft als Hersteller mit „Eigenmarken" oder „privaten Kennzeichnungen" bezeichnet.

94 In der Richtlinie über Aufzüge (95/16/EG) wird der Begriff „Montagebetrieb" benutzt, um die Verantwortung der Person zu übertragen, die ein Produkt betriebs- und einsatzbereit macht. Die Rolle des Montagebetriebs kombiniert Elemente der Herstellung und der Inbetriebnahme und gilt als wesentlich für die Lieferung des Endprodukts.

der einschlägigen Harmonisierungsrechtsvorschriften der Union erfüllt. Dies trifft zu, wenn der Hersteller das Produkt entwickelt, herstellt, verpackt und etikettiert, aber auch, wenn einer oder alle dieser Arbeitsschritte von einem Subunternehmer ausgeführt werden. Der Hersteller muss über die sachdienlichen Informationen zum Nachweis der Übereinstimmung des Produkts verfügen.

Diesbezüglich wird der Wirtschaftsakteur, der das Produkt unter seinem Namen oder seiner Handelsmarke in Verkehr bringt, für die Zwecke der Harmonisierungsrechtsvorschriften der Union automatisch zum Hersteller. Er trägt somit die gesamte Verantwortung für die Konformitätsbewertung (Entwurf und Herstellung) des Produkts, selbst wenn diese tatsächlich von anderer Seite durchgeführt wurden. Darüber hinaus muss er im Besitz aller Unterlagen und Bescheinigungen sein, die erforderlich sind, um die Konformität des Produkts nachzuweisen; diese Nachweise müssen jedoch nicht auf seinen Namen lauten.

In der Richtlinie über Aufzüge (95/16/EG) wird der Montagebetrieb definiert als „natürliche oder juristische Person, die die Verantwortung für den Entwurf, die Fertigung, den Einbau und das Inverkehrbringen des Aufzugs übernimmt, die CE-Kennzeichnung anbringt und die EG-Konformitätserklärung ausstellt". Somit ist der Montagebetrieb eine Person, die die Verantwortung übernimmt, die im Kontext anderer Harmonisierungsrechtsvorschriften der Union üblicherweise dem Hersteller übertragen wird.

Nach den Harmonisierungsrechtsvorschriften der Union muss der Hersteller nicht in der Europäischen Union niedergelassen sein. Bringt ein Hersteller ein Produkt auf dem Unionsmarkt in Verkehr, muss er folglich unabhängig davon, ob er in einem Drittland oder einem EU-Mitgliedstaat niedergelassen ist, dieselben Anforderungen erfüllen.

Im Allgemeinen muss der Hersteller beim Inverkehrbringen des Produkts alle erforderlichen Maßnahmen ergreifen, damit der Herstellungsprozess die Konformität des Produkts[95] gewährleistet, und insbesondere

1. die anwendbare Konformitätsbewertung nach dem oder den in den einschlägigen Harmonisierungsrechtsvorschriften der Union vorgeschriebenen Verfahren durchführen oder durchführen lassen. Je nach Harmonisierungsrechtsvorschrift der Union kann es erforderlich sein, dass der Hersteller sein Produkt einer neutralen Stelle (gewöhnlich einer notifizierten Stelle) zur Durchführung der Konformitätsbewertung vorlegt oder sein Qualitätssicherungssystem von einer notifizierten Stelle zertifizieren lässt. Auf jeden Fall trägt der Hersteller die uneingeschränkte Verantwortung für die Konformität des Produkts;

95 Anhang I Artikel R2 Absatz 1 des Beschlusses Nr. 768/2008/EG.

2. die benötigten technischen Unterlagen erarbeiten;
3. die EU-Konformitätserklärung ausstellen;
4. das Produkt entsprechend der anzuwendenden Harmonisierungsrechtsvorschrift[96] mit Gebrauchsanweisungen und Sicherheitsinformationen[97] [98] in einer für die Verbraucher und Endbenutzer leicht verständlichen und vom betreffenden Mitgliedstaat bestimmten Sprache versehen[99]. Sofern in spezifischen Rechtsvorschriften nicht anders festgelegt, müssen Gebrauchsanweisungen und Sicherheitsinformationen unabhängig davon bereitgestellt werden[100], ob das Produkt für Verbraucher oder andere Endnutzer bestimmt ist. Dazu gehören alle Informationen, die für die sichere Verwendung des Produkts erforderlich sind, damit der Verbraucher das Produkt montieren, installieren, betreiben, lagern, instand halten und entsorgen kann. Eine Montage- oder Installationsanleitung sollte eine Teileliste enthalten und die erforderlichen Fähigkeiten oder Werkzeuge angeben. Eine Betriebsanleitung sollte Informationen über Einschränkungen der Verwendung, erforderliche persönliche Schutzausrüstungen, Wartung und Reinigung oder Reparaturen enthalten. Es obliegt dem Hersteller zu entscheiden, welche relevanten Informationen in die Gebrauchsanweisung und Sicherheitsinformationen für ein bestimmtes Produkt aufzunehmen sind. Die Hersteller dürfen nicht nur den von ihnen

---

96 Nicht alle Harmonisierungsrechtsvorschriften der Union schreiben sowohl Anweisungen als auch Sicherheitsinformationen vor, da nicht alle Harmonisierungsrechtsvorschriften der Union sicherheitsbezogen sind.

97 Die Verwendung von Symbolen nach internationalen Normen kann eine Alternative zu schriftlichen Feststellungen sein.

98 In bestimmten Fällen, wenn mehrere identische Produkte gebündelt und der Absicht des Herstellers entsprechend zusammen an den Endbenutzer verkauft werden sollen oder in einer Verpackung verkauft werden, deren Inhalt für eine Anwendung bestimmt ist (z. B. Installationsmaterial), reicht es aus, der Versandeinheit eine Anleitung beizulegen. Wird die Bündelung jedoch aufgehoben und werden die einzelnen identischen Produkte getrennt verkauft, so muss der Wirtschaftsakteur, der die Bündelung aufhebt und die einzelnen Produkte bereitstellt, gewährleisten, dass jedem einzelnen Produkt Anleitungen und Sicherheitsinformationen beigelegt werden.

99 Hersteller, Einführer und Händler sind verpflichtet, sicherzustellen, dass dem Produkt Anleitungen in einer von Verbrauchern und Endnutzern leicht zu verstehenden Sprache beiliegen, je nach Vorgabe des betroffenen Mitgliedstaats. Es obliegt jedem Wirtschaftsakteur, der das Produkt in einem Mitgliedstaat bereitstellt, sicherzustellen, dass alle vorgeschriebenen Sprachen zur Verfügung stehen.

100 Sofern in spezifischen Rechtsvorschriften nicht anders festgelegt, müssen die Sicherheitsinformationen zwar auf Papier vorgelegt werden, aber es wird nicht verlangt, dass alle Anleitungen ebenfalls auf Papier vorliegen; sie können auch elektronisch oder in einem anderen Datenspeicherungsformat bereitgestellt werden. Allerdings sollte Verbrauchern, die dies wünschen, immer kostenlos eine Papierversion zur Verfügung gestellt werden.

vorgesehenen Verwendungszweck eines Produkts vor Augen haben, sondern müssen sich in den durchschnittlichen Benutzer eines bestimmten Produkts hineinversetzen und sich vorstellen, wie dieser das Produkt aller Wahrscheinlichkeit nach benutzen wird. Darüber hinaus könnte ein Werkzeug, das allein für die gewerbliche Verwendung entworfen und vorgesehen ist, auch für nicht gewerbliche Zwecke genutzt werden, und der betreffende Entwurf bzw. die Sicherheitsinformationen müssen dieser Möglichkeit Rechnung tragen;

5. folgende Anforderungen in Bezug auf die Rückverfolgbarkeit erfüllen:
   - die technischen Unterlagen und die EU-Konformitätserklärung nach dem Inverkehrbringen[101] des Produkts sind zehn Jahre lang bzw. so lange, wie es in der einschlägigen Harmonisierungsrechtsvorschrift vorgesehen ist, aufzubewahren;
   - es ist zu gewährleisten, dass das Produkt eine Typen-, Chargen- oder Seriennummer oder ein anderes Kennzeichen zu seiner Identifikation trägt;
   - folgende drei Punkte sind anzugeben: 1) seinen Namen, 2) seinen eingetragenen Handelsnamen oder seine eingetragene Handelsmarke und 3) eine einzige Kontaktanschrift, und zwar auf dem Produkt[102] oder – falls dies aufgrund der Größe oder materieller Eigenschaften des Produkts[103] nicht möglich sein sollte – auf der Verpackung[104] und/oder in den Begleitunterlagen[105 106 107]. Die einzige Kontaktstelle muss nicht notwendigerweise in dem Mitgliedstaat angesiedelt sein, in dem das Produkt auf dem Markt bereitgestellt wird;

101 Zu verstehen als letztes Exemplar des in Verkehr gebrachten Produktmusters.

102 Für die Richtlinien über Medizinprodukte, In-vitro-Diagnostika und implantierbare medizinische Geräte muss der Hersteller den Firmensitz angeben.

103 Ästhetische Gründe gehören nicht dazu.

104 Es sei darauf hingewiesen, dass die Harmonisierungsrechtsvorschriften der Union die Möglichkeit ausschließen, die Verpackung zur Erfüllung dieser Anforderung zu nutzen (z.B. Richtlinie über einfache Druckbehälter).

105 Der Hersteller kann eine Website angeben, falls er dies möchte. Eine Website gilt als zusätzliche Angabe, reicht als Anschrift jedoch nicht aus. Normalerweise besteht eine Anschrift aus Straße und Hausnummer oder Postfach und Nummer sowie der Postleitzahl und dem Ort; dies ist jedoch nicht in allen Ländern der Fall.

106 Vgl. Harmonisierungsrechtsvorschriften der Union über Niederspannungsgeräte, Spielzeug, Maschinen, nichtselbsttätige Waagen, aktive implantierbare medizinische Geräte, Gasverbrauchseinrichtungen, Medizinprodukte, explosionsgefährdete Bereiche, Sportboote, Aufzüge, Druckgeräte, In-vitro-Diagnostika und Funkanlagen und Telekommunikationsendeinrichtungen. Gemäß der Richtlinie über In-vitro-Diagnostika ist ferner ein Hersteller, der Produkte auf dem Unionsmarkt im eigenen Namen in Verkehr bringt, verpflichtet, sich in dem Mitgliedstaat zu registrieren, in dem er seinen Firmensitz hat.

107 Nähere Informationen zu den Anforderungen bezüglich Name und Anschrift siehe Punkt 4.2.2.1.

6. an dem Produkt gemäß den geltenden Rechtsvorschriften das Konformitätskennzeichen (CE-Kennzeichnung und gegebenenfalls andere Kennzeichnungen[108]) anzubringen;
7. durch geeignete Verfahren zu gewährleisten, dass bei Serienfertigung Konformität sichergestellt ist. Änderungen am Entwurf des Produkts oder an seinen Merkmalen sowie Änderungen der harmonisierten Normen oder der technischen Spezifikationen, auf die bei Erklärung der Konformität eines Produkts verwiesen wird, werden angemessen berücksichtigt. Die Art der vom Hersteller zu ergreifenden Maßnahmen ist abhängig von der Art der Änderungen der harmonisierten Normen oder der technischen Spezifikationen und insbesondere davon, ob diese Änderungen in Bezug auf die Erfüllung der wesentlichen oder sonstigen rechtlichen Anforderungen erheblich sind und ob sie das Produkt betreffen. Dies erfordert unter Umständen die Aktualisierung der EU-Konformitätserklärung, die Änderung des Produktentwurfs, die Kontaktierung der notifizierten Stelle[109] usw.;
8. gegebenenfalls das Produkt und/oder das Qualitätssicherungssystem zertifizieren.

In bestimmten Harmonisierungsrechtsvorschriften der Union wird vom Hersteller verlangt, am Ende der Produktionskette oder bei bereits in Verkehr befindlichen Produkten Stichproben durchzuführen, um den Verbrauchern oder sonstigen Endbenutzern[110] [111] zusätzlichen Schutz zu bieten.

Hersteller, die der Auffassung sind oder Grund zu der Annahme haben, dass ein von ihnen in Verkehr gebrachtes Produkt nicht den geltenden Harmonisierungsrechtsvorschriften der Union entspricht, müssen unverzüglich die erforderlichen Korrekturmaßnahmen ergreifen, um die Konformität dieses Produkts herzustellen, es gegebenenfalls vom Markt zu nehmen oder zurückzurufen. Außerdem müssen die Hersteller, die Grund zu der Annahme haben, dass mit dem Produkt Gefahren für die Gesundheit, Sicherheit, Umwelt oder andere öffentliche Interessen, die durch die geltenden Rechtsvorschriften geschützt

108 Z. B. ATEX-Kennzeichnung, Geräteklassen-Kennung gemäß der Richtlinie über Funkanlagen oder die zusätzliche Metrologie-Kennzeichnung nichtselbsttätiger Waagen und Messinstrumente.

109 Zu den Informationspflichten im Falle von EU-Baumusterprüfbescheinigungen vgl. Anhang II Modul B Punkt 7 des Beschlusses Nr. 768/2008/EG.

110 Z. B. in der Richtlinie über einfache Druckbehälter und explosionsgefährdete Bereiche (ATEX).

111 Solche Stichproben sind durchzuführen, falls dies angesichts der von einem Produkt ausgehenden Gefahren als zweckmäßig betrachtet wird, zum Schutz der Gesundheit und Sicherheit der Verbraucher (siehe Anhang I Artikel R2 Absatz4 des Beschlusses Nr. 768/2008/EG).

sind[112], verbunden sind, unverzüglich die zuständigen nationalen Behörden der Mitgliedstaaten, in denen sie das Produkt auf dem Markt bereitgestellt haben, darüber unterrichten und dabei ausführliche Angaben machen, insbesondere über die Nichtkonformität und die ergriffenen Korrekturmaßnahmen. Die Kommission stellt ein IT-Tool, die „GPSD Business Application“ bereit, um die praktischen Aspekte dieser Verpflichtung zu erleichtern.[113]

Auf begründetes Verlangen[114] einer zuständigen nationalen Behörde legen die Hersteller dieser Behörde alle erforderlichen Informationen und Unterlagen zum Nachweis der Produktkonformität in einer Sprache vor, die von ihr leicht verstanden werden kann. Sie müssen mit der Behörde auf deren Verlangen bei allen Maßnahmen zur Abwendung von Gefahren, die mit Produkten verbunden sind, die sie in Verkehr gebracht haben, kooperieren. Die Hersteller nennen auf Verlangen einer Marktüberwachungsbehörde alle Wirtschaftsakteure, denen sie ein Produkt geliefert haben. Sie müssen in der Lage sein, diese Informationen während eines Zeitraums von zehn Jahren nach Lieferung des Produkts vorzulegen.

Mit dieser Regelung wird bezweckt, dass die nationale Behörde eine Sprache, die in ihrem Hause verstanden wird und bei der es sich nicht um die Landessprache(n) handelt, akzeptieren kann. Die auszuwählende Sprache ist mit der Behörde auszuhandeln und könnte auch eine dritte Sprache sein, wenn die Behörde dazu bereit ist.

Im Falle eines begründeten Verlangens braucht der Einführer nur den Teil der technischen Unterlagen zur Verfügung zu stellen, der sich auf die angebliche Nichteinhaltung der Vorschriften bezieht und belegen kann, dass sich der Hersteller mit diesem Problem befasst hat. Daher sollte die angeforderte Übersetzung der technischen Unterlagen auf die entsprechenden Teile der Unterlagen beschränkt sein. Dabei kann je nach Harmonisierungsrechtsvorschrift der

---

112 Das annehmbare Risikoniveau für das Produkt wird durch die wesentlichen Anforderungen in den geltenden Harmonisierungsrechtsvorschriften der Union bestimmt. Folglich müssen die Hersteller die zuständige Behörde informieren, wenn sie der Auffassung sind oder Grund zu der Annahme haben, dass das Produkt nicht mit den geltenden wesentlichen Anforderungen übereinstimmt.

113 https://webgate.ec.europa.eu/gpsd-ba/index.do

114 Ein begründetes Verlangen bedeutet nicht notwendigerweise eine förmliche Entscheidung einer Behörde. In Artikel 19 Absatz 1 zweiter Unterabsatz der Verordnung (EG) Nr. 765/2008 heißt es: „Die Marktüberwachungsbehörden können Wirtschaftsakteure verpflichten, die Unterlagen und Informationen zur Verfügung zu stellen, die sie für die Zwecke der Durchführung ihrer Tätigkeiten für erforderlich halten (...).“ Damit ein Verlangen begründet ist, reicht es aus, dass die Marktüberwachungsbehörde den Zusammenhang erläutert, in dem die Informationen angefordert werden (z. B. Prüfung bestimmter Merkmale des Produkts, Stichprobenkontrollen).

Union, der das Produkt unterliegt, eine Frist für den Eingang der verlangten Unterlagen gesetzt werden. Es kann auch eine kürzere Frist festgelegt werden, wenn die nationale Behörde die Dringlichkeit anhand einer unmittelbaren ersten Gefahr begründet.

Umfasst die Harmonisierungsrechtsvorschrift der Union die Inbetriebnahme, muss die dafür zuständige natürliche oder juristische Person dieselben Verpflichtungen erfüllen wie ein Hersteller, der ein Produkt in Verkehr bringt. Er muss sicherstellen, dass das Produkt den Harmonisierungsrechtsvorschriften der Union entspricht und dass das entsprechende Konformitätsbewertungsverfahren durchgeführt worden ist[115].

Im Übrigen müssen Personen, die gebrauchte Produkte aus einem Drittland oder nicht für den Unionsmarkt entworfene oder hergestellte Produkte auf den Markt bringen, die Rolle des Herstellers übernehmen.

Ändert ein Einführer oder Händler ein Produkt derart, dass die Konformität mit den geltenden Anforderungen beeinträchtigt werden kann, oder liefert es unter seinem eigenen Namen oder seiner eigenen Marke, ist er als Hersteller zu betrachten und muss alle einschlägigen Verpflichtungen erfüllen.[116] Dementsprechend muss er sicherstellen, dass das Produkt den anzuwendenden Harmonisierungsrechtsvorschriften der Union entspricht und das entsprechende Konformitätsbewertungsverfahren durchgeführt worden ist.[117]

3.2. Bevollmächtigter

Der Hersteller kann, unabhängig davon, ob er in der EU niedergelassen ist oder nicht, einen Bevollmächtigten in der Union benennen, der in seinem Namen bestimmte Verpflichtungen erfüllt.

115 Dies gilt nicht für Produkte, die den Harmonisierungsrechtsvorschriften der Union über Spielzeug, Niederspannungsgeräte, Explosivstoffe für zivile Zwecke und Kühlgeräte unterliegen, da die entsprechenden Richtlinien nur das Inverkehrbringen umfassen. Darüber hinaus gilt dies nicht für Sportboote, die für den Eigengebrauch gebaut sind, vorausgesetzt, dass diese nicht anschließend während eines Zeitraums von fünf Jahren in Verkehr gebracht werden sowie für vor 1950 entworfene Sportboote.

116 Anhang I Artikel R6 des Beschlusses Nr. 768/2008/EG.

117 Darüber hinaus fallen gemäß den Richtlinien über Maschinen und Aufzüge die Verpflichtungen hinsichtlich des Konformitätsbewertungsverfahrens der Person zu, die das Produkt in Verkehr bringt, wenn weder der Hersteller noch sein in Bevollmächtigter noch der Montagebetrieb den Verpflichtungen nachgekommen sind.

Unabhängig davon, ob der Hersteller in der EU niedergelassen ist oder nicht, kann er einen Bevollmächtigten in der Union benennen, der in seinem Namen bestimmte sich aus den geltenden Harmonisierungsrechtsvorschriften der Union ergebende Verpflichtungen erfüllt.[118] Ein außerhalb der Europäischen Union niedergelassener Hersteller braucht keinen Bevollmächtigten zu haben.[119]

Um im Namen des Herstellers handeln zu können, muss der Bevollmächtigte demnach entsprechend den Harmonisierungsrechtsvorschriften der Union in der Union niedergelassen sein. Nicht zu verwechseln mit dem Bevollmächtigten im Sinne der Harmonisierungsrechtsvorschriften der Union sind dabei Handelsvertreter des Herstellers (z. B. bevollmächtigte Händler oder Agenten).

Die Übertragung von Pflichten des Herstellers an den Bevollmächtigten muss im Wege eines ausdrücklichen und schriftlichen Auftrags erfolgen, in dem insbesondere der Inhalt der Pflichten und die Grenzen der Befugnisse des Bevollmächtigten aufgeführt sind. Die Pflichten, die dem Bevollmächtigten gemäß den Harmonisierungsrechtsvorschriften der Union übertragen werden können, sind administrativer Art. Also darf der Hersteller den Bevollmächtigten, sofern keine anderslautenden Bestimmungen vorgesehen sind, weder mit den Maßnahmen beauftragen, die der Sicherstellung dienen, dass der Herstellungsprozess die Konformität der Produkte gewährleistet, noch mit der Erstellung technischer Unterlagen. Außerdem darf ein Bevollmächtigter das Produkt nicht von sich aus verändern, um es mit den anzuwendenden Harmonisierungsrechtsvorschriften der Union in Einklang zu bringen.

Benennt der Hersteller einen Bevollmächtigten, so muss dessen Mandat es dem Bevollmächtigten mindestens ermöglichen, folgende Aufgaben auszuführen:

- die EU-Konformitätserklärung und die technischen Unterlagen für die nationalen Aufsichtsbehörden zur Verfügung zu halten und auf Verlangen mit diesen zu kooperieren;
- auf begründetes Verlangen einer zuständigen nationalen Behörde dieser sämtliche für den Nachweis der Konformität eines Produkts erforderlichen Informationen und Unterlagen zur Verfügung zu stellen;

118 Es sei darauf hingewiesen, dass nicht alle Harmonisierungsrechtsvorschriften der Union einen Bevollmächtigten vorsehen.

119 Als Ausnahmeregelung muss gemäß den Richtlinien über Medizinprodukte und In-vitro-Diagnostika ein Hersteller, der im eigenen Namen Medizinprodukte in der Union in Verkehr bringt und keinen Firmensitz in einem Mitgliedstaat hat, eine in der Union niedergelassene für das Inverkehrbringen verantwortliche Person benennen.

- auf Verlangen der zuständigen nationalen Behörden mit diesen bei allen Maßnahmen zur Abwendung der Gefahren zu kooperieren, die mit Produkten verbunden sind, die zu ihrem Aufgabenbereich gehören.

Je nach dem Konformitätsbewertungsverfahren und der betreffenden Harmonisierungsrechtsvorschrift der Union kann der Bevollmächtigte beispielsweise auch dafür benannt werden,

- die CE-Kennzeichnung (und gegebenenfalls andere Kennzeichnungen) sowie die Nummer der benannten Stelle an dem Produkt anzubringen;
- die EU-Konformitätserklärung zu erstellen und zu unterzeichnen.

Bei dem von einem Hersteller benannten Bevollmächtigten kann es sich um einen Einführer oder Händler im Sinne der Harmonisierungsrechtsvorschriften der Union handeln, der in diesem Falle ebenfalls den einschlägigen Verpflichtungen nachkommen muss.[120]

3.3. Einführer

- *Ein Einführer ist jede in der Union ansässige natürliche oder juristische Person, die ein Produkt aus einem Drittstaat auf dem Unionsmarkt in Verkehr bringt.*
- *Seine Verpflichtungen bauen auf denen des Herstellers auf.*

Ein Einführer ist ein in der Union niedergelassener Wirtschaftsakteur, der ein Produkt aus einem Drittland auf dem Unionsmarkt in Verkehr bringt. Entsprechend den Harmonisierungsrechtsvorschriften der Union übernimmt er wichtige und eindeutig festgelegte Aufgaben[121 122], die zu einem großen Teil auf der Art der Aufgaben eines in der EU niedergelassenen Herstellers aufbauen.

Der Einführer muss sicherstellen, dass der Hersteller seinen Verpflichtungen ordnungsgemäß nachgekommen ist. Er ist kein bloßer Wiederverkäufer von Produkten, sondern spielt bei der Gewährleistung der Konformität der eingeführten Erzeugnisse eine sehr wichtige Rolle.

120 Zu den Verpflichtungen des Einführers siehe Abschnitt 3.3.

121 Für die Zwecke dieses Leitfadens sind Einfuhren Produkte, die in Drittländern hergestellt und in der EU in Verkehr gebracht werden. Bei Produkten, die in einem Mitgliedstaat hergestellt und in einem anderen Mitgliedstaat in Verkehr gebracht werden, handelt es sich nicht um eine „Einfuhr", da die Aktion innerhalb des Binnenmarktes der Union stattfindet.

122 Der Einführer ist nicht notwendigerweise die Person, die das Produkt befördert, kann aber die Person sein, in deren Namen diese logistische Tätigkeit ausgeführt wird.

Definiert wird der Einführer als natürliche oder juristische Person, die ein Produkt aus einem Drittland auf dem EU-Markt in Verkehr bringt. Im Allgemeinen muss der Einführer vor dem Inverkehrbringen eines Produkts sicherstellen,

1. dass vom Hersteller das entsprechende Konformitätsbewertungsverfahren durchgeführt worden ist. Hat er Zweifel hinsichtlich der Konformität des Produkts, darf er es nicht in Verkehr bringen. Ist das Produkt jedoch bereits in Verkehr gebracht worden, so muss er Korrekturmaßnahmen vornehmen.[123] Um Zweifel an der Konformität des Produkts auszuräumen, ist in beiden Fällen möglicherweise der Hersteller zu kontaktieren;
2. dass der Hersteller die technischen Unterlagen erarbeitet und die einschlägige Konformitätskennzeichnung (z. B. die CE-Kennzeichnung) angebracht hat sowie seinen Pflichten in Bezug auf die Rückverfolgbarkeit nachgekommen ist und das Produkt gegebenenfalls mit Gebrauchsanweisungen und Sicherheitsinformationen in einer für die Verbraucher und Endbenutzer leicht verständlichen und vom betreffenden Mitgliedstaat bestimmten Sprache versehen hat.[124]

Durch diese Verpflichtungen soll sichergestellt werden, dass die Einführer sich ihrer Verantwortung bewusst sind, nur konforme Produkte in Verkehr zu bringen.[125] Es wird weder vorgeschrieben, dass Einführer systematisch auf zusätzliche Kontrollverfahren oder Prüfungen (durch Dritte) zurückgreifen müssen, noch wird diese Möglichkeit generell ausgeschlossen.

Ferner muss der Einführer

– folgende drei Punkte angeben: (1) seinen Namen, (2) seinen eingetragenen Handelsnamen oder seine eingetragene Handelsmarke und (3) seine Kontaktanschrift angeben, und zwar auf dem Produkt oder – falls dies aufgrund der Größe oder materieller Eigenschaften des Produkts nicht möglich sein sollte oder die Verpackung geöffnet werden müsste – auf der Verpackung

123 Vgl. das Kapitel über Marktüberwachung.

124 Nicht alle Harmonisierungsrechtsvorschriften der Union schreiben sowohl Anweisungen als auch Sicherheitsinformationen vor, da nicht alle Harmonisierungsrechtsvorschriften der Union sicherheitsbezogen sind.

125 Angesichts dieser Verpflichtungen gilt es als bewährte Verfahrensweise, dass Einführer im Vertrag mit ihren Lieferanten auf die geltenden EU-Rechtsvorschriften Bezug nehmen (und auf die Verpflichtungen des Herstellers nach dem Unionsrecht hinweisen); sicherstellen, dass sie Zugang zu den technischen Unterlagen haben oder sicherstellen, dass der Hersteller eine Verpflichtung unterzeichnet hat, die technischen Unterlagen auf Verlangen der Marktüberwachungsbehörden bereitzustellen.

oder/und[126] den Begleitunterlagen[127]. Dabei müssen die auf dem Produkt aufgedruckten oder in den Begleitunterlagen enthaltenen Sicherheitsinformationen uneingeschränkt sichtbar sein;

- sicherstellen, dass solange sich ein Produkt in seiner Verantwortung befindet, durch die Lagerungs- oder Beförderungsbedingungen die Übereinstimmung mit den geltenden Rechtsvorschriften nicht beeinträchtigt wird;
- die EU-Konformitätserklärung nach dem Inverkehrbringen[128] des Produkts zehn Jahre lang bzw. so lange, wie es in der einschlägigen Harmonisierungsrechtsvorschrift der Union bestimmt ist, aufbewahren.
- dafür sorgen, dass die technischen Unterlagen der zuständigen nationalen Behörde auf Verlangen vorgelegt werden können[129]. Der Einführer muss mit dieser Behörde zusammenarbeiten und auf deren begründetes Verlangen[130] alle Informationen und Unterlagen in einer Sprache, die von dieser Behörde leicht verstanden werden kann, aushändigen, die für den Nachweis der Konformität des Produkts erforderlich sind. Mit dieser Regelung wird bezweckt, dass die nationale Behörde eine Sprache, die in ihrem Hause verstanden wird und bei der es sich nicht um die Landessprache(n) handelt, akzeptieren kann. Die auszuwählende Sprache ist mit der Behörde auszuhandeln und könnte auch eine dritte Sprache sein, wenn die Behörde dazu bereit ist.
- Im Falle eines begründeten Verlangens braucht der Einführer nur den Teil der technischen Unterlagen zur Verfügung zu stellen, der sich auf die angebliche Nichteinhaltung der Vorschriften bezieht und belegen kann, dass sich der Hersteller mit diesem Problem befasst hat. Daher sollte die angefor-

---

126 Abhängig von den geltenden Harmonisierungsrechtsvorschriften der Union.

127 Es sei darauf hingewiesen, dass einige sektorspezifische Harmonisierungsrechtsvorschriften der Union strengere Anforderungen enthalten könnten.

128 Zu verstehen als letztes Exemplar des in Verkehr gebrachten Produktmusters.

129 Die Einführer sind nicht verpflichtet, eine Kopie der technischen Unterlagen zu besitzen, müssen aber sicherstellen, dass diese den zuständigen Behörden auf Verlangen zur Verfügung gestellt werden. Auch wenn keine ausdrückliche Verpflichtung besteht, wird den Einführern empfohlen, vom Hersteller eine schriftliche Versicherung zu verlangen, dass die Unterlagen zur Verfügung gestellt werden, wenn die Marktüberwachungsbehörde dies verlangt.

130 Ein begründetes Verlangen bedeutet nicht notwendigerweise eine förmliche Entscheidung einer Behörde. In Artikel 19 Absatz 1 zweiter Unterabsatz der Verordnung (EG) Nr. 765/2008 heißt es: „Die Marktüberwachungsbehörden können Wirtschaftsakteure verpflichten, die Unterlagen und Informationen zur Verfügung zu stellen, die sie für die Zwecke der Durchführung ihrer Tätigkeiten für erforderlich halten (...).“ Damit ein Verlangen begründet ist, reicht es aus, dass die Marktüberwachungsbehörde den Zusammenhang erläutert, in dem die Informationen angefordert werden (z. B. Prüfung bestimmter Merkmale des Produkts, Stichprobenkontrollen).

derte Übersetzung der technischen Unterlagen auf die entsprechenden Teile der Unterlagen beschränkt sein.

- Auf Verlangen der Marktüberwachungsbehörden muss der Einführer alle Wirtschaftsakteure benennen, die ihn beliefert haben und an die er das Produkt geliefert hat. Er muss in der Lage sein, diese Informationen während eines Zeitraums von zehn Jahren nach Belieferung mit dem Produkt und von zehn Jahren, nachdem er das Produkt geliefert hat, vorzulegen.

Darüber hinaus wird in bestimmten Harmonisierungsrechtsvorschriften der Union vom Einführer – wie von einem Hersteller – verlangt, bei bereits in Verkehr befindlichen Produkten Stichproben durchzuführen oder durchführen zu lassen.[131]

Ebenso ergreifen Einführer, die Grund zu der Annahme haben, dass ein von ihnen in Verkehr gebrachtes Produkt nicht den geltenden Harmonisierungsrechtsvorschriften der Union entspricht, unverzüglich die erforderlichen Korrekturmaßnahmen, um die Konformität dieses Produkts herzustellen oder es gegebenenfalls zurückzunehmen oder zurückzurufen. Außerdem unterrichten die Einführer, wenn mit dem Produkt Gefahren verbunden sind, unverzüglich die zuständigen nationalen Behörden der Mitgliedstaaten.

Im Gegensatz zum Bevollmächtigten braucht der Einführer weder einen Auftrag vom Hersteller noch muss er ein Vorzugsverhältnis zu ihm unterhalten. Um jedoch seinen Verpflichtungen nachkommen zu können, muss der Einführer sicherstellen, dass er mit dem Hersteller in Kontakt treten kann (z.B. um der anfordernden Behörde die technischen Unterlagen vorlegen zu können).

Wünscht der Einführer, im Namen des Herstellers administrative Pflichten wahrzunehmen, so muss er vom Hersteller ausdrücklich dazu benannt werden, als Bevollmächtigter aufzutreten.

3.4. Händler

- *Als Händler wird jede natürliche oder juristische Person in der Lieferkette bezeichnet, die ein Produkt auf dem Markt bereitstellt, mit Ausnahme des Herstellers oder des Einführers.*
- *Händler unterliegen besonderen Pflichten und müssen bei der Marktüberwachung eine Schlüsselrolle spielen.*

131 Siehe Anhang I Artikel R4 Absatz 6 des Beschlusses Nr. 768/2008/EG.

Neben den Herstellern und Einführern bilden die Händler die dritte Kategorie der Wirtschaftsbeteiligten, die besonderen Pflichten unterliegen. Als Händler wird jede natürliche oder juristische Person in der Lieferkette bezeichnet, die ein Produkt auf dem Markt bereitstellt, mit Ausnahme des Herstellers oder des Einführers.

Einzelhändler, Großhändler und andere Händler in der Absatzkette brauchen nicht wie der Bevollmächtigte in einem besonderen Verhältnis zum Hersteller zu stehen. Ein Händler erwirbt Produkte für den weiteren Vertrieb entweder bei einem Hersteller, einem Einführer oder einem anderen Händler.

Der Händler muss hinsichtlich der anzuwendenden Bestimmungen[132] angemessene Sorgfalt[133] walten lassen. So sollte er unter anderem wissen, welche Produkte mit der CE-Kennzeichnung zu versehen sind, welche Unterlagen (z. B. EU-Konformitätserklärung) das Produkt begleiten müssen, welche sprachlichen Anforderungen an die Etikettierung, Gebrauchsanweisungen bzw. andere Begleitunterlagen bestehen und welche Umstände eindeutig für die Nichtkonformität des Produkts sprechen. Er hat die Pflicht, der nationalen Überwachungsbehörde gegenüber nachzuweisen, mit der angemessenen Sorgfalt gehandelt und sich vergewissert zu haben, dass der Hersteller oder sein Bevollmächtigter oder die Person, die ihm das Produkt zur Verfügung gestellt hat, die nach den anzuwendenden Harmonisierungsrechtsvorschriften der Union erforderlichen und in den Pflichten der Händler aufgeführten Maßnahmen ergriffen hat.

Bei Produkten aus Drittländern liegt die Verantwortung für die Konformitätsbewertung sowie die Ausstellung und Bereithaltung der EU-Konformitätserklärung und der technischen Unterlagen beim Hersteller und/oder Einführer. Sollten sich die geltenden rechtlichen Auflagen geändert haben, ist es nicht Aufgabe des Händlers, zu prüfen, ob ein bereits auf dem Markt befindliches Produkt diesen nach wie vor entspricht. Die Pflichten des Händlers beziehen sich auf die Rechtsvorschriften, die zum Zeitpunkt des Inverkehrbringens des Produkts durch den Hersteller oder Einführer anzuwenden waren, sofern in spezifischen Rechtsvorschriften nichts anderes vorgesehen war.

Der Händler muss in der Lage sein, den Hersteller, seinen Bevollmächtigten, den Einführer bzw. die Person anzugeben, die ihm das Produkt zur Verfügung

132 Siehe Anhang I Artikel R5 Absatz 1 des Beschlusses Nr. 768/2008/EG.

133 „Angemessene Sorgfalt" bezieht sich auf die Anstrengungen, die eine mit normaler Umsicht handelnde oder vernünftige Partei unternommen hat, um unter Berücksichtigung der Umstände Schaden von anderen abzuwenden. Der Begriff bezieht sich auf das Ausmaß der Urteilsfähigkeit, Sorgfalt, Vorsicht, Entschlossenheit und Aktivität, das von einer Person unter bestimmten Umständen vernünftigerweise zu erwarten wäre.

gestellt hat, um die Aufsichtsbehörde in dem Bemühen zu unterstützen, die EU-Konformitätserklärung und die notwendigen Teile der technischen Unterlagen zu erlangen. Die Marktüberwachungsbehörden haben die Möglichkeit, die technischen Unterlagen direkt beim Händler anzufordern. Von diesem wird jedoch nicht erwartet, dass er im Besitz derselben ist.

Bevor der Händler ein Produkt auf dem Markt bereitstellt, muss er formell prüfen[134],

- dass das Produkt mit der/den erforderliche/-n Konformitätskennzeichnung/-en versehen ist (z. B. der CE-Kennzeichnung);
- dass dem Produkt die erforderlichen Unterlagen (z. B. die EU-Konformitätserklärung[135]) und die Gebrauchsanweisungen und Sicherheitsinformationen[136] in einer Sprache, die von den Verbrauchern und sonstigen Endbenutzern leicht verstanden werden kann, sofern dies im anzuwendenden Rechtsakt vorgeschrieben ist, beigefügt sind;
- dass Hersteller und Einführer ihren (1) Namen, (2) ihren eingetragenen Handelsnamen oder ihre eingetragene Handelsmarke und (3) ihre Kontaktanschrift angegeben haben, und zwar auf dem Produkt oder – falls dies aufgrund der Größe oder materieller Eigenschaften des Produkts nicht möglich sein sollte – auf seiner Verpackung und/oder den Begleitunterlagen[137], und dass das Produkt eine Typen-, Chargen- oder Seriennummer oder ein anderes für Verbraucher leicht erkennbares und lesbares Kennzeichen zu seiner Identifikation trägt.

Der Händler darf keine Produkte liefern, von denen er weiß oder bei denen er anhand der ihm vorliegenden Informationen und als Gewerbetreibender hätte davon ausgehen müssen, dass sie den Anforderungen der Rechtsvorschriften nicht genügen. Außerdem hat er mit den zuständigen Behörden im Rahmen von Maßnahmen zur Verhinderung bzw. Minimierung dieser Gefährdungen mitzuwirken und den Hersteller oder Einführer sowie die zuständigen nationalen Behörden zu unterrichten.[138]

---

134 Siehe Anhang I Artikel R5 Absatz 2 erster Unterabsatz des Beschlusses Nr. 768/2008/EG.

135 Wenn die Harmonisierungsrechtsvorschriften der Union ausdrücklich vorschreiben, dass dem Produkt eine EU-Konformitätserklärung beiliegt, so hat der Händler dafür zu sorgen, dass dies der Fall ist.

136 Nicht alle Harmonisierungsrechtsvorschriften der Union schreiben sowohl Anweisungen als auch Sicherheitsinformationen vor, da nicht alle Harmonisierungsrechtsvorschriften der Union sicherheitsbezogen sind.

137 Zu den Pflichten des Herstellers siehe Abschnitt 3.1, zu den Pflichten des Einführers siehe Abschnitt 3.3.

138 Siehe Anhang I Artikel R5 Absatz 2 zweiter Unterabsatz des Beschlusses Nr. 768/2008/EG.

Ähnliche Verpflichtungen muss der Händler auch nach der Bereitstellung eines Produkts erfüllen. Hat er berechtigten Grund zu der Annahme, dass ein Produkt nicht den Rechtsvorschriften entspricht, muss er sicherstellen, dass der Hersteller oder der Einführer die Korrekturmaßnahmen zur Herstellung der Konformität des Produkts ergreift, und die zuständigen nationalen Behörden unterrichten. Der Händler muss sich mit dem Einführer oder Hersteller in Verbindung setzen, um etwaige Zweifel an der Konformität des Produkts auszuräumen.

Neben der Prüfung, ob das Produkt den formellen Anforderungen entspricht, muss der Händler

1. im Falle des Verdachts der Nichtkonformität Korrekturmaßnahmen einleiten[139];
2. die Marktüberwachungsbehörden bei der Ermittlung des für das Produkt zuständigen Herstellers oder Einführers unterstützen;
3. auf begründetes Verlangen[140] einer zuständigen nationalen Behörde mit dieser kooperieren und ihr alle erforderlichen Informationen und Unterlagen zum Nachweis der Konformität eines Produkts[141] zur Verfügung stellen;
4. auf Verlangen der Marktüberwachungsbehörden alle Wirtschaftsteilnehmer benennen, die ihn beliefert haben und an die er das Produkt geliefert hat. Er muss in der Lage sein, diese Informationen während eines Zeitraums von zehn Jahren nach Belieferung mit dem Produkt und von zehn Jahren, nachdem er das Produkt geliefert hat, vorzulegen.[142]

Die Vertriebsbedingungen (z.B. Beförderung oder Lagerung) können sich darauf auswirken, ob die Konformität mit den Bestimmungen der anzuwendenden Harmonisierungsrechtsvorschriften der Union gewahrt bleibt. Die für die Vertriebsbedingungen zuständige Person muss daher die erforderlichen Maßnahmen ergreifen, um die Konformität des Produkts zu schützen. Damit

139 Siehe Anhang I Artikel R5 Absatz 2 zweiter Unterabsatz und Artikel R5 Absatz 4 des Beschlusses Nr. 768/2008/EG.

140 Ein begründetes Verlangen bedeutet nicht notwendigerweise eine förmliche Entscheidung einer Behörde. In Artikel 19 Absatz 1 zweiter Unterabsatz der Verordnung (EG) Nr. 765/2008 heißt es: „Die Marktüberwachungsbehörden können Wirtschaftsakteure verpflichten, die Unterlagen und Informationen zur Verfügung zu stellen, die sie für die Zwecke der Durchführung ihrer Tätigkeiten für erforderlich halten (...)." Damit ein Verlangen begründet ist, reicht es aus, dass die Marktüberwachungsbehörde den Zusammenhang erläutert, in dem die Informationen angefordert werden (z.B. Prüfung bestimmter Merkmale des Produkts, Stichprobenkontrollen).

141 Siehe Anhang I Artikel R5 Absatz 5 des Beschlusses Nr. 768/2008/EG.

142 Siehe Anhang I Artikel R7 Absatz 2 des Beschlusses Nr. 768/2008/EG.

soll sichergestellt werden, dass das Produkt den wesentlichen oder sonstigen rechtlichen Anforderungen entspricht, die zum Zeitpunkt der erstmaligen Verwendung in der Union gelten.[143]

Fehlen Harmonisierungsrechtsvorschriften der Union, können die Vertriebsbedingungen in gewissem Umfang auf nationaler Ebene geregelt werden, wobei Artikel 34 und 36 AEUV einzuhalten sind. Nationale Rechtsvorschriften, die Angehörigen einer speziellen Berufsgruppe das ausschließliche Recht auf Vertrieb bestimmter Produkte gewähren, können die Möglichkeiten für die Vermarktung eingeführter Erzeugnisse beeinträchtigen, wenn sie den Absatz auf bestimmte Kanäle beschränken. Dadurch kann eine solche Rechtsvorschrift wie eine mengenmäßige Einfuhrbeschränkung wirken. Sie kann jedoch zum Schutz der öffentlichen Gesundheit gerechtfertigt sein, wenn die Maßnahme in einem angemessenen Verhältnis zu dem Zweck steht und nicht über das notwendige Maß zu dessen Erreichung hinausgeht.[144]

Fulfillment-Dienstleister

Fulfillment-Anbieter[145] stellen ein neues Geschäftsmodell dar, das durch den Online-Handel entstanden ist. Von Online-Händlern angebotene Produkte werden in der Regel bei Fulfillment-Anbietern in der EU gelagert, um eine schnelle Auslieferung an Verbraucher in der EU sicherzustellen. Diese Unternehmen erbringen Dienstleistungen für andere Wirtschaftsakteure. Sie lagern Produkte, und nach Eingang einer Bestellung verpacken sie diese und verschicken sie an die Kunden. Manche von ihnen übernehmen auch die Bearbeitung von Rücksendungen. Es gibt eine breite Palette von Geschäftsszenarien für die Erbringung von Fulfillment-Dienstleistungen. Manche Fulfillment-Anbieter bieten alle genannten Dienstleistungen an, andere nur einen Teil davon. Ihre Größe und ihr Umfang können ebenfalls unterschiedlich sein – vom globalen Anbieter bis hin zum Kleinstunternehmen.

Die oben beschriebenen Tätigkeiten der Fulfillment-Dienstleister gehen über die Tätigkeiten von reinen Paketdienstanbietern hinaus, die Dienstleistungen im Zusammenhang mit der Abfertigung, Sortierung, Beförderung und Zustellung von Paketen erbringen. Die Komplexität der angebotenen Geschäftsmodelle macht Fulfillment-Dienstleister zu einem notwendigen Glied in der Lieferkette

143 Siehe Anhang I Artikel R5 Absatz 3 des Beschlusses Nr. 768/2008/EG.

144 Vgl. Urteil des Gerichtshofs in der Rechtssache C-271/92.

145 Wie in der Einleitung erwähnt, werden derzeit konkretere Überlegungen zu verschiedenen Aspekten des Rechtsrahmens der Union für den Online-Handel angestellt, und dieser Leitfaden greift etwaigen künftigen Auslegungen und Anleitungen nicht vor, die möglicherweise zu diesen Themen erarbeitet werden.

und sie können daher als an der Lieferung eines Produkts und somit an seinem Inverkehrbringen beteiligt angesehen werden. Wenn daher Fulfillment-Dienstleister die oben beschriebenen Dienstleistungen anbieten, die über die Dienstleistungen von Paketdiensten hinausgehen, sollten sie als Händler angesehen werden und die entsprechenden rechtlichen Verpflichtungen übernehmen.

Unter Berücksichtigung der Vielfalt der Fulfillment-Anbieter und der von ihnen angebotenen Dienstleistungen kann die Untersuchung des Geschäftsmodells einiger Anbieter auch ergeben, dass es sich bei ihnen um Einführer oder Bevollmächtigte handelt.

3.5. Andere Vermittler: Vermittler im Rahmen der Richtlinie über den elektronischen Geschäftsverkehr

In der Richtlinie über den elektronischen Geschäftsverkehr[146] wird der rechtliche Rahmen für den elektronischen Geschäftsverkehr in der EU festgelegt. Darin werden harmonisierte Regeln zu Fragen wie der Transparenz und den Informationsanforderungen an Online-Dienstleister, zu kommerzielle Kommunikationen oder für elektronisch geschlossene Verträge eingeführt.

Die Richtlinie über den elektronischen Geschäftsverkehr gilt nicht für bestimmte Kategorien von Wirtschaftsakteuren; stattdessen werden unterschiedliche Kategorien von Tätigkeiten beschrieben. Die wichtigste Tätigkeitskategorie, unter dem Aspekt der Produktsicherheit und der Konformität, sind Hosting-Tätigkeiten.[147] Hosting-Tätigkeiten sind Tätigkeiten wie z. B. die Speicherung von durch den Nutzer eines Dienstes, etwa eines Webshops oder Marktplatzes oder einer Plattform, eingegebenen Informationen.

Vermittler, die die oben beschriebenen Tätigkeiten ausüben, unterliegen einer Ausnahmeregelung hinsichtlich der Verantwortlichkeit in Bezug auf Schadenersatzansprüche und strafrechtliche Sanktionen im Zusammenhang mit den von Dritten, die ihre Netzwerke benutzen, bereitgestellten Inhalten. Dieser Haftungsausschluss ist jedoch nicht absolut. Im Falle von Hosting-Tätigkeiten, die für die Produktsicherheit und die Konformität am wichtigsten sind, gilt die

146 Richtlinie 2000/31/EG des Europäischen Parlaments und des Rates vom 8. Juni 2000 über bestimmte rechtliche Aspekte der Dienste der Informationsgesellschaft, insbesondere des elektronischen Geschäftsverkehrs, im Binnenmarkt (Richtlinie über den elektronischen Geschäftsverkehr) (ABl. L 178 vom 17.7.2000, S 1).

147 Weitere, ebenfalls in der Richtlinie beschriebene Tätigkeiten sind: 1) „reine Durchleitung", z. B. Übermittlung von Informationen (durch den Nutzer eines Dienstes eingegeben) oder Zugang zu einem Kommunikationsnetz (z. B. Internet-Provider) und 2) „Caching", z. B. die Übermittlung von Informationen effizienter gestalten, etwa das Duplizieren einer Datenbank, also das Kopieren des Inhalts des ursprünglichen Servers, um eine weltweite Abdeckung sicherzustellen.

Ausnahmeregelung nur dann, wenn der Vermittler 1) sich keiner Tatsachen oder Umstände bewusst ist, aus denen die rechtswidrige Art der gespeicherten Informationen hervorgeht, und 2) er, sobald er diese Kenntnis oder dieses Bewusstsein erlangt (etwa durch hinreichend genaue und substantiierte Anzeige[148]), unverzüglich tätig wird, um die Information zu entfernen oder den Zugang zu ihr zu sperren. Erfüllen sie diese Bedingungen nicht, so wird ihnen der Haftungsausschluss verwehrt und sie können somit für den gespeicherten Inhalt verantwortlich gemacht werden.

Nach Artikel 15 der Richtlinie über den elektronischen Geschäftsverkehr können die Mitgliedstaaten diesen Anbietern keine allgemeine Verpflichtung auferlegen, die von ihnen übermittelten oder gespeicherten Informationen zu überwachen oder aktiv nach Umständen zu forschen, die auf eine rechtswidrige Tätigkeit hinweisen. Das bedeutet, dass die nationalen Behörden den Vermittlern keine allgemeine Verpflichtung auferlegen können, ihren gesamten Internetverkehr aktiv zu überwachen und Elemente zu suchen, die auf rechtswidrige Tätigkeiten wie etwa den Handel mit unsicheren Produkten hinweisen.

Das Verbot einer allgemeinen Überwachungspflicht hindert die öffentlichen Behörden jedoch nicht daran, spezifische Überwachungsanforderungen festzulegen, deren Geltungsbereich allerdings klar definiert sein muss. Als Beispiel für einen anderen Politikbereich mit gewissen Ähnlichkeiten kann ein Gericht Anbieter verpflichten, sicherzustellen, dass gewisse Websites, die ausschließlich urheberrechtswidrige Inhalte oder gefälschte Produkte enthalten, für Nutzer aus dem betreffenden Mitgliedstaat gesperrt werden.

In der Praxis bedeutet dies, dass die nationalen Behörden die Hosting-Anbieter kontaktieren können, die dann, nachdem sie über eine rechtswidrige Tätigkeit in Kenntnis gesetzt wurden, den Inhalt entfernen oder sperren müssen, wenn sie den Haftungsausschluss für sich beanspruchen wollen, was wiederum bedeutet, dass die unsicheren/nicht konformen Produkte für Nutzer in der EU über ihre Dienste nicht mehr zugänglich wären. Dennoch sollten die Marktüberwachungsbehörden ihre Tätigkeiten auf der Grundlage der geltenden Vorschriften der Verordnung (EG) Nr. 765/2008 und der einschlägigen Harmonisierungsrechtsvorschriften der Union ausüben und sich damit in erster Linie mit dem zuständigen Wirtschaftsakteur befassen. Die Marktüberwachungsbehörden sollten von Fall zu Fall beurteilen, welche Maßnahme am zweckmäßigsten ist, und dabei den Grundsatz der Verhältnismäßigkeit, die Höhe des Risikos, falls

148 In der Rechtssache C-324/09, L'Oréal gegen eBay, hat der Gerichtshof klargestellt, dass im Hinblick auf die Bedingungen für die Inanspruchnahme der Ausnahme von der Verantwortlichkeit zu prüfen war, ob eBay sich etwaiger Tatsachen oder Umstände bewusst war, aus denen die Rechtswidrigkeit offensichtlich war (vgl. Rn. 120-123).

der Wirtschaftsakteur bekannt ist, und die Dringlichkeit, falls vorher bereits Maßnahmen gegen ein bestimmtes Produkt ergriffen wurden, usw. beachten.

Der Begriff „Inhalt" bezeichnet das Angebot eines Produkts online (z. B. ein Foto, eine Beschreibung des Produkts). Der Begriff „rechtswidrige Tätigkeit" bezieht sich auf Tätigkeiten, die sowohl unter das Strafrecht als auch unter das Verwaltungsrecht fallen. Der Haftungsausschluss bezieht sich auf die zivile, strafrechtliche und verwaltungsrechtliche Haftung für alle Arten von rechtswidrigen Tätigkeiten, die von Dritten online unternommen werden, etwa Urheberrechtsverstöße und Markenpiraterie, unlautere Geschäftspraktiken usw. Mit der Richtlinie soll ein Ausgleich zwischen allen betroffenen Interessen hergestellt werden. Die Rechtsgrundlage für die Anzeige und die Auflage, dass Hosting-Anbieter rechtswidrige Inhalte entfernen/den Zugang dazu sperren müssen, ist in den nationalen Umsetzungsinstrumenten der Richtlinie über den elektronischen Geschäftsverkehr enthalten. Darüber hinaus haben die meisten Online-Vermittler ihre eigenen Meldemechanismen entwickelt.

3.6. Endbenutzer

- *Im Gegensatz zu Wirtschaftsbeteiligten werden Endbenutzer in den Harmonisierungsrechtsvorschriften der Union nicht definiert und unterliegen keinen Verpflichtungen.*
- *Viele der von den Harmonisierungsrechtsvorschriften der Union erfassten Produkte werden bei der Arbeit benutzt und unterliegen daher auch den Rechtsvorschriften über die Sicherheit am Arbeitsplatz.*

Die Harmonisierungsrechtsvorschriften der Union sehen für die Endbenutzer der in ihren Anwendungsbereich fallenden Produkte keine Verpflichtungen vor.[149] Das ist auch der Fall, wenn es keine zuständigen Wirtschaftsakteure innerhalb der EU gibt (z. B. im Zusammenhang mit online verkauften Produkten). Der Begriff wird deshalb in den Rechtsvorschriften nicht definiert. Der Begriff umfasst jedoch definitiv sowohl professionelle Benutzer als auch Verbraucher. Der Begriff „Endbenutzung" durch einen professionellen Benutzer oder Verbraucher ist eng mit dem Begriff „vorgesehener Verwendungszweck" verbunden.[150]

149 Mit der Richtlinie 2013/53/EU über Sportboote werden jedoch privaten Einführern Verpflichtungen auferlegt.

150 Zu dem Begriff „vorgesehener Verwendungszweck" siehe Abschnitt 2.7.

Viele von den Harmonisierungsrechtsvorschriften der Union erfasste Produkte werden bei der Arbeit benutzt. Gemäß den auf Artikel 153 AEUV beruhenden Rechtsvorschriften haben die Arbeitgeber Pflichten hinsichtlich der Benutzung von Arbeitsmitteln durch Arbeitnehmer am Arbeitsplatz. Unter Arbeitgeber ist jede natürliche oder juristische Person zu verstehen, die als Vertragspartei des Beschäftigungsverhältnisses mit dem Arbeitnehmer (d. h. einer Person, die von einem Arbeitgeber beschäftigt wird) die Verantwortung für das Unternehmen bzw. den Betrieb trägt.

Nach der Richtlinie über Mindestvorschriften für Sicherheit und Gesundheitsschutz bei Benutzung von Arbeitsmitteln durch Arbeitnehmer bei der Arbeit (2009/104/EG) hat der Arbeitgeber die erforderlichen Vorkehrungen zu treffen, damit die den Arbeitnehmern zur Verfügung gestellten Arbeitsmittel (z. B. Maschinen und Apparate) für die jeweiligen Arbeiten geeignet sind, sodass bei der Benutzung Sicherheit und Gesundheitsschutz der Arbeitnehmer gewährleistet sind. Der Arbeitgeber darf nur Arbeitsmittel beschaffen oder benutzen, die den Bestimmungen der anzuwendenden Rechtsvorschriften zum Zeitpunkt der erstmaligen Benutzung entsprechen bzw., wenn keine andere Vorschrift anzuwenden ist oder wenn eine etwaige andere Vorschrift nur teilweise anzuwenden ist, den Mindestvorschriften im Sinne des Anhangs I der Richtlinie 2009/104/EG. Außerdem muss der Arbeitgeber die erforderlichen Vorkehrungen treffen, damit die Arbeitsmittel während der gesamten Zeit der Benutzung auf einem entsprechenden Niveau gehalten werden. Er ist zudem verpflichtet sicherzustellen, dass die Arbeitnehmer angemessene Informationen und eine angemessene Unterweisung in Bezug auf die Benutzung der Arbeitsmittel erhalten.

Gemäß der Richtlinie über Mindestvorschriften für Sicherheit und Gesundheitsschutz bei Benutzung persönlicher Schutzausrüstungen durch Arbeitnehmer bei der Arbeit (89/656/EWG) müssen solche Ausrüstungen hinsichtlich ihrer Konzeption und Konstruktion die einschlägigen Vorschriften der Union über Sicherheit und Gesundheitsschutz (d. h. die Harmonisierungsrechtsvorschriften der Union in Bezug auf persönliche Schutzausrüstungen) erfüllen. Ferner müssen die Ausrüstungen Schutz gegenüber den zu verhütenden Risiken bieten, für die am Arbeitsplatz gegebenen Bedingungen geeignet sein, den ergonomischen Anforderungen und den gesundheitlichen Erfordernissen des Arbeitnehmers Rechnung tragen, dem Träger passen und, wenn der gleichzeitige Einsatz mehrerer Ausrüstungen notwendig ist, aufeinander abgestimmt sein. Vor der Auswahl einer persönlichen Schutzausrüstung muss der Arbeitgeber eine Bewertung der von ihm vorgesehenen persönlichen Schutzausrüstung vornehmen, um festzustellen, ob sie den Anforderungen gerecht wird.

Die Richtlinie über die Mindestvorschriften bezüglich der Sicherheit und des Gesundheitsschutzes bei der Arbeit an Bildschirmgeräten (90/270/EWG) verpflichtet die Arbeitgeber, eine Analyse der Arbeitsplätze durchzuführen, um die Sicherheits- und Gesundheitsbedingungen zu beurteilen; dies gilt insbesondere für die mögliche Gefährdung des Sehvermögens sowie für körperliche Probleme und psychische Belastungen. Außerdem sind in der Richtlinie Mindestanforderungen an den Bildschirm und andere Geräte festgelegt.

Gemäß der Richtlinie über die Durchführung von Maßnahmen zur Verbesserung der Sicherheit und des Gesundheitsschutzes der Arbeitnehmer bei der Arbeit (89/391/EWG) ist jeder Arbeitnehmer verpflichtet, nach seinen Möglichkeiten für seine Sicherheit und Gesundheit sowie für die Sicherheit und die Gesundheit derjenigen Personen Sorge zu tragen, die von seinen Handlungen bei der Arbeit betroffen sind. Jeder Arbeitnehmer hat die Pflicht, beispielsweise Maschinen, Geräte und andere Arbeitsmittel und die persönlichen Schutzausrüstungen gemäß der Unterweisung und den Anweisungen des Arbeitgebers ordnungsgemäß zu benutzen.

Die Richtlinien 89/391/EWG, 2009/104/EG, 89/656/EWG und 90/270/EWG enthalten Mindestanforderungen, sodass die Mitgliedstaaten strengere Bestimmungen einführen oder beibehalten können, solange diese mit dem AEUV vereinbar sind. Da die Bestimmungen der Harmonisierungsrechtsvorschriften der Union vorbehaltlos eingehalten werden müssen, ist es nicht statthaft, dass in nationalen Vorschriften die Veränderung eines Produkts, das in den Geltungsbereich einer Harmonisierungsrechtsvorschrift der Union fällt, vorgeschrieben wird oder die Bedingungen für das Inverkehrbringen solcher Produkte beeinflusst werden.

4. Produktanforderungen

4.1. Wesentliche Produktanforderungen

4.1.1. Definition der wesentlichen Anforderungen

- *Ein Großteil der Harmonisierungsrechtsvorschriften der Union beschränkt die Harmonisierung der Rechtsvorschriften auf eine Reihe wesentlicher Anforderungen von öffentlichem Interesse.*
- *Wesentliche Anforderungen definieren die zu erzielenden Ergebnisse oder die abzuwendenden Gefahren, ohne jedoch die technischen Lösungen dafür festzulegen.*

Ein Großteil der Harmonisierungsrechtsvorschriften der Union ist darauf gerichtet, die Harmonisierung der Rechtsvorschriften auf die wesentlichen Anforderungen von öffentlichem Interesse zu beschränken. Diese Anforderungen betreffen den Schutz der Gesundheit und Sicherheit der Benutzer (in der Regel Verbraucher und Arbeitnehmer), es kann aber auch andere wesentliche Anforderungen geben (zum Beispiel den Schutz des Eigentums, knapper Ressourcen oder der Umwelt).

Mit der Festlegung wesentlicher Anforderungen ist beabsichtigt, ein hohes Schutzniveau zu gewährleisten. Die festgelegten Anforderungen gehen entweder auf bestimmte Risiken im Zusammenhang mit dem Produkt zurück (z.B. physischer und mechanischer Widerstand, Entzündbarkeit, chemische, elektrische oder biologische Eigenschaften, Hygiene, Radioaktivität, Präzision), oder sie beziehen sich auf das Produkt oder seine Leistung (z.B. Bestimmungen in Bezug auf Werkstoffe, Planung, Bau, Herstellungsprozess, die vom Hersteller verfasste Betriebsanleitung), oder sie legen das Hauptziel des Schutzes fest (z.B. mithilfe einer exemplarischen Auflistung). Oftmals ist es eine Kombination aus diesen Elementen. Im Endeffekt können mehrere Harmonisierungsrechtsakte der Union gleichzeitig auf ein Produkt anwendbar sein, weil wesentliche Anforderungen verschiedener Harmonisierungsrechtsakte parallel angewendet werden müssen, um alle relevanten öffentlichen Interessen abzudecken.

Die Anwendung der wesentlichen Anforderungen erfolgt in Abhängigkeit von den von einem gegebenen Produkt ausgehenden Gefahren. Daher müssen die Hersteller eine Risikoanalyse durchführen, um zunächst alle Risiken festzustellen, die das Produkt möglicherweise mit sich bringt, und die für das jeweilige Produkt zutreffenden wesentlichen Anforderungen zu bestimmen. Diese Analyse ist zu dokumentieren und in die technischen Unterlagen aufzunehmen.[151] Darüber hinaus muss der Hersteller die von ihm vorgenommene Beurteilung, wie er die festgestellten Risiken angehen will, um sicherzustellen, dass das Produkt mit den anwendbaren wesentlichen Anforderungen übereinstimmt (z.B. durch Anwendung harmonisierter Normen), dokumentieren. Wird nur ein Teil der harmonisierten Norm angewandt oder deckt diese nicht alle anwendbaren wesentlichen Anforderungen ab, so sollte die Art und Weise, wie mit den nicht abgedeckten wesentlichen Anforderungen umgegangen wird, dokumentiert werden.[152]

---

151 Zu den technischen Unterlagen vgl. Abschnitt 4.3.

152 Auch wenn der Hersteller eine harmonisierte Norm (deren Nummer im Amtsblatt veröffentlicht wurde und die auf bestimmte Risiken ausgerichtet ist) zur Einhaltung der wesentlichen Anforderungen heranzieht, muss die Risikobewertung durchgeführt werden und er muss prüfen, ob die harmonisierte Norm alle mit dem Produkt verbundenen Risiken abdeckt. Der Grund dafür

Wesentliche Anforderungen definieren die zu erzielenden Ergebnisse oder die abzuwendenden Gefahren, ohne jedoch die technischen Lösungen dafür festzulegen. Die konkreten technischen Lösungen können nach Ermessen des Herstellers einer Norm oder anderen technischen Spezifikationen entnommen werden oder nach dem allgemeinen Stand der Technik oder Wissenschaft, der in der Literatur niedergelegt ist, entwickelt werden. Dieser flexible Ansatz erlaubt es den Herstellern, selbst zu bestimmen, wie sie die Anforderungen erfüllen wollen. Außerdem ist es auf diese Weise möglich, Werkstoffwahl und Produktgestaltung dem technischen Fortschritt anzupassen. Auf wesentliche Anforderungen gestützte Harmonisierungsrechtsakte der Union bedürfen also keiner regelmäßigen Anpassung an den technischen Fortschritt, da sich die Bewertung, ob die Anforderungen erfüllt wurden oder nicht, auf den Stand der Technik zum Zeitpunkt des Inverkehrbringens des Produkts gründet.

Die wesentlichen Anforderungen sind in entsprechenden Abschnitten oder Anhängen der einzelnen Harmonisierungsrechtsvorschriften der Union dargelegt. Obwohl die wesentlichen Anforderungen keine detaillierten Herstellungsbeschreibungen enthalten, sind die Harmonisierungsrechtsakte der Union unterschiedlich ausführlich ausformuliert.[153] Sie sollen so präzise abgefasst sein, dass bei der Umsetzung in nationales Recht rechtsverbindliche durchsetzbare Verpflichtungen entstehen und die Beauftragung der europäischen Normungsorganisationen durch die Kommission mit der Erarbeitung harmonisierter Normen erleichtert wird. Sie werden zudem so formuliert, dass die Bewertung der Konformität mit diesen Anforderungen selbst dann möglich ist, wenn keine harmonisierten Normen vorliegen oder der Hersteller beschließt, diese nicht anzuwenden.

---

ist, dass nicht davon ausgegangen werden kann, dass die harmonisierte Norm alle Anforderungen aller für ein bestimmtes Produkt geltenden Rechtsvorschriften (oder auch nur alle Anforderungen des spezifischen Rechtsakts, nach dem sie entwickelt wurde) abdeckt, oder gefragt werden muss, ob das betroffene Produkt noch andere Risiken mit sich bringt, die nicht in der harmonisierten Norm erfasst sind.

153 Gemäß der Richtlinie 2008/57/EG über die Interoperabilität des Eisenbahnsystems in der Gemeinschaft unterliegt jedes Teilsystem einer technischen Spezifikation für die Interoperabilität (TSI), die die wesentlichen Anforderungen festlegt. Gemäß der Verordnung (EG) Nr. 552/2004 über die Interoperabilität des europäischen Flugverkehrsmanagementnetzes werden die wesentlichen Anforderungen durch Durchführungsvorschriften für die Interoperabilität ergänzt oder präzisiert.

4.1.2. Konformität mit den wesentlichen Anforderungen: harmonisierte Normen

- *Die Begriffe „Norm“, „nationale Norm“, „europäische Norm“, „harmonisierte Norm“ und „internationale Norm“ sind genau bestimmt.*
- *Die Anwendung von Normen ist freiwillig.*
- *„Harmonisierte Normen“ sind „europäische Normen“, die auf der Grundlage eines Auftrags der Kommission zur Durchführung von Harmonisierungsrechtsvorschriften der Union angenommen wurden.*
- *Bei Anwendung einer harmonisierten Norm ist automatisch von der Konformität mit den wesentlichen Anforderungen, die sie abdeckt, auszugehen („Konformitätsvermutung“).*

4.1.2.1. Definition einer harmonisierten Norm

Die Verordnung (EU) Nr. 1025/2012[154] enthält Definitionen der Begriffe „Norm“, „nationale Norm“, „europäische Norm“, „harmonisierte Norm“ und „internationale Norm“.

- „Normen“ sind definiert als von einer anerkannten Normungsorganisation angenommene technische Spezifikationen zur wiederholten oder ständigen Anwendung, deren Einhaltung nicht zwingend ist.
- Als „europäische Normen“ gelten „Normen“, die von einer in Anhang I der Verordnung (EU) Nr. 1025/2012 genannten europäischen Normungsorganisation[155] angenommen wurden.
- Unter Berücksichtigung der ersten beiden Definitionen sind „harmonisierte Normen“ auf der Grundlage eines Auftrags der Kommission zur Durchführung von Harmonisierungsrechtsvorschriften der Union angenommene „europäische Normen“. Auch bei den harmonisierten Normen besteht Freiwilligkeit hinsichtlich ihrer Anwendung.

Die Definition einer „harmonisierten Norm“ im Kontext der Verordnung (EU) Nr. 1025/2012 ist nicht auf die harmonisierten Normen zur Unterstützung der harmonisierten Produktvorschriften beschränkt, da die allgemeine Anwendung harmonisierter Normen in Harmonisierungsrechtsvorschriften für Dienstleis-

154 ABl. L 316 vom 14.11.2012, S. 12.

155 CEN (Europäisches Komitee für Normung). Cenelec (Europäisches Komitee für elektrotechnische Normung). ETSI (Europäisches Institut für Telekommunikationsnormen).

tungen in gleicher Weise angestrebt wird, wie das bei den Harmonisierungsrechtsvorschriften der Union für Produkte der Fall ist.

4.1.2.2. Die Rolle der harmonisierten Normen

Harmonisierte Normen werden wie andere europäische Normen entsprechend der Geschäftsordnung der europäischen Normungsorganisationen erarbeitet und veröffentlicht. Diesen Vorschriften zufolge müssen alle europäischen Normen auf nationaler Ebene von den nationalen Normungsorganisationen umgesetzt werden. Mit Umsetzung ist gemeint, dass die entsprechenden europäischen Normen in identischer Form als nationale Normen bereitgestellt werden müssen und alle dazu in Widerspruch stehenden nationalen Normen innerhalb eines bestimmten Zeitraums außer Kraft zu setzen sind.

Harmonisierte Normen sind europäische Normen, die aufgrund der Verordnung (EU) Nr. 1025/2012 und sektorspezifischer Harmonisierungsrechtsvorschriften der Union eine besondere Bedeutung erlangen.[156] Auch bei den harmonisierten Normen besteht Freiwilligkeit hinsichtlich ihrer Anwendung.[157] Allerdings ist darauf hinzuweisen, dass die Definition einer harmonisierten Norm keinerlei Hinweise auf die Veröffentlichung ihres Titels im Amtsblatt der EU enthält. Solange der Titel einer harmonisierten Norm nicht im Amtsblatt der EU veröffentlicht wird, gilt für die harmonisierte Norm oder Teile davon keine Konformitätsvermutung mit den wesentlichen oder anderen Anforderungen, die abgedeckt werden sollen. Die Kommission fordert die europäischen Normungsorganisationen formell zur Vorlage harmonisierter Normen auf, indem sie einen Normungsauftrag erteilt. Funktion und Erstellung des Normungsauftrags der Kommission an die europäischen Normungsorganisationen werden im Vademekum zur

156 Ausnahmsweise können auch von den europäischen Normungsorganisationen angenommene Harmonisierungsdokumente (HD) als harmonisierte Normen angesehen werden (z.B. im Falle der Niederspannungsrichtlinie). Die Unterschiede zwischen europäischen Normen (EN) und Harmonisierungsdokumenten betreffen im Wesentlichen den Grad der Verpflichtung seitens der nationalen Normungsgremien. Harmonisierungsdokumente müssen auf nationaler Ebene umgesetzt werden, und zwar mindestens durch öffentliche Bekanntgabe des Titels und der Nummer des Dokuments sowie durch Aufhebung widersprechender nationaler Normen. Es ist jedoch möglich, eine nationale Norm, die ein von Harmonisierungsdokument abgedecktes Thema betrifft, beizubehalten oder zu veröffentlichen, sofern diese technisch gleichwertige Inhalte hat. Darüber hinaus lassen Harmonisierungsdokumente unter bestimmten Bedingungen nationale Abweichungen zu, die zu Anwendungsproblemen führen könnten, wenn sie als harmonisierte Normen angenommen würden.

157 Die freiwillige Natur von Normen bezieht sich auf die Tatsache, dass Normen als solche und in der von Normungsgremien veröffentlichten Form immer freiwillig angewandt werden. Dieser Grundsatz wird in der Regel auch in der Gesetzgebung angewandt, wenn auf Normen Bezug genommen wird.

europäischen Normung genau erläutert.[158] Zuvor konsultiert die Kommission die Mitgliedstaaten.[159] Das Erstellen von Normen, die im Einklang mit der Verordnung (EU) Nr. 1025/2012[160] auf Konsens gegründet sind, impliziert eine umfassende Konsultation der sektoralen Behörden auf nationaler Ebene. Somit liefert der Auftrag ein starkes Indiz für die Erwartungen der staatlichen Stellen.

Die europäischen Normungsorganisationen nehmen im Einklang mit ihrer Geschäftsordnung formell Stellung zu einem Auftrag der Kommission. Die Annahme des Auftrags und die darauf folgende Normungsarbeit sind für die nationalen Normungsorganisationen der Beginn einer Stillhalteperiode, die in ihrer Geschäftsordnung und im Fall der harmonisierten Normen auch in der Verordnung (EU) Nr. 1025/2012 festgelegt ist.

Die Ausarbeitung und Verabschiedung harmonisierter Normen beruht auf der Verordnung (EU) Nr. 1025/2012[161] und auf den allgemeinen Leitlinien für die Zusammenarbeit zwischen den europäischen Normungsorganisationen sowie der Europäischen Kommission und der EFTA vom 28. März 2003[162]. Zur Normung gehört eine Reihe von Anforderungen, Grundsätzen und Verpflichtungen, wie die Beteiligung aller interessierten Kreise (zum Beispiel Hersteller, einschließlich KMU, Verbraucherverbände, Umweltschutzvertreter und Gewerkschaften), die Rolle von öffentlichen Behörden, die Qualität der Normen und eine EU-weit einheitliche Umsetzung europäischer Normen durch die nationalen Normungsorganisationen.

Die europäischen Normungsorganisationen tragen in Übereinstimmung mit entsprechenden Aufträgen die Verantwortung für die Festlegung und Ausarbeitung harmonisierter Normen im Sinne der geltenden Rechtsakte über den Binnenmarkt sowie für die Vorlage einer Liste der verabschiedeten Normen an die Kommission. Die technischen Inhalte dieser harmonisierten Normen liegen in der al-

158 (SWD(2015) 205 final, 27.10.2015) abrufbar unter http://ec.europa.eu/growth/single-market/european-standards/vademecum/index_en.htm (auf Englisch).

159 Im Anschluss an die Anhörung der europäischen Normungsorganisationen, der Interessenträger und der Experten des jeweiligen Sektors (Letztere nach Konsultation des durch die entsprechenden Harmonisierungsrechtsvorschriften der Union eingesetzten Ausschusses, soweit ein solcher Ausschuss besteht) konsultiert die Kommission den gemäß der Verordnung (EU) Nr. 1025/2012 eingesetzten Ausschuss der Mitgliedstaaten entsprechend dem Prüfverfahren nach der Verordnung (EU) Nr. 182/2011 (ABl. L 55 vom 28.2.2011, S. 13).

160 Siehe Artikel 10 der Verordnung (EU) Nr. 1025/2012.

161 Um kohärente Grundsätze für die Erarbeitung und Annahme, einschließlich Überarbeitung, von harmonisierten Normen festzulegen, enthält das Vademecum on European Standardisation (SWD/2015)205 final vom 27.10.2015, Teil III) Leitlinien für die Ausführung von Normungsaufträgen, die die europäischen Normungsorganisationen angenommen haben.

162 ABl. C 91 vom 16.4.2003, S. 7.

leinigen Verantwortung der europäischen Normungsorganisationen. Nachdem sich die Behörden auf einen Auftrag verständigt haben, wird die Suche nach technischen Lösungen im Prinzip den interessierten Parteien überlassen. In bestimmten Bereichen, wie z. B. der Umwelt sowie Gesundheit und Sicherheit, ist es wichtig, die Behörden am Normungsprozess auf technischer Ebene zu beteiligen. Allerdings sehen die EU-Harmonisierungsrechtsvorschriften für Produkte kein Verfahren vor, nach dem die Behörden auf EU- oder nationaler Ebene den Inhalt der von den europäischen Normungsorganisationen ausgearbeiteten harmonisierten Normen systematisch überprüfen oder genehmigen würden.[163] Ein Dialog zwischen den Normungsorganisationen und den Behörden und gegebenenfalls ihre Beteiligung am Normungsprozess wäre dennoch hilfreich, da dies dazu beitragen würde, dass die Bedingungen des Normungsauftrags korrekt verstanden werden und den Interessen der Öffentlichkeit angemessene Beachtung geschenkt wird.

Die europäischen Normungsorganisationen entscheiden über das Arbeitsprogramm entsprechend dem jeweiligen Auftrag. Sie können auch bereits bestehende Normen ermitteln, die aus ihrer Sicht nach einer Beurteilung und eventuellen Überarbeitung die Bedingungen des Auftrags erfüllen, oder diese Normen anpassen, damit sie den Bedingungen entsprechen. Nach demselben Muster können sie internationale oder nationale Normen ermitteln und diese als europäische Normen annehmen, um sie dann der Kommission als harmonisierte Normen vorzulegen. Es ist auch möglich, dass nur bestimmte Teile oder Klauseln einer harmonisierten Norm einer wesentlichen Anforderung entsprechen und sich die Vermutung der Konformität nur auf diese Teile oder Klauseln stützt, nachdem die Fundstellen dazu im Amtsblatt der EU veröffentlicht wurden.

Eine harmonisierte Norm muss im Einklang mit dem erteilten Normungsauftrag den betreffenden wesentlichen oder sonstigen rechtlichen Anforderungen entsprechen. Eine harmonisierte Norm kann Spezifikationen enthalten, die sich nicht nur auf die wesentlichen Anforderungen beziehen, sondern auch andere nicht regulierte Themen umfassen. In solchen Fällen müssen diese Spezifikationen klar abgegrenzt werden von solchen, die sich auf die wesentliche Anforderungen beziehen. Eine harmonisierte Norm muss nicht notwendigerweise alle wesentlichen Anforderungen abdecken, doch muss stets eindeutig erkennbar sein, welche Anforderungen sie abdecken soll[164], da Hersteller, die

163 Dennoch muss die Kommission auf der Grundlage der Verordnung (EU) Nr. 1025/2012 überprüfen und bewerten, ob die Bedingungen des Auftrags erfüllt sind, um das ordnungsgemäße Funktionieren des Binnenmarktes sicherzustellen (siehe Abschnitt 4.1.2.4).

164 In Wirklichkeit können die europäischen Normungsorganisationen nur die Absicht bekunden, bestimmte Anforderungen abzudecken, und diese Absicht wird als weiterhin vorhanden (oder

eine im Amtsblatt der EU genannte harmonisierte Norm einhalten, ansonsten nicht wissen, bei welchen Anforderungen die Konformitätsvermutung gilt, und die Behörden nicht wissen, bei welchen wesentlichen Anforderungen sie von der Konformitätsvermutung ausgehen müssen.

Die abzudeckenden wesentlichen oder sonstigen rechtlichen Anforderungen werden üblicherweise in einem gesonderten Informationsanhang[165] einer harmonisierten Norm angegeben. Werden wesentliche Anforderungen nur teilweise abgedeckt, so sollte in der Norm deutlich darauf hingewiesen werden. In manchen Fällen weist auch der Geltungsbereich einer harmonisierten Norm mit ausreichender Klarheit auf die einschlägigen Anforderungen hin (wenn es beispielsweise eindeutige Verweise auf die abgedeckten Sicherheitsrisiken gibt). Diese in einer harmonisierten Norm enthaltenen Informationen zur „beabsichtigten Abdeckung wesentlicher und sonstiger Anforderungen“ bestimmt somit den Umfang der „Vermutung der Konformität mit den Rechtsvorschriften“.

Es bedarf einer klaren Unterscheidung zwischen der „Konformität mit einer Norm“ und der „Konformitätsvermutung (bei der Anwendung einer harmonisierten Norm)“. Die „Konformität mit einer Norm“ verweist üblicherweise auf eine Situation, in der eine Norm „vollständig angewendet“ wird. Dies ist zum Beispiel bei einer freiwilligen Zertifizierung nach einer Norm der Fall. Zum Zweck einer „Konformitätsvermutung“ genügt es, nur diejenigen Anforderungen anzuwenden, die sich auf die abzudeckenden wesentlichen oder sonstigen rechtlichen Anforderungen beziehen.

Auf keinen Fall ist es so, dass die harmonisierten Normen an die Stelle rechtsverbindlicher wesentlicher Anforderungen treten können. Eine Spezifikation in einer harmonisierten Norm stellt keine Alternative zu einer einschlägigen wesentlichen oder sonstigen rechtlichen Anforderung dar, sondern nur ein technisches Mittel zu ihrer Einhaltung. Bei risikobezogenen Harmonisierungsrechtsvorschriften bedeutet dies insbesondere, dass der Hersteller auch dann, wenn er harmonisierte Normen anwendet, die alleinige Verantwortung für die Beurteilung aller mit seinem Produkt verbundenen Risiken trägt und daher bestimmen muss, welche der wesentlichen (oder sonstigen) Anforderungen von ihm einzuhalten sind. Nach dieser Beurteilung kann sich der Hersteller für die Anwendung von Spezifikationen aus harmonisierten Normen entscheiden, um

zurückgenommen) angesehen, sobald ein Titel im Amtsblatt der EU veröffentlicht (oder aufgehoben) wird (siehe die Abschnitte 4.1.2.4 und 4.1.2.5).

165 Die europäischen Normungsorganisationen bezeichnen diesen Anhang üblicherweise als „Anhang ZA, ZB oder ZZ“ usw.

„Maßnahmen zur Risikominderung"[166] umzusetzen, die in den harmonisierten Normen festgelegt sind. Ungeachtet der Tatsache, dass bei den risikobezogenen Harmonisierungsrechtsvorschriften in den harmonisierten Normen in den meisten Fällen bestimmte Mittel zur Begrenzung oder Beseitigung von Risiken festgelegt sind, tragen die Hersteller die alleinige Verantwortung für die Risikobeurteilung, was von ihnen verlangt, die jeweiligen Risiken zu erkennen, festzustellen, welche der wesentlichen Anforderungen zu erfüllen sind und dementsprechend die harmonisierten Normen oder andere Spezifikationen auszuwählen, die für den konkreten Fall anwendbar sind.

Die Funktion harmonisierter Normen bei der Einhaltung der vom Hersteller ermittelten, anwendbaren wesentlichen Anforderungen – ein allgemeines Schema jener Fälle, in denen der Hersteller ermitteln muss, welche wesentlichen Anforderungen anwendbar sind:

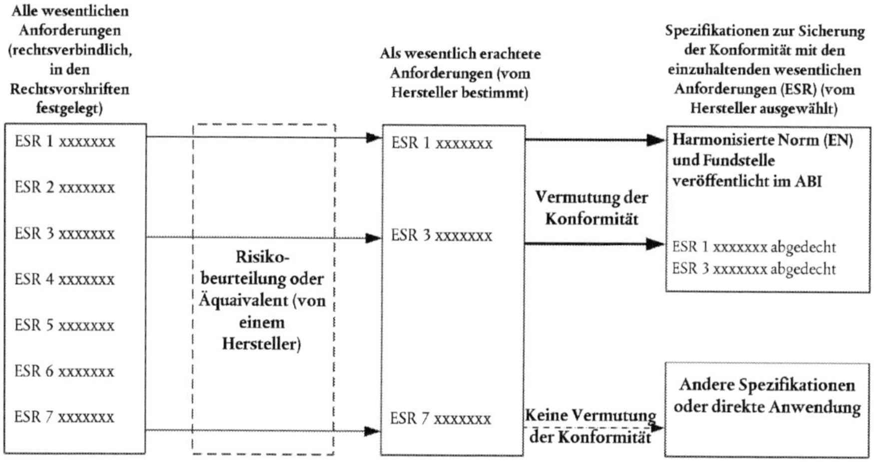

Wenn in harmonisierten Normen die wesentlichen Anforderungen, die abgedeckt werden sollen, nicht in ausreichender Klarheit aufgeführt sind, büßen sie ihre Nützlichkeit für die Hersteller ein, da bei der Rechtssicherheit hinsichtlich des tatsächlichen „Umfangs der Konformitätsvermutung" mit Abstrichen gerechnet werden muss. Eine unklare oder falsche Darstellung der wesentlichen Anforderungen, die abgedeckt werden sollen, kann in bestimmten Fällen zur Erhebung formeller Einwände gegen harmonisierte Normen führen (siehe

166 In diesem Zusammenhang ist der Begriff so zu verstehen, wie er im ISO/IEC Guide 51, „Sicherheitsaspekte – Leitfaden für deren Aufnahme in Normen" definiert wird, einem allgemeinen Leitfaden für die Entwicklung von Normen über Sicherheitsaspekte.

Abschnitt 4.1.2.5). Wenn eine harmonisierte Norm nur einen Teil der vom Hersteller als anwendbar festgestellten, wesentlichen Anforderungen oder nur bestimmte Aspekte davon abdeckt, muss er üblicherweise andere einschlägige technische Spezifikationen verwenden oder Lösungen im Einklang mit dem allgemeinen Stand der Technik oder Wissenschaft, der in der Literatur niedergelegt ist, entwickeln, um die wesentlichen Anforderungen der betreffenden Rechtsvorschriften zu erfüllen. Ähnlich ist es, wenn ein Hersteller beschließt, nicht alle Bestimmungen einer harmonisierten Norm anzuwenden, die normalerweise eine Konformitätsvermutung begründen würde. In diesem Fall muss er auf der Grundlage seiner Risikobewertung in seinen technischen Unterlagen angeben, wie Konformität gesichert wird oder dass einschlägige wesentliche Anforderungen auf sein Produkt nicht anwendbar seien.

Gelegentlich können Normen Fehler enthalten oder unterschiedliche Lesarten zulassen. Stellt ein Hersteller einen solchen Fehler oder eine solche Ungenauigkeit fest, sollte er zuerst mit den nationalen Normungsorganisationen in Kontakt treten und Klärung erbitten.

4.1.2.3. Verfahren zur Festlegung von die Konformitätsvermutung begründenden harmonisierten Normen

Das allgemeine Verfahren zur Festlegung von die Konformitätsvermutung begründenden harmonisierten Normen ist in Fließdiagramm 1 beschrieben.

Bevor mit der Vorbereitung eines Auftrags zur Ausarbeitung von harmonisierten Normen begonnen wird, müssen Harmonisierungsrechtsvorschriften der Union vorliegen oder in Vorbereitung sein[167], in denen harmonisierte Normen als Mittel zur Einhaltung der wesentlichen oder sonstigen Anforderungen vorgesehen sind, d. h., der Gesetzgeber hat seine politische Zustimmung zur Erarbeitung und Veröffentlichung von harmonisierten Normen innerhalb des Rechtsrahmens der Verordnung (EU) Nr. 1025/2012 bereits gegeben.

1. <u>Planung des Normungsauftrags der Kommission:</u> Die Kommission veröffentlicht ihre Pläne zu künftigen Normungsaufträgen im jährlichen Arbeitsprogramm der Union für europäische Normung gemäß Artikel 8 der Verordnung (EU) Nr. 1025/2012. In diesem Arbeitsprogramm wird auch der Normungsbedarf im Rahmen künftiger Rechtsvorschriften bestimmt.

167 Die Vorbereitung eines Auftrags kann parallel zum Rechtsetzungsprozess stattfinden. Zum Zeitpunkt der Erteilung eines Auftrags an die europäischen Normungsorganisationen muss jedoch Gewissheit hinsichtlich der rechtlichen Anforderungen bestehen, die durch harmonisierte Normen unterstützt werden sollen.

2. Vorbereitung eines Normungsauftrags: Die Kommission bereitet gemäß Artikel 10 Absatz 1 der Verordnung (EU) Nr. 1025/2012 einen Auftragsentwurf vor und konsultiert dabei gemäß Artikel 10 Absatz 2 und Artikel 12 der Verordnung (EU) Nr. 1025/2012 europäische Normungsorganisationen, Experten des jeweiligen Sektors in den Mitgliedstaaten und einschlägige Interessenträger auf EU-Ebene.
3. Annahme und Bekanntgabe eines Normungsauftrags: Die Kommission erteilt einen Auftrag in Form eines an die europäische(n) Normungsorganisation(en) gerichteten Durchführungsbeschlusses nach Konsultation der Mitgliedstaaten nach dem Verfahren des Artikels 22 Absatz 3 der Verordnung (EU) Nr. 1025/2012. Der Auftrag wird daraufhin den zuständigen europäischen Normungsorganisationen mitgeteilt.
4. Annahme eines Normungsauftrags: Die zuständige europäische Normungsorganisation teilt die Annahme des Auftrags[168] innerhalb der in Artikel 10 Absatz 3 der Verordnung (EU) Nr. 1025/2012 festgelegten Frist mit. Die nationalen Normungsorganisationen sind laut Artikel 3 Absatz 6 der Verordnung (EU) Nr. 1025/2012 zur Einhaltung von Stillhaltefristen verpflichtet. Die zuständige europäische Normungsorganisation kann auf der Grundlage von Kapitel V der Verordnung (EU) Nr. 1025/2012 Finanzhilfen der Gemeinschaft beantragen (maßnahmenbezogene Beihilfe). Die Kommission informiert die zuständige europäische Normungsorganisation innerhalb der in Artikel 10 Absatz 4 der Verordnung (EU) Nr. 1025/2012 festgelegten Frist über die Gewährung einer Finanzhilfe.
5. Gestaltung und Vereinbarung eines Arbeitsprogramms: Die zuständige(n) europäische(n) Normungsorganisation(en) erstellt(en) einen (gemeinsamen) Arbeitsplan entsprechend dem jeweiligen Auftrag und legt(legen) ihn der Kommission vor. Gegebenenfalls kann die Kommission Prioritäten der Normungsarbeit benennen.
6. Erarbeitung eines Normenentwurfs: Der zuständige technische Ausschuss einer europäischen Normungsorganisation[169] erarbeitet den Entwurf einer europäischen Norm. Die europäischen Normungsorganisationen befolgen die von der Welthandelsorganisation (WHO) anerkannten Grundsätze im Bereich der Normung (Kohärenz, Transparenz, Offenheit, Konsens, Freiwilligkeit der Anwendung und Effizienz). Darüber hinaus werden in den Artikeln 3 bis 5 der Verordnung (EU) Nr. 1025/2012 Anforderungen hinsichtlich

168 Dies gilt unbeschadet ihres Rechts, einen Auftrag abzulehnen.

169 Die europäische Normungsorganisation kann auch mit anderen Gremien zusammenarbeiten, die für die Erarbeitung des Entwurfs zuständig sind.

der Beteiligung der Interessenträger sowie hinsichtlich der Transparenz von Arbeitsprogrammen und Normentwürfen direkt angesprochen. Der angenommene Auftrag stellt eines der Referenzdokumente dar, die der verantwortliche technische Ausschuss beim Erstellen der Norm befolgen muss. Gemäß Artikel 10 Absatz 5 der Verordnung (EU) Nr. 1025/2012 muss die zuständige europäische Normungsorganisation die Kommission über die erfolgten Tätigkeiten informieren (Berichterstattung) und sie muss gemeinsam mit der federführenden Kommission die geeigneten Mittel[170] einführen, um die Übereinstimmung der Normentwürfe mit dem ursprünglichen Auftrag beurteilen zu können.

7. Öffentliche Anhörung: Europäische Normungsorganisationen organisieren gemeinsam mit nationalen Normungsorganisationen eine öffentliche Anhörung, bei der alle Interessenträger über die nationalen Normungsorganisationen Stellungnahmen einreichen können. In Artikel 4 Absatz 3 der Verordnung (EU) Nr. 1025/2012 findet sich eine Vorgehensweise für Fälle, in denen eine nationale Normungsorganisation Stellungnahmen mit Hinweisen auf mögliche negative Auswirkungen auf den Binnenmarkt erhält.
8. Berücksichtigung der eingegangenen Stellungnahmen: Der zuständige technische Ausschuss prüft die im Verlauf der öffentlichen Anhörung eingegangenen Stellungnahmen und erstellt den endgültigen Entwurf einer europäischen Norm.
9. Förmliche Abstimmung: Die nationalen Normungsorganisationen halten eine förmliche Abstimmung über den endgültigen Entwurf ab, wobei sie über gewogene Stimmen verfügen. Der endgültige Entwurf gilt als angenommen, wenn mit einfacher Mehrheit der abgegebenen Stimmen dafür gestimmt wird und mindestens 71 % der abgegebenen gewogenen Stimmen (Enthaltungen nicht mitgezählt) Ja-Stimmen sind.
10. Ratifikation und Veröffentlichung einer europäischen Norm (EN): Bei einem positiven Abstimmungsergebnis ratifiziert und veröffentlicht die zuständige europäische Normungsorganisation die europäische Norm (EN). Da in diesem Fall die entsprechende EN der Unterstützung der Harmonisierungsrechtsvorschriften der Union dient und weil sie auf der Grundlage eines Auftrags der Kommission entworfen wurde, gilt diese EN als harmonisierte Norm im Sinne des Artikels 2 Absatz 1 Buchstabe c der Verordnung (EU) Nr. 1025/2012 – allerdings begründet sie noch keine Konformitätsvermutung.

170 In Artikel 10 Absatz 5 wird darauf hingewiesen, dass ein Konsensfindungsprozess nach den Geschäftsordnungen der europäischen Normungsorganisationen alleine keine ausreichende Garantie für die Annahme darstellt, dass die Anforderungen eines Auftrags erfüllt sind.

11. Übermittlung der Referenz an die Kommission: Die zuständige europäische Normungsorganisation übermittelt der Kommission automatisch die Referenz einer betreffenden harmonisierten Norm. Diese Information beinhaltet insbesondere die Referenznummer und den Titel in allen Amtssprachen der EU.

12. Prüfung der Voraussetzungen für die Veröffentlichung im Amtsblatt der Europäischen Union: Gemäß Artikel 10 Absatz 5 der Verordnung (EU) Nr. 1025/2012 muss die Kommission prüfen, ob die jeweilige harmonisierte Norm dem ursprünglichen Auftrag entspricht. Während dieser Prüfung stellt die Kommission insbesondere sicher, dass die harmonisierte Norm dem Auftrag entspricht und die wesentlichen oder sonstigen rechtlichen Anforderungen in der Norm eindeutig wiedergegeben und abgedeckt sind. Während dieser Prüfung bedarf es keiner Bewertung der technischen Inhalte, da die Kommission allgemein keine Anerkennung der technischen Inhalte durchführt und dafür auch nicht die Verantwortung übernimmt. Allerdings kann die Kommission bereits auf dieser Stufe die Angemessenheit der in einer harmonisierten Norm enthaltenen technischen Spezifikationen hinsichtlich der Übereinstimmung mit den wesentlichen Anforderungen beurteilen, wobei diese Beurteilung zur Nichtveröffentlichung der Referenz im Amtsblatt führen kann.

13. Veröffentlichung der Referenz im Amtsblatt der Europäischen Union: Gemäß Artikel 10 Absatz 6 der Verordnung (EU) Nr. 1025/2012 veröffentlicht die Kommission die Referenz einer harmonisierten Norm im Amtsblatt der Europäischen Union. Die Veröffentlichung im Amtsblatt begründet endgültig die Vermutung der Konformität mit wesentlichen oder sonstigen rechtlichen Anforderungen, die von der jeweiligen harmonisierten Norm abgedeckt werden. Eine Konformitätsvermutung gilt üblicherweise ab dem Tag der Veröffentlichung im Amtsblatt und kann in den meisten Fällen (vgl. Absatz 4.1.2.5) durch einen formellen Einwand oder bei Veröffentlichung der Referenz einer überarbeiteten Fassung der harmonisierten Norm im Amtsblatt zurückgenommen werden.

14. Nationale Umsetzung: Die nationalen Normungsorganisationen sind verpflichtet, die entsprechende europäische Norm[171] als identische nationale

171 Die Umsetzung der Norm erfolgt nach den Regeln der europäischen Normungsorganisationen. Sie erfolgt normalerweise vor der Veröffentlichung der Referenz der harmonisierten Norm im Amtsblatt der EU. Die nationale Umsetzung ist jedoch keine Voraussetzung für die Konformitätsvermutung. In der Praxis sind harmonisierte Normen in der Regel als auf nationaler Ebene umgesetzte Normen verfügbar, während die Liste der im Amtsblatt der EU veröffentlichten

Norm auf der Grundlage der Geschäftsordnung der europäischen Normungsorganisationen umzusetzen. Laut Artikel 3 Absatz 6 der Verordnung (EU) Nr. 1025/2012 sind sie ferner verpflichtet, alle im Widerspruch zu einer harmonisierten Norm stehenden nationalen Normen zurückzunehmen.

15. Formelle Einwände: Gemäß Artikel 11 der Verordnung (EU) Nr. 1025/2012[172] kann ein Mitgliedstaat oder das Europäische Parlament gegen die Veröffentlichung der Referenz einer harmonisierten Norm im Amtsblatt Einwände erheben. Hierzu ersucht ein Mitgliedstaat oder das Europäische Parlament die Kommission, den Entwurf einer Entscheidung der Kommission zu erstellen, mit dem eine Konformitätsvermutung verhindert oder beseitigt wird. Ein formeller Einwand kann erhoben werden, sobald die Norm gemäß den Vorschriften der zuständigen Organisation angenommen und ratifiziert (im Falle von CEN und Cenelec) oder angenommen (im Falle von ETSI) worden ist.

Normen und die einschlägigen Harmonisierungsrechtsvorschriften der Union sich direkt auf die ursprünglichen europäischen Normen beziehen.

172 Nach Artikel 28 der Verordnung (EU) Nr. 1025/2012 sind Artikel über formelle Einwände in einigen sektoralen Rechtsvorschriften noch einige Zeit gültig.

Ablaufdiagramm 1

Verfahren zur Festlegung von die Konformitätsvermutung begründenden harmonisierten Normen

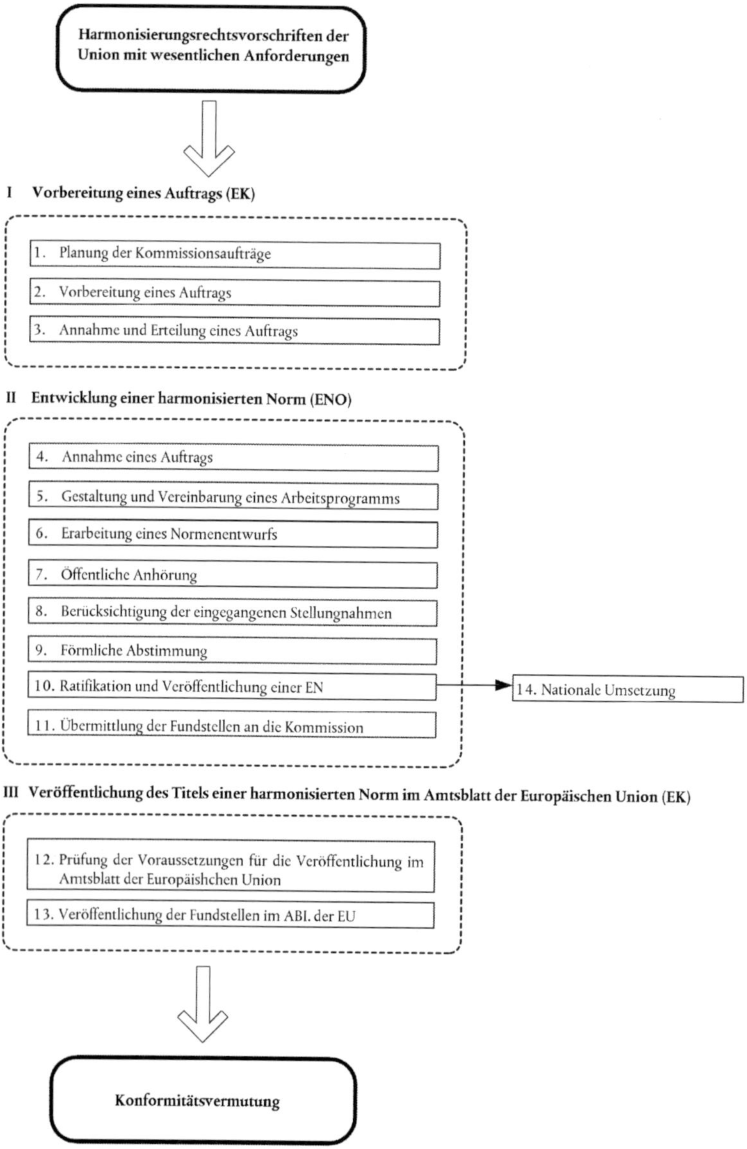

4.1.2.4. Die Konformitätsvermutung

Harmonisierte Normen begründen eine Vermutung der Konformität mit den wesentlichen Anforderungen, die sie abdecken, wenn ihre Referenzen im Amtsblatt der Europäischen Union veröffentlicht worden sind. Die Referenzen der harmonisierten Normen werden als Mitteilungen der Kommission in der Reihe C des Amtsblatts der Europäischen Union veröffentlicht.[173]

Europäische Normen einschließlich der harmonisierten Normen beruhen oftmals gänzlich oder teilweise auf internationalen ISO- oder IEC-Normen. Gelegentlich ist eine Konformitätsvermutung allerdings nur mit der europäischen Fassung möglich, weil diese in bestimmten Punkten abgeändert wurde.

Die Veröffentlichung der Referenz im Amtsblatt hat zum Ziel, das Datum festzusetzen, ab dem die Konformitätsvermutung wirksam wird. Die Veröffentlichung der Referenz harmonisierter Normen stellt einen Verwaltungsakt dar, der ohne weitere Konsultation der Mitgliedstaaten oder der einschlägigen sektoralen Ausschüsse durchgeführt wird. Damit ist das Endziel der in Auftrag gegebenen harmonisierten Norm erreicht, zugleich handelt es sich um den Endpunkt des Verfahrens, das mit der Erteilung des entsprechenden Auftrags der Kommission begann. Bevor die Kommission die Referenz veröffentlicht, muss sie allerdings zusammen mit den europäischen Normungsorganisationen gemäß Artikel 10 Absatz 5 der Verordnung (EU) Nr. 1025/2012 beurteilen, ob die Bedingungen des gegebenen Auftrags erfüllt sind und die harmonisierte Norm die wesentlichen oder sonstigen Anforderungen, die sie abdecken soll[174], tatsächlich abdeckt.

Die Veröffentlichung der Referenz ist kein automatischer Vorgang, da die Kommission zuvor bestimmte Prüfungen und Bewertungen vornehmen muss. Die Kommission kann die Veröffentlichung der Referenz ablehnen oder in manchen Fällen bestimmte Einschränkungen festlegen, die zusammen mit der Referenz veröffentlicht werden.

In Fällen, in den das Verfahren des formellen Einwands bereits in die Wege geleitet wurde, bestehen im Sinne von Artikel 11 Absatz 1 der Verordnung (EU) Nr. 1025/2012 Zweifel, ob eine harmonisierte Norm den Anforderungen, die sie abdecken soll, voll genügt. Aufgrund dieser Zweifel kann die Kommission die

173 Ein Internetdienst, der Zugang zu den neuesten Verzeichnissen harmonisierter Normen und anderer europäischer Normen bietet, die im Amtsblatt der Europäischen Union veröffentlicht wurden, ist verfügbar unter: http://ec.europa.eu/growth/single-market/european-standards/harmonised-standards/index_en.htm

174 Diese sind üblicherweise in einem gesonderten Informationsanhang einer harmonisierten Norm enthalten.

Referenz gemäß Artikel 10 Absatz 6 der Verordnung (EU) Nr. 1025/2012 nicht veröffentlichen, sodass ein Durchführungsbeschluss der Kommission nach Maßgabe von Artikel 11 Absatz 1 erforderlich wird.

Aber auch in anderen Fällen kann es vorkommen, dass die Referenz nicht veröffentlicht wird. So kann aus der Prüfung gemäß Artikel 10 Absatz 5 hervorgehen, dass die Aufgabenstellung des erteilten Auftrags nicht ordnungsgemäß erfüllt wurde oder die Norm offensichtliche Fehler enthält. In diesen Fällen sind die Voraussetzungen für die Einleitung des Einwandverfahrens nach Artikel 11[175] der Verordnung (EU) Nr. 1025/2012 in der Regel nicht gegeben.

Hier einige Beispiele für sonstige Gründe für die Nichtveröffentlichung: Die Norm ist von dem entsprechenden Auftrag nicht abgedeckt; die von der Norm abgedeckten Produkte liegen nicht im Anwendungsbereich der entsprechenden Harmonisierungsrechtsvorschriften der Union; in der Norm fehlen Angaben dazu, welche rechtlichen (wesentlichen) Anforderungen sie abdeckt[176]; die Norm deckt nicht die rechtlichen (wesentlichen) Anforderungen ab, die sie abdecken soll; die Norm enthält Spezifikationen, die den wesentlichen Anforderungen nicht entsprechen und die nicht eindeutig von den Spezifikationen getrennt sind, die den wesentlichen Anforderungen entsprechen; die Norm deckt andere rechtliche Anforderungen ab als die im Auftrag genannten Anforderungen; die Norm enthält normative Verweise auf andere Spezifikationen, die wegen ihres Ursprungs oder des Fehlens eines angemessenen Konsensbildungsprozesses während ihrer Annahme nicht akzeptiert werden können, oder die normativen Verweise sind noch nicht zugänglich; andere Gründe wegen der Nichtbefolgung der Geschäftsordnung der europäischen Normungsorganisationen oder Missachtung der Anforderungen der Verordnung (EU) Nr. 1025/2012 im Verlauf der Erarbeitung einer einschlägigen harmonisierten Norm.

In diesen Fällen gewährleistet die Kommission durch die Nichtveröffentlichung eine korrekte Anwendung der einschlägigen Harmonisierungsrechtsvorschriften der Union und ein kohärentes und einwandfreies Funktionieren des Binnenmarktes. Hier kann die Kommission die zuständigen europäischen Normungsorganisationen lediglich ersuchen, die entsprechenden Normen unter Zugrundelegung der vereinbarten Anforderungen aus dem entsprechenden Auftrag und sonstiger anerkannter und vereinbarter Grundsätze, nach denen

175 In manchen Fällen kann es sein, dass eine sektorale Rechtsvorschrift noch einen Artikel über Einwände enthält. In diesen Fällen gilt Artikel 11 der Verordnung (EU) Nr. 1025/2012 nicht – siehe Artikel 28 zweiter Absatz der Verordnung (EU) Nr. 1025/2012.

176 Eine Konformitätsvermutung wäre bedeutungslos, wenn die abgedeckten wesentlichen Anforderungen unbekannt wären.

sich die Arbeit dieser Organisationen auszurichten hat, zu korrigieren. In einigen Fällen kann die Kommission erwägen, die Veröffentlichung der Referenz mit einer Einschränkung zu versehen, wobei zu bedenken ist, dass es bei diesen Einschränkungen keine Überschneidungen geben darf mit Gründen, die zur Einleitung des Verfahrens des formellen Einwands Anlass geben. Die Begründung der Nichtveröffentlichung ergibt sich aus dem einschlägigen Auftrag, doch kann die Kommission die Veröffentlichung auch ablehnen, um das ordnungsgemäße Funktionieren des Binnenmarktes sicherzustellen.

Die Anwendung der im Amtsblatt der Europäischen Union angeführten harmonisierten Normen, die eine Konformitätsvermutung begründen, ist freiwillig[177]. Der Hersteller entscheidet, ob er auf harmonisierte Normen Bezug nehmen will. Falls sich der Hersteller jedoch dafür entscheidet, harmonisierte Normen anzuwenden, muss er unter Verwendung weiterer Mittel seiner Wahl (z. B. mithilfe bestehender technischer Spezifikationen einschließlich aller anderen verfügbaren Normen) nachweisen, dass seine Produkte die wesentlichen Anforderungen erfüllen. Wendet der Hersteller nur einen Teil der harmonisierten Norm an oder deckt die entsprechende harmonisierte Norm nicht alle einzuhaltenden wesentlichen Anforderungen voll ab, so besteht die Konformitätsvermutung nur in dem Ausmaß, in dem die harmonisierte Norm den wesentlichen Anforderungen entspricht. Aus diesem Grund müssen harmonisierte Normen stets eindeutige und korrekte Informationen über die rechtlichen (wesentlichen) Anforderungen enthalten, die sie abdecken.

Die Einhaltung harmonisierter Normen stellt nach bestimmten Harmonisierungsrechtsakten der Union eine Option dar, die von Bedeutung für die anwendbaren Konformitätsbewertungsverfahren ist und gelegentlich die Möglichkeit der Konformitätsbewertung ohne Beteiligung Dritter bietet oder eine größere Auswahl an Verfahren eröffnet[178].

177 Gemäß der Richtlinie 1999/5/EG über Telekommunikationsendeinrichtungen können harmonisierte Normen in gemeinsame technische Vorschriften umgewandelt werden, deren Einhaltung vorgeschrieben ist. Nach der Verordnung (EG) Nr. 552/2004 über die Interoperabilität des europäischen Flugverkehrsmanagementnetzes müssen gemeinschaftliche Spezifikationen angewendet werden.

178 Vgl. die Richtlinien über einfache Druckbehälter, Spielzeug, elektromagnetische Verträglichkeit, Funkanlagen und Telekommunikationsendeinrichtungen, Maschinen, Aufzüge und Sportboote. Das Fehlen von harmonisierten Normen kann zur Anwendung eines besonderen Verfahrens führen, vgl. etwa die Richtlinie über Druckgeräte (die europäische Werkstoffzulassung kann für Werkstoffe erteilt werden, die nicht in einer harmonisierten Norm geregelt werden und die für eine wiederholte Verwendung zur Herstellung von Druckgeräten bestimmt sind).

4.1.2.5. Rücknahme, Einschränkung oder Verhinderung der Konformitätsvermutung

Die Verordnung (EU) Nr. 1025/2012 enthält eine Bestimmung, der zufolge die Veröffentlichung von harmonisierten Normen im Amtsblatt der Europäischen Union angefochten werden kann.[179] Dies kann im Vorfeld der Veröffentlichung der Referenz einer harmonisierten Norm im Amtsblatt der Europäischen Union vorkommen oder im Fall einer harmonisierten Norm, deren Referenz bereits im Amtsblatt der Europäischen Union veröffentlicht wurde.

Ist in beiden Fällen ein Mitgliedstaat oder das Europäische Parlament[180] der Auffassung, dass eine harmonisierte Norm den Anforderungen nicht voll entspricht, die sie abdecken soll und die in den einschlägigen Harmonisierungsrechtsvorschriften der Union enthalten sind, so ist die Kommission hiervon in Kenntnis zu setzen. Nach Konsultation der Mitgliedstaaten[181] kann die Kommission einen Durchführungsbeschluss dahin gehend annehmen,

- die Referenz der betreffenden harmonisierten Norm im Amtsblatt der Europäischen Union zu veröffentlichen, nicht oder nur mit Einschränkungen zu veröffentlichen oder
- die Referenz der betreffenden harmonisierten Norm im Amtsblatt der Europäischen Union zu belassen, mit Einschränkung zu belassen oder zu streichen.

Auf jeden Fall muss die Kommission auf ihrer Website[182] Informationen über die von Durchführungsbeschlüssen betroffenen harmonisierten Normen veröffentlichen.

Als Teil ihrer Zuständigkeiten und Pflichten gemäß der Verordnung (EU) Nr. 1025/2012 und der einschlägigen sektoralen Rechtsvorschriften kann die Kommission auch von sich aus Durchführungsbeschlüsse erarbeiten und vorschlagen, um Einwände gegen harmonisierte Normen vorzubringen. Ergreift ein

179 Artikel 11 der Verordnung (EU) Nr. 1025/2012 tritt schrittweise in Kraft, nachdem in sektoralen Rechtsvorschriften enthaltene Artikel über Einwände entfallen. Allerdings kann es sein, dass Harmonisierungsrechtsvorschriften der Union noch immer spezifische Verfahren vorsehen, etwa die Richtlinie über Funkanlagen und Telekommunikationsendeinrichtungen, die der Kommission die Möglichkeit einräumt, bei Mängeln der harmonisierten Normen im Amtsblatt Leitlinien für die Auslegung der harmonisierten Normen oder die Bedingungen zu veröffentlichen, unter denen die Konformität begründet ist.

180 Das Europäische Parlament kann diesen Einwand in Fällen erheben, in denen Artikel 11 der Verordnung (EU) Nr. 1025/2012 gilt.

181 Nach Art. 11 Absatz 1 sowie Absatz 4 und 5 der Verordnung (EU) Nr. 1025/2012.

182 http://ec.europa.eu/growth/single-market/european-standards/notification-system/index_en.htm

Mitgliedstaat Maßnahmen im Rahmen der Schutzklausel[183] gegen ein Produkt, bei dem Konformität mit einer harmonisierten Norm besteht, und wird diese Schutzmaßnahme als gerechtfertigt angesehen, so ist die Kommission ebenfalls verpflichtet, einen Einwand gegen die entsprechende harmonisierte Norm vorzubringen.

Das Verfahren zur Anfechtung einer harmonisierten Norm und sein Ausgang haben keinen Einfluss auf ihren Fortbestand als harmonisierte Norm oder als europäische Norm, da nur europäische Normungsorganisationen Entscheidungen über die Überarbeitung oder Rücknahme ihrer Schriftstücke treffen können. Dieses Einspruchsverfahren gibt dem Gesetzgeber die Möglichkeit, kontrollierend auf die Konformitätsvermutung einzuwirken, d. h. die rechtliche Wirkung der Veröffentlichung der Referenz einer harmonisierten Norm im Amtsblatt der Europäischen Union zu steuern. Das Verfahren kann nur zur Rücknahme, Einschränkung oder Verhinderung einer solchen Veröffentlichung führen. In den beiden erstgenannten Fällen heißt das, dass die fragliche Norm keine Konformitätsvermutung mit den wesentlichen Anforderungen mehr begründet oder dass die Konformitätsvermutung eingeschränkt ist. Im letztgenannten Fall (Verhinderung) entsteht aus der Norm erst gar keine die Konformitätsvermutung begründende harmonisierte Norm.

Eine harmonisierte Norm kann nach ihrer Annahme durch CEN, Cenelec oder ETSI als europäische Norm jederzeit angefochten werden.

Darüber hinaus kann die Referenz von der Kommission ohne formelles Einwandverfahren in bestimmten Ausnahmefällen, wenn die einschlägige Ausgabe einer harmonisierten Norm von der europäischen Normungsorganisation selbst nicht mehr überarbeitet oder aktualisiert wird und die Normungsorganisation selbst sie nicht mehr als Norm ansieht, aus dem Amtsblatt der EU entfernt werden. Das betrifft z. B. folgende Fälle: Die betreffende harmonisierte Norm wurde von der zuständigen europäischen Normungsorganisation zurückgenommen, ohne dass die Absicht besteht, eine überarbeitete harmonisierte Norm anzunehmen; die nationalen Normen zur Umsetzung der harmonisierten Norm sind nicht mehr als nationale Normen verfügbar oder gültig. Das Konzept der wesentlichen Anforderungen beruht auf der Annahme, dass die harmonisierten Normen den allgemein anerkannten Stand der Technik widerspiegeln und die europäischen Normungsorganisationen Normen regelmäßig überarbeiten. Wenn offensichtlich ist, dass eine harmonisierte Norm von der zuständigen europäischen Normungsorganisation selbst nicht mehr als harmonisierte Norm anerkannt wird oder die Norm nicht mehr überarbeitet wird oder nicht mehr als

183 Zur Schutzklausel siehe Abschnitt 7.4.

nationale Norm verfügbar ist, kann ein solches Dokument in der Regel nicht mehr für die Konformitätsvermutung herangezogen werden. Der Zweck von Artikel 11 der Verordnung (EU) Nr. 1025/2012 ist es, ein Verfahren zur Verfügung zu stellen, um geltende harmonisierte Normen, nicht aber zurückgenommene harmonisierte Normen oder Entwürfe für harmonisierte Normen anzufechten, die nicht als angenommene europäische Normen im Zusammenhang mit den Definitionen in Artikel 2 der Verordnung (EU) Nr. 1025/2012 anzusehen sind.

Ein weiterer besonderer Sachverhalt, bei dessen Vorliegen die Kommission möglicherweise ohne formellen Einwand Referenzen aus dem Amtsblatt der EU entfernen muss, betrifft Fälle, in denen die Veröffentlichung im Amtsblatt der EU irrtümlich erfolgt oder wenn die Referenz eines Dokuments, das nicht als harmonisierte Norm anzusehen ist, veröffentlicht wird. Letzteres kann auch Fälle betreffen, in denen die Norm nicht von einem Normungsauftrag abgedeckt ist, oder die Norm keine wesentlichen Anforderungen erfüllt oder die Norm von der zuständigen europäischen Normungsorganisation nicht unter Einhaltung der anerkannten Normungsgrundsätze korrekt angenommen wurde.

Gemäß der Verordnung (EU) Nr. 1025/2012 ist die Kommission verpflichtet, die Interessenträger[184] über alle schwebenden formellen Einwände gegen harmonisierte Normen zu informieren, bevor formelle Entscheidungen getroffen werden.

4.1.2.6. Überarbeitung harmonisierter Normen

In harmonisierten Normen werden die wesentlichen Anforderungen in detaillierte technische Spezifikationen, Messverfahren zur Bewertung und/oder Erklärung der Konformität mit wesentlichen Anforderungen und – in einigen Fällen – Zahlenwerte zur Gewährleistung der Konformität mit wesentlichen Anforderungen umgesetzt. Wie alle technischen Dokumente unterliegen sie Änderungen oder, anders gesagt, Überarbeitungen.

Der formale Beschluss über die Überarbeitung einer harmonisierten Norm wird grundsätzlich von den europäischen Normungsorganisationen getroffen. Dies erfolgt aus eigener Veranlassung[185] oder nach einem direkten Normungsauf-

184 http://ec.europa.eu/growth/single-market/european-standards/notification-system/index_en.htm

185 Die europäischen Normungsorganisationen überarbeiten ihre Normen gemäß ihrer Geschäftsordnung – unabhängig davon, ob die Norm ursprünglich auf der Grundlage eines Normungsauftrags entwickelt wurde – in Abständen von höchstens fünf Jahren. Diese regelmäßige Überarbeitung kann zu einer Bestätigung (keine Maßnahme), einer Überarbeitung oder einer Rücknahme einer einschlägigen Norm führen.

trag der Kommission bzw. mittelbar aufgrund eines Kommissionsbeschlusses nach einem formellen Einwand. Die Notwendigkeit der Überarbeitung kann aufgrund von Änderungen im Anwendungsbereich des Harmonisierungsrechtsakts der Union entstehen (wie der Ausweitung des Anwendungsbereichs auf andere Produkte oder die Anpassung der wesentlichen Anforderungen), aufgrund der Tatsache, dass die Kommission oder ein Mitgliedstaat Einwände gegen den Inhalt der harmonisierten Norm erhebt und zu verstehen gibt, dass sie nicht mehr die Konformität mit wesentlichen Anforderungen begründen könne, oder als Ergebnis der technischen Entwicklung.

Die Überarbeitung einer harmonisierten Norm muss auf der Grundlage eines Normungsauftrags erfolgen, damit die Möglichkeit der Begründung der Konformitätsvermutung gegeben ist. Sofern nichts anderes vorliegt, gelten die Bedingungen des ursprünglichen Auftrags auch für die Überarbeitung der harmonisierten Norm. Dies schließt die Möglichkeit eines neuen Auftrags nicht aus, insbesondere wenn die Überarbeitung mit Unzulänglichkeiten hinsichtlich der wesentlichen Anforderungen zusammenhängt.

Um die Konformitätsvermutung zu begründen, muss die überarbeitete Norm den allgemeinen Bedingungen gemäß den Harmonisierungsrechtsvorschriften der Union entsprechen: Die Norm beruht auf einem Normungsauftrag, sie wird der Kommission von der zuständigen europäischen Normungsorganisation vorgelegt und ihre Referenz von der Kommission im Amtsblatt veröffentlicht.

Entsprechend ihrer Geschäftsordnung legt die zuständige europäische Normungsorganisation für die nationalen Normungsgremien den letzten Zeitpunkt für die Rücknahme der ersetzten Fassung der nationalen Norm fest – in diesem Fall der nationalen Normen zur Umsetzung der früheren Fassung der harmonisierten Norm. Der Übergangszeitraum, während dessen sowohl die zurückgezogene harmonisierte Norm als auch die überarbeitete harmonisierte Norm eine Konformitätsvermutung begründen dürfen, wird von der Kommission festgesetzt und im Amtsblatt veröffentlicht. In der Regel handelt es sich dabei um den Zeitraum zwischen dem Datum der Veröffentlichung der Referenz der neuen Fassung der Norm im Amtsblatt und dem Datum der Rücknahme der im Widerspruch stehenden nationalen Normen, d. h. der nationalen Normen zur Umsetzung der früheren Fassung der harmonisierten Norm. Die Kommission ist dafür zuständig, sicherzustellen, dass diese Übergangszeiträume ausreichend lang sind und für alle harmonisierten Normen kohärent festgesetzt werden. Nach dem Übergangszeitraum begründet nur noch die überarbeitete Norm die Konformitätsvermutung.

Die Kommission kann aus Sicherheits- oder sonstigen Gründen beschließen, dass die ersetzte Fassung der harmonisierten Norm ihre Eigenschaft zur Begründung der Konformitätsvermutung bereits vor dem von der zuständigen europäischen Normungsorganisation gesetzten Rücknahmedatum oder erst später verliert. In diesen Fällen setzt die Kommission ein früheres oder späteres Datum fest, nach dem die zurückgenommene harmonisierte Norm keine Konformitätsvermutung mehr begründet, und veröffentlicht diese Information im Amtsblatt. Falls die Umstände dies erlauben, kann die Kommission die Mitgliedstaaten konsultieren, bevor sie entscheidet, den Zeitraum, in dem beide Fassungen der Norm eine Konformitätsvermutung begründen, zu verkürzen oder zu verlängern.

Bis zum gegenteiligen Beschluss auf der Grundlage eines Vorschlags der Kommission wirkt sich die Entfernung der Referenz einer harmonisierten Norm aus dem Amtsblatt nicht negativ auf die Gültigkeit bestehender, von den notifizierten Stellen ausgestellter Bescheinigungen aus; betroffen ist nur die Konformität, die auf neue Konformitätsbewertungen übertragen wird, die der neuen harmonisierten Norm folgen. Produkte, die entsprechend der alten Bescheinigung hergestellt wurden, können weiterhin mit den wesentlichen Anforderungen konform sein und so lange in Verkehr gebracht werden, bis die Gültigkeitsdauer der jeweiligen von den notifizierten Stellen ausgestellten Bescheinigungen ausläuft. Die Hersteller müssen jedoch das Ausmaß der Änderungen gegenüber der ersetzten Fassung der Norm beurteilen. Die Art der vom Hersteller zu ergreifenden Maßnahmen ist abhängig von der Art der Änderungen der harmonisierten Normen und insbesondere davon, ob diese Änderungen in Bezug auf die Erfüllung der wesentlichen Anforderungen erheblich sind und ob sie das Produkt betreffen. Darüber hinaus hält sich die notifizierte Stelle über alle Änderungen des allgemein anerkannten Stands der Technik auf dem Laufenden; deuten diese darauf hin, dass das zugelassene Baumuster nicht mehr den anwendbaren Anforderungen entspricht, entscheidet sie, ob derartige Änderungen weitere Untersuchungen nötig machen. Ist dies der Fall, setzt die notifizierte Stelle den Hersteller davon in Kenntnis. Die Referenz der überarbeiteten harmonisierten Norm, die Informationen über die ersetzte Fassung der harmonisierten Norm und das Datum, an dem die Konformitätsvermutung der ersetzten Fassung der Norm erlischt, werden zusammen im Amtsblatt veröffentlicht. Es liegt im Interesse des Herstellers, in jeder Veröffentlichung der Liste harmonisierter Normen zu prüfen, ob die harmonisierten Normen noch gültig sind, anhand deren er die Konformität seines Produkts bewertet hat. Das ist besonders wichtig in Fällen, in denen der Hersteller selbst die Konformität erklärt (bei der internen Produktionskontrolle) und er sichergehen will, dass die Konformitätsvermutung für die in Verkehr gebrachten Produkte von Dauer ist.

Im Rahmen der Leitlinien[186], die zwischen der Kommission und den europäischen Normungsorganisationen vereinbart wurden, wird erwartet, dass alle überarbeiteten harmonisierten Normen spezifische Informationen über wesentliche Änderungen von überarbeiteten oder geänderten harmonisierten Normen enthalten sollten und diese Informationen von den Normungsorganisationen (kostenlos) öffentlich verfügbar gemacht werden sollten.

Eine harmonisierte Norm kann normative Verweise auf andere Normen enthalten. Durch diese Verweise werden die anderen Normen oder deren Teile für die Anwendung einer gegebenen harmonisierten Norm unerlässlich. Beim Erstellen dieser normativen Verweise auf andere Normen kommt die Geschäftsordnung der europäischen Normungsorganisationen zur Anwendung. Aufgrund der Natur der harmonisierten Normen sollten undatierte Verweise auf andere Normen, mit deren Festlegungen wesentliche oder sonstige rechtliche Anforderungen abgedeckt werden sollen, in der Regel nicht verwendet werden. Undatierte Verweise können dazu führen, dass Änderungen von Spezifikationen in einer harmonisierten Norm und die Begründung der Konformitätsvermutung unkontrolliert und intransparent verlaufen, d. h., es fehlt die Möglichkeit der Steuerung der Änderungen an den normativen Verweisen im Sinne von Artikel 10 Absatz 6 der Verordnung (EU) Nr. 1025/2012, obwohl diese Änderungen de facto eine Überarbeitung einer harmonisierten Norm (eines Teils davon) darstellen.

4.1.3. Konformität mit den wesentlichen Anforderungen: andere Möglichkeiten

- *Die Konformität eines Produkts kann nicht nur anhand harmonisierter Normen, sondern auch mithilfe anderer technischer Spezifikationen nachgewiesen werden.*
- *Allerdings kann im Fall anderer technischer Spezifikationen die Konformitätsvermutung nicht in Anspruch genommen werden.*

Die Anwendung harmonisierter Normen stellt nicht das einzige Mittel dar, um die Konformität eines Produkts nachzuweisen – allerdings bieten nur die harmonisierten Normen[187] nach ihrer Veröffentlichung im Amtsblatt der Euro-

186 Vademecum on European standardisation (SWD(2015) 205 final, 27.10.2015, Teil III).

187 Einige Harmonisierungsrechtsvorschriften der Union enthalten jedoch möglicherweise alternative Möglichkeiten für eine Konformitätsvermutung durch andere Spezifikationen als harmonisierte Normen, z. B. die Möglichkeit, das EU-Umweltzeichen nach der Richtlinie über umweltgerechte Gestaltung zu verwenden; im Bereich In-vitro-Diagnostika begründet die

päischen Union automatisch die Vermutung der Konformität mit den von diesen Normen abgedeckten wesentlichen Anforderungen.

Gemäß einigen Harmonisierungsrechtsakten der Union können nationale Normen – als Übergangsmaßnahme – die Konformitätsvermutung begründen, sofern keine harmonisierte Norm denselben Bereich regelt.[188] Die Mitgliedstaaten können der Kommission den Wortlaut dieser nationalen Normen, die ihrer Ansicht nach den wesentlichen Anforderungen entsprechen, vorlegen. Nach Konsultation der Mitgliedstaaten[189] teilt die Kommission den Mitgliedstaaten mit, ob die nationale Norm die Konformitätsvermutung begründen soll. Bei einem positiven Urteil obliegt es den Mitgliedstaaten, die Fundstellen dieser Normen zu veröffentlichen. Die Referenz wird auch im Amtsblatt der Europäischen Union veröffentlicht. Dieses Verfahren kam bisher nicht zur Anwendung, um der Entwicklung der europäischen Normen absoluten Vorrang einzuräumen.

Der Hersteller entscheidet, ob er harmonisierte Normen anwenden und auf sie Bezug nehmen will. Falls sich der Hersteller aber dafür entscheidet, keine harmonisierten Normen zu befolgen, ist es seine Pflicht, unter Verwendung anderer Mittel seiner Wahl, die den von den geltenden Rechtsvorschriften verlangten Umfang an Sicherheit oder Schutz anderer Interessen bieten, nachzuweisen, dass seine Produkte die wesentlichen Anforderungen erfüllen. Dabei kann es sich um technische Spezifikationen wie nationale Normen, europäische oder internationale Normen, die nicht harmonisiert, d. h. nicht im Amtsblatt der Europäischen Union veröffentlicht sind, oder um eigene Spezifikationen des Herstellers handeln. In diesen Fällen genießt der Hersteller nicht den Vorteil der Konformitätsvermutung, sondern muss die Konformität selbst nachweisen. Das bedeutet, dass er in den technischen Unterlagen zu dem betreffenden Produkt detailliert darstellt, wie die von ihm angewandten technischen Spezifikationen die Konformität mit den wesentlichen Anforderungen sicherstellen.[190]

An dieser Stelle muss betont werden, dass die Harmonisierungsrechtsvorschriften der Union für Produkte die Anwendung von harmonisierten Normen

---

Einhaltung der sogenannten „gemeinsamen technischen Spezifikationen“ die Konformitätsvermutung mit den einschlägigen wesentlichen Anforderungen. Ein weiteres Beispiel ist die Bezugnahme auf normative Dokumente der Internationalen Organisation für das gesetzliche Messwesen (OIML) in der Richtlinie 2004/22/EG über Messgeräte.

188 Vgl. etwa die Richtlinie über Gasverbrauchseinrichtungen.

189 Der Ausschuss des Mitgliedstaaten nach der Verordnung (EU) Nr. 1025/2012 sowie ggf. der sektorale Ausschuss.

190 Im Falle der Verordnung (EG) Nr. 552/2004 über die Interoperabilität des europäischen Flugverkehrsmanagementnetzes heißt die Erklärung, die der Hersteller abgibt, wenn er beschließt, sich nicht an eine harmonisierte Norm zu halten, Gebrauchstauglichkeitserklärung.

nicht generell vorschreiben. Nur die wesentlichen Anforderungen sind rechtsverbindlich, doch haben die Hersteller die Möglichkeit, Normen und technische Spezifikationen ihrer Wahl anzuwenden, auch wenn nur die harmonisierten Normen die Konformitätsvermutung begründen.

Des Weiteren kann auch in Fällen, in denen der Hersteller keine harmonisierten Normen verwendet, eine Änderung der einschlägigen harmonisierten Norm auf eine Änderung beim Stand der Technik hinweisen, was zu der Schlussfolgerung führt, dass das Produkt nicht mehr konform ist.

4.2. Anforderungen an die Rückverfolgbarkeit

- *Die Anforderungen an die Rückverfolgbarkeit ermöglichen es, dem Werdegang eines Produkts nachzugehen und die Marktaufsicht zu unterstützen. Zudem können die Marktaufsichtsbehörden die verantwortlichen Wirtschaftsakteure ausfindig machen und Nachweise für die Konformität eines Produkts mit den Rechtsvorschriften erhalten.*
- *Die Anforderungen an die Rückverfolgbarkeit betreffen die Etikettierung des Produkts und die Benennung der Wirtschaftsakteure der Vertriebskette.*

4.2.1. Warum ist Rückverfolgbarkeit wichtig?

Als Rückverfolgbarkeit wird die Fähigkeit bezeichnet, dem Werdegang eines Produkts nachzugehen.

Aus Sicht des Gesetzgebers ist Rückverfolgbarkeit wichtig, weil sie eine wirksame Durchsetzung mithilfe von Korrekturmaßnahmen seitens der Marktaufsicht – zum Beispiel durch Rücknahme und Rückruf – ermöglicht. Dadurch können unsichere oder nichtkonforme Produkte in der Vertriebskette aufgespürt und die Aufgaben und Verantwortungsbereiche der Wirtschaftsakteure der gesamten Kette ermittelt werden. Mithilfe der Rückverfolgbarkeit können die Marktaufsichtsbehörden in bestimmten Fällen Produkte bis ans Fabriktor und von der Fabrik bis zum Endbenutzer zurückverfolgen.

Aus Sicht des Herstellers ist Rückverfolgbarkeit wichtig, weil sie eine wirksame Überwachung des Produktionsprozesses und der Lieferanten vor der Vermarktung der Produkte sowie die Kontrolle der entsprechenden Vertriebskette nach dem Inverkehrbringen der Produkte ermöglicht. Bei Nichtkonformität von Produkten können die Hersteller in Abhängigkeit von der Ausgereiftheit ihres Rückverfolgungssystems die Auswirkungen von Rückrufen oder Rücknahmen mindern.

4.2.2. Bestimmungen über die Rückverfolgbarkeit

In den Harmonisierungsrechtsvorschriften der Union wird zwar vorgeschrieben, was mit der Rückverfolgbarkeit erreicht werden soll, aber nicht, wie dies zu erfolgen hat. Folglich enthalten die Harmonisierungsrechtsvorschriften der Union Anforderungen an die Rückverfolgbarkeit der auf dem Markt bereitgestellten Produkte, schreiben aber nicht vor, wie diese Anforderungen erreicht oder umgesetzt werden müssen. Darüber hinaus sind die Vorschriften technologieneutral, legen also nicht fest, welche Technologie (beispielsweise Aufdrucken oder -pressen) anzuwenden ist. Die Hersteller sollten sich für das Rückverfolgungssystem entscheiden, das ihrer Ansicht nach am geeignetsten für ihre Produkte und ihr Herstellungs- und Vertriebssystem ist.

Eine wesentliche Anforderung in Bezug auf die Rückverfolgbarkeit besteht in der Angabe des Namens und der Anschrift des Herstellers bzw. bei importierten Produkten auch des Einführers auf dem Produkt. Dadurch können die Marktaufsichtsbehörden gegebenenfalls schnell mit dem Wirtschaftsakteur in Kontakt treten, der für das Inverkehrbringen eines unsicheren oder nichtkonformen Produkts auf dem Unionsmarkt verantwortlich ist.

Es ist nicht ausdrücklich vorgeschrieben, dass den Anschriften die Formulierungen „Hergestellt von", „Importiert von" oder „Vertreten durch" voranzustellen sind. Diese Informationen dürfen allerdings weder den Endbenutzer noch die Marktaufsichtsbehörden hinsichtlich des Herstellungsortes und der Anschrift der einzelnen Wirtschaftsakteure irreführen.[191] Sind diese Formulierungen nicht vorhanden, so entscheiden die Marktüberwachungsbehörden, welche Rolle die einzelnen Wirtschaftsbeteiligten spielen. Es obliegt dann dem Wirtschaftsbeteiligten, nachzuweisen, dass ihm eine andere Rolle zukommt.

Die Formulierungen „Hergestellt von", „Importiert von" oder „Vertreten durch" brauchen nicht in die eigentlich vorgeschriebenen Sprachen übersetzt zu werden, da sie in allen EU-Amtssprachen leicht verständlich sind. Diese Formulierungen gelten als in allen EU-Amtssprachen leicht verständlich.

In der Verordnung (EG) Nr. 765/2008 über die Vorschriften für die Akkreditierung und Marktüberwachung im Zusammenhang mit der Vermarktung von Produkten und dem Beschluss Nr. 768/2008/EG über einen gemeinsamen Rechtsrahmen für die Vermarktung von Produkten sind die derzeit anzuwendenden Verfahren für die Rückverfolgung durch eine spezielle Kennzeichnung festgelegt. Die in

---

191 Zu einer solchen Irreführung könnte es z.B. kommen, wenn der Name des Händlers auf der Verpackung steht, der Name des Herstellers dagegen innen auf dem Produkt.

den Harmonisierungsrechtsvorschriften der Union wiedergegebenen Musterbestimmungen des Beschlusses Nr. 768/2008/EG schreiben Folgendes vor:

1. Die Hersteller müssen Folgendes angeben: 1) ihren Namen, 2) ihren eingetragenen Handelsnamen oder ihre eingetragene Handelsmarke[192] und 3) ihre Kontaktanschrift entweder auf dem Produkt selbst oder, wenn dies nicht möglich ist, auf der Verpackung oder in den dem Produkt beigefügten Unterlagen. In der Anschrift muss eine zentrale Stelle angegeben sein, unter der der Hersteller kontaktiert werden kann[193].
2. Die Einführer müssen drei Angaben machen: 1) ihren Namen, 2) ihren eingetragenen Handelsnamen oder ihre eingetragene Handelsmarke[194] und 3) ihre Kontaktanschrift entweder auf dem Produkt selbst oder, wenn dies nicht möglich ist, auf der Verpackung oder in den dem Produkt beigefügten Unterlagen.
3. Die Hersteller müssen gewährleisten, dass ihre Produkte eine Typen-, Chargen-, Serien- oder Modellnummer oder ein anderes Kennzeichen zu ihrer Identifikation tragen oder, falls dies aufgrund der Größe oder bestimmter Eigenschaften des Produkts nicht möglich ist, dass die erforderlichen Informationen auf der Verpackung oder in den dem Produkt beigefügten Unterlagen[195] angegeben werden, und
4. die Wirtschaftsbeteiligten müssen alle Wirtschaftsakteure benennen, von denen sie ein Produkt bezogen bzw. an die sie ein Produkt abgegeben haben[196].

4.2.2.1. Die Verpflichtung der Hersteller zur Angabe von Namen und Anschrift

Die Hersteller müssen Folgendes angeben: 1) ihren Namen, 2) ihren eingetragenen Handelsnamen oder ihre eingetragene Handelsmarke und 3) ihre Kon-

192 Eine Handelsmarke ist ein charakteristisches Zeichen oder Kennzeichen, das von einer Einzelperson, einer Gesellschaft oder einer anderen juristischen Person verwendet wird, um anzuzeigen, dass die Produkte oder Dienstleistungen für Verbraucher, die mit der Handelsmarke gekennzeichnet wurden, eine bestimmte Herkunft haben, und um die betroffenen Produkte oder Dienstleistungen von denen anderer juristischer Personen zu unterscheiden. Handelsmarken zählen zu den Rechten des geistigen Eigentums und bestehen typischerweise aus einem Namen, einem Wort, einer Redewendung, einem Logo, einem Symbol, einer bestimmten Gestaltungsart, einem Bild oder einer Kombination dieser Elemente.

193 Siehe Anhang I Artikel R2 Absatz 6 des Beschlusses Nr. 768/2008/EG.

194 Siehe Anhang I Artikel R4 Absatz 3 des Beschlusses Nr. 768/2008/EG.

195 Siehe Anhang I Artikel R2 Absatz 5 des Beschlusses Nr. 768/2008/EG.

196 Anhang I Artikel R7 des Beschlusses Nr. 768/2008/EG.

taktanschrift entweder auf dem Produkt selbst oder, wenn dies nicht möglich ist, auf der Verpackung oder in den dem Produkt beigefügten Unterlagen.

In der Regel sind Name und Anschrift auf dem Produkt anzubringen. Wenn diese generelle Regel nicht befolgt werden kann, dürfen sie jedoch ausnahmsweise an anderer Stelle als auf dem Produkt angebracht werden. Gerechtfertigt ist diese Vorgehensweise beispielsweise, wenn die Anbringung auf dem Produkt unter zumutbaren technischen oder wirtschaftlichen Bedingungen – ausgenommen ästhetische Gründe – nicht möglich ist. Die entsprechende Einstufung ist vom Hersteller vorzunehmen. Die entsprechende Einstufung ist vom Hersteller je nach Größe oder Eigenschaft des Produkts vorzunehmen[197]. Einige Produkte, wie beispielsweise Hörgeräte, Sensoren o.Ä., sind zu klein, als dass diese Angaben auf ihnen angebracht werden könnten. In diesen Fällen gilt als Rangfolge, dass die Angaben zunächst möglichst auf der Verpackung angebracht werden sollten, als zweite Möglichkeit auf einem Begleitdokument, außer wenn die einschlägigen Harmonisierungsrechtsvorschriften der Union vorschreiben, dass sie sowohl auf der Verpackung anzubringen als auch in den Begleitunterlagen anzugeben sind.

Diese Verpflichtung muss der Hersteller ungeachtet des Ortes, an dem er (in der EU oder einem Drittland) ansässig ist, einhalten. Dies bedeutet, dass auf ohne Verpackung oder Begleitunterlagen verkauften Produkten Name und Anschrift des Herstellers auf dem Produkt selbst angebracht sein müssen.

In der Anschrift muss eine zentrale Stelle angegeben sein, unter der der Hersteller kontaktiert werden kann, insbesondere von den Marktüberwachungsbehörden. Der Hersteller ist rechtlich verpflichtet, auf dem Produkt eine solche zentrale Stelle anzugeben. Je Produkt ist nur eine zentrale Stelle zulässig. Dies ist nicht notwendigerweise die Anschrift, an der der Hersteller tatsächlich seinen Sitz hat. Dies kann beispielsweise die Anschrift eines Bevollmächtigten oder des Kundendienstes sein.

Es ist nicht erforderlich, dass in jedem Mitgliedstaat, in dem das Produkt bereitgestellt wird, eine zentrale Stelle eingerichtet ist. Der Hersteller kann weitere Anschriften[198] angeben, sofern klar ist, welche davon die zentrale Stelle ist. Diese ist dann auf dem Produkt/in den Unterlagen als „zentrale Stelle" anzugeben. Die Anschrift oder das Land müssen nicht unbedingt in die Sprache des Mitgliedstaats, in dem das Produkt auf dem Markt bereitgestellt wird,

197 Siehe Erwägungsgrund 25 der Entscheidung Nr. 768/2008/EG.

198 Z.B. eine Anschrift, die als Informationsstelle für Verbraucher und andere Nutzer in dem Mitgliedstaat dient, in dem das Produkt bereitgestellt wird.

übersetzt werden; allerdings müssen die Schriftzeichen der benutzten Sprache es ermöglichen, die Herkunft und den Namen des Unternehmens festzustellen.

Eine Webseite gilt als zusätzliche Angabe, reicht als Anschrift jedoch nicht aus. Normalerweise besteht eine Anschrift aus Straße und Hausnummer oder Postfach und Nummer sowie der Postleitzahl und dem Ort; dies ist jedoch nicht in allen Ländern der Fall.

4.2.2.2. Die Pflicht der Einführer zur Angabe von Namen und Anschrift

Die Einführer müssen ebenfalls Folgendes angeben: 1) ihren Namen, 2) ihren eingetragenen Handelsnamen oder ihre eingetragene Handelsmarke und 3) ihre Kontaktanschrift entweder auf dem Produkt selbst oder, wenn dies nicht möglich ist, auf der Verpackung oder in den dem Produkt beigefügten Unterlagen. Es handelt sich um eine Anschrift, unter der der Einführer kontaktiert werden kann, insbesondere von den Marktüberwachungsbehörden. Dies ist nicht notwendigerweise die Anschrift, an der der Einführer tatsächlich seinen Sitz hat, es kann sich jedoch beispielsweise um die des Kundendienstes handeln.

In der Regel sind die Angaben und die Anschrift des Einführers auf dem Produkt anzubringen. Nur wenn dies nicht möglich ist, sollen die Bezeichnung und die Anschrift des Einführers auf der Verpackung oder in den dem Spielzeug beigefügten Unterlagen angegeben werden. Dies gilt etwa dann, wenn der Einführer eine Verpackung öffnen müsste, um seinen Namen und seine Anschrift anzubringen. Die zusätzlichen Angaben des Einführers dürfen die vom Hersteller auf dem Produkt angebrachten Angaben nicht verdecken.

Eine Webseite gilt als zusätzliche Angabe, reicht als Kontaktanschrift jedoch nicht aus. Normalerweise besteht eine Anschrift aus Straße und Hausnummer oder Postfach und Nummer sowie der Postleitzahl und dem Ort; dies ist jedoch nicht in allen Ländern der Fall.

Auf einem Produkt müssen stets Name und Anschrift des Herstellers angegeben sein. Auf eingeführten Produkten sind auch der Name und die Anschrift des Einführers anzugeben. Daher sind auf einem Produkt üblicherweise eine oder zwei Anschriften angegeben[199]:

- Befindet sich der Hersteller innerhalb der Europäischen Union, trägt das Produkt nur eine Anschrift (die des Herstellers), da kein Einführer beteiligt ist.
- Wenn der Hersteller (der sich durch die Angabe von Namen und Anschrift auf dem Produkt selbst zum Hersteller erklärt) sich außerhalb der EU befindet

199 Im Medizinproduktesektor müssen auf dem Produkt außerdem Name und Anschrift des Bevollmächtigten angegeben sein.

und die Produkte durch einen Einführer auf dem Unionsmarkt in Verkehr gebracht werden, trägt das Produkt zwei Anschriften: die des Herstellers und die des Einführers.

- Ist der ursprüngliche Hersteller außerhalb der EU ansässig und der Einführer bringt das Produkt unter seinem eigenen Namen oder seiner eigenen Handelsmarke in Verkehr oder ändert das bereits auf dem Markt befindliche Produkt (in einer Weise, dass die Konformität mit den geltenden Anforderungen beeinträchtigt werden kann), gilt der Einführer als Hersteller. Die einzige Anschrift, die in diesem Fall auf dem Produkt (oder der Verpackung oder den Begleitunterlagen) erscheint, ist die Anschrift des Einführers, der dann als Hersteller gilt[200 201].
- Befindet sich der Hersteller innerhalb der EU (handelt es sich also um ein in der EU ansässiges Unternehmen, das sich durch die Angabe seines Namens und seiner Anschrift auf dem Produkt selbst zum Hersteller erklärt), obwohl die Produkte außerhalb der EU hergestellt werden, gilt dieses Unternehmen als Hersteller, der das Produkt auf dem Unionsmarkt in Verkehr bringt, selbst wenn die eigentliche Einfuhr durch ein anderes Unternehmen erfolgt. In diesem Fall gibt es keinen Einführer im Sinne der entsprechenden Definition; es reicht also aus, lediglich die Anschrift des Herstellers anzugeben.

4.2.2.3. Identifikationskennzeichen

Das Produkt muss eine Typen-, Chargen-, Serien- oder Modellnummer oder ein anderes Kennzeichen zu seiner Identifikation tragen. Die Kennzeichnung ist in der Regel auf dem Produkt anzubringen. Wenn diese generelle Regel nicht befolgt werden kann, dürfen sie jedoch ausnahmsweise an anderer Stelle als auf dem Produkt angebracht werden. Gerechtfertigt ist diese Vorgehensweise, wenn die Größe und/oder die Eigenschaft des Produkts die Angaben unlesbar oder technisch unmöglich machen würden[202]. In solchen Fällen ist die Kennzeichnung auf der Verpackung, sofern vorhanden, und/oder den Begleitunterlagen anzubringen. Die Kennzeichnung darf nicht aus rein ästhetischen oder

200 Wenn der Einführer nur seinen Namen und seine Anschrift anbringt und die Handelsmarke des ursprünglichen Herstellers unverändert belässt, bleibt er Einführer. Die Anschriften des Einführers und des Herstellers erscheinen auf dem Produkt (bzw. auf der Verpackung oder den beigefügten Unterlagen).

201 Dies gilt auch für den Fall, dass Hersteller und Einführer zur selben Unternehmensgruppe gehören und das in der EU niedergelassene Unternehmen, das das Produkt in die EU einführt, die volle Verantwortung des Herstellers für das Produkt übernimmt.

202 Im Falle von Spielzeug könnte dies auf Spielzeuge zutreffen, die aus mehreren Teilen oder zusammengefügten Teilen bestehen.

wirtschaftlichen Gründen weggelassen oder vom Produkt auf die Verpackung oder die Begleitunterlagen verlagert werden. Die entsprechende Einstufung ist vom Hersteller vorzunehmen.

Diese Bestimmung impliziert, dass die Kennzeichnung auf dem Produkt selbst angebracht werden muss, wenn dieses nicht verpackt ist oder ihm kein Begleitdokument beigefügt ist.

Durch diese Verpflichtung wird den Herstellern freigestellt, welches Kennzeichen sie zur Identifikation des Produkts wählen, solange die Rückverfolgbarkeit gewährleistet ist. Das benutzte Identifikationskennzeichen muss eine eindeutige Verbindung zu den einschlägigen Unterlagen herstellen, die die Konformität des spezifischen Produkttyps nachweisen, insbesondere die EU-Konformitätserklärung. Dieses Identifikationskennzeichen des Produkts entspricht dem auf der EU-Konformitätserklärung. Das vom Hersteller gewählte Identifikationskennzeichen ist auch im Falle von Rücknahmen oder Rückrufen wichtig, weil alle Produkte, die das gleiche Identifikationskennzeichen tragen, vom Markt zurückgenommen oder zurückgerufen werden müssen.

In manchen Fällen ist die Anbringung des Identifikationskennzeichens nicht möglich, z. B. wenn ein Produkt aus mehreren Teilen besteht oder aus mehreren Teilen zusammengebaut wurde. In solchen Fällen ist die Kennzeichnung auf der Verpackung (oder in den Begleitunterlagen) anzubringen. Neben der Kennzeichnung mit einem Identifikationskennzeichen auf der Verpackung kann die zusätzliche Kennzeichnung einzelner Produkte/Teile/Bauteile anhand der internen Regelungen des Herstellers und seines Bestrebens erfolgen, das Ausmaß eines potenziellen Rückrufs durch ein fortgeschrittenes System zur Rückverfolgbarkeit der einzelnen Artikel (z. B. durch die Angabe des Chargencodes, des Herstellungsdatums) zu minimieren.

Einige Wirtschaftsakteure versehen ihre Produkte zur Identifikation mit einer Artikelnummer (der „Bestandseinheit" oder „SKU" [Stock keeping unit]). Diese kann neben den anderen Kennzeichen, die die Rückverfolgbarkeit ermöglichen, auch als Identifikationskennzeichen auf der EU-Konformitätserklärung verwendet werden.

Das Produkt besteht aus mehreren Teilen/Bauteilen

Jedes Produkt befindet sich in einer Verpackung, doch können einige Teile/ Bauteile auch in einer anderen Verpackung als separate Teile/Bauteile oder in anderen Teile-Bauteile-Kombinationen verkauft werden. Dabei kann es vorkommen, dass manche Teile/Bauteile in diesen Packungen gekennzeichnet werden können, während andere zu klein dafür sind oder eine Form besitzen, die eine

Kennzeichnung nicht zulässt. Aus diesen Gründen darf dem Set/der Verpackung eine Artikelnummer zugewiesen werden, die auch auf der EU-Konformitätserklärung verwendet werden darf.

Hauptzweck des Identifikationskennzeichens ist es, die Marktaufsichtsbehörden in die Lage zu versetzen, ein einzelnes Produkt zu identifizieren und es mit einer EU-Konformitätserklärung zu verknüpfen. Wenn sich das Produkt zum Zeitpunkt der Marktüberwachung noch in seiner Verpackung befindet, lässt sich das Kennzeichen leicht identifizieren und somit gewährleisten, dass die entsprechende EU-Konformitätserklärung die betreffende Produkteinheit betrifft. Es wäre komplizierter, die Verpackung öffnen, Kennzeichen auf den einzelnen Artikeln finden und mit einer bestimmten EU-Konformitätserklärung verknüpfen zu müssen.

Das Produkt besteht aus einem aus mehreren Teilen zusammengebauten Artikel

Auch wenn ein Produkt aus nur einem „Artikel" besteht, wird es beim Hersteller häufig aus mehreren Teilen zusammengebaut (wobei nicht vorgesehen ist, dass es vom Verbraucher wieder auseinandergebaut wird). Die Teile, aus denen sich der Artikel (das Produkt) zusammensetzt, werden oft in mehr als einer Produktausführung verwendet. Normalerweise sind einige Teile zu klein für die Anbringung eines Identifikationskennzeichens und ist bei wieder anderen Teilen die Kennzeichnung mit einem Identifikationskennzeichen aus technischen Gründen (unebene, kugelförmige Oberfläche usw.) nicht möglich. Auch in diesen Fällen darf eine Artikelnummer auf der Verpackung angebracht werden, die auf der EU-Konformitätserklärung verwendet werden darf.

Das Produkt besteht aus einem Artikel, der nicht aus mehreren Teilen zusammengebaut wurde

In diesem Fall scheint es einfach zu sein, das Produkt selbst mit einem Identifikationskennzeichen zu versehen, das identisch mit dem auf der EU-Konformitätserklärung ist (d. h. mit der Artikelnummer). Es ist jedoch möglich, dass dasselbe Produkt auch in Kombination mit anderen Produkten/Artikeln als Set verkauft wird. Da zum Zeitpunkt der Herstellung nicht bekannt ist, welcher Artikel „allein" und welcher in einer Verpackung zusammen mit anderen Produkten verkauft wird, ist es einfacher, die der Angabe auf der EU-Konformitätserklärung entsprechende Artikelnummer auf der Verpackung anzugeben. Dies erleichtert den Marktüberwachungsbehörden auch die Verknüpfung des Produkts mit der EU-Konformitätserklärung.

4.2.2.4. Identifikation der Wirtschaftsakteure

Die Wirtschaftsakteure sind verpflichtet, sich nach dem entsprechenden Geschäftsvorgang zehn Jahre lang über die Wirtschaftsakteure auf dem Laufenden zu halten, von denen sie ein Produkt bezogen bzw. an die sie ein Produkt abgegeben haben. Diese Verpflichtung gilt jedoch nicht in Bezug auf die Endbenutzer (Verbraucher), da diese nicht als Wirtschaftsakteure gelten.

In den Harmonisierungsrechtsvorschriften der Union wird nicht vorgeschrieben, wie diese Verpflichtung einzuhalten ist, jedoch sei darauf hingewiesen, dass die Marktaufsichtsbehörden einschlägige Unterlagen wie beispielsweise Rechnungen anfordern können, die Rückschlüsse auf den Ursprung des Produkts ermöglichen. Daher könnte es sinnvoll sein, Rechnungen länger als in den Rechnungslegungsvorschriften vorgeschrieben aufzubewahren und so den Anforderungen an die Rückverfolgbarkeit zu genügen.

4.3. Technische Unterlagen

- *Die technischen Unterlagen sind vom Hersteller auszuarbeiten.*
- *Aus den technischen Unterlagen müssen Angaben über den Entwurf, die Fertigung und die Funktionsweise des Produkts hervorgehen.*

Die Harmonisierungsrechtsvorschriften der Union verpflichten den Hersteller, technische Unterlagen zu erstellen, die die Angaben enthalten, die zum Nachweis der Konformität des Produkts mit den anzuwendenden Anforderungen erforderlich sind. Diese Unterlagen können Teil der Dokumentation zum Qualitätssicherungssystem in den Fällen sein, in denen die Rechtsvorschriften ein Konformitätsbewertungsverfahren auf der Grundlage eines Qualitätssicherungssystems (Module D, E, H und ihre Varianten) vorsehen. Die technischen Unterlagen müssen unabhängig von der geografischen Herkunft oder dem Standort zum Zeitpunkt des Inverkehrbringens des Produkts zur Verfügung stehen.[203]

Sofern in den Harmonisierungsrechtsvorschriften der Union nicht ausdrücklich eine andere Zeitdauer angegeben ist, müssen die technischen Unterlagen ab dem Zeitpunkt des Inverkehrbringens des Produkts zehn Jahre lang aufbewahrt werden.[204] Verantwortlich dafür ist der Hersteller oder sein in der Union nie-

203 Zum Inverkehrbringen vgl. Abschnitt 2.3.

204 Nach den Richtlinien über Medizinprodukte und In-vitro-Diagnostika müssen diese Unterlagen fünf Jahre lang aufbewahrt werden und im Falle von implantierbaren medizinischen Geräten 15 Jahre lang.

dergelassener Bevollmächtigter. Da sich der Begriff des „Inverkehrbringens" auf jedes einzelne Produkt bezieht, muss die Frist ab dem Zeitpunkt berechnet werden, zu dem das jeweilige in den technischen Unterlagen erfasste Produkt in Verkehr gebracht wird.

Der Inhalt der technischen Unterlagen ist in jedem einzelnen Harmonisierungsrechtsakt der Union entsprechend den jeweiligen Produkten festgelegt. In der Regel müssen die Unterlagen eine Beschreibung des Produkts und seines Verwendungszwecks enthalten und über den Entwurf, die Fertigung und die Funktionsweise des Produkts Auskunft geben. Die in den Unterlagen enthaltenen Details sind abhängig von der Art des Produkts und davon, was aus technischer Sicht notwendig ist, um den Nachweis zu erbringen, dass das Produkt den wesentlichen Anforderungen der einschlägigen Harmonisierungsrechtsvorschriften der Union entspricht bzw. – bei Anwendung harmonisierter Normen – den Nachweis zu erbringen, dass das Produkt diesen entspricht, indem die von den Normen abgedeckten wesentlichen Anforderungen angegeben werden. Die Anforderungen gemäß Anhang II des Beschlusses Nr. 768/2008/EG beziehen sich auf den Inhalt der technischen Unterlagen, mit dem die Konformität des Produkts mit den anzuwendenden Harmonisierungsrechtsvorschriften nachgewiesen werden kann. Darüber hinaus verpflichtet die Anforderung der „geeigneten Risikoanalyse und -bewertung" den Hersteller zunächst dazu, alle möglichen Risiken des Produkts festzustellen und die geltenden wesentlichen Anforderungen zu bestimmen. Diese Analysen sind zu dokumentieren und in die technischen Unterlagen aufzunehmen. Darüber hinaus muss der Hersteller die von ihm vorgenommene Beurteilung, wie er die festgestellten Risiken angehen will, um sicherzustellen, dass das Produkt mit den anwendbaren wesentlichen Anforderungen übereinstimmt (z.B. durch Anwendung harmonisierter Normen), dokumentieren. Wird nur eine Teil der harmonisierten Norm angewandt oder deckt diese nicht alle geltenden wesentlichen Anforderungen ab, so sollte auch die Art und Weise, wie mit den nicht abgedeckten wesentlichen Anforderungen umgegangen wird, in den technischen Unterlagen dokumentiert werden.

Wurde ein Produkt umgestaltet und seine Konformität erneut geprüft, sind in den technischen Unterlagen alle Versionen des Produkts zu berücksichtigen; es sind die Veränderungen sowie die Art und Weise, wie sich die verschiedenen Versionen des Produkts erkennen lassen, zu beschreiben und Angaben zu den verschiedenen Konformitätsbewertungen zu machen. Damit soll verhindert werden, dass eine Marktaufsichtsbehörde während der gesamten Lebensdauer eines Produkts mit älteren Versionen des Produkts konfrontiert wird, auf die die beiliegende Fassung der technischen Unterlagen nicht zutrifft.

In einigen Harmonisierungsrechtsvorschriften der Union ist vorgeschrieben, dass die technischen Unterlagen in einer von der notifizierten Stelle akzeptierten Sprache abzufassen sind.[205] Im Interesse der ordnungsgemäßen Durchführung der Konformitätsbewertungsverfahren, die eine Überprüfung durch Dritte voraussetzen, sollten die Unterlagen stets in einer der notifizierten Stelle geläufigen Sprache abgefasst werden, selbst wenn dies in den Harmonisierungsrechtsvorschriften der Union nicht ausdrücklich erwähnt wird.

4.4. EU-Konformitätserklärung

- *Der Hersteller oder sein in der Union niedergelassener Bevollmächtigter muss im Rahmen eines in den Harmonisierungsrechtsvorschriften der Union vorgesehenen Konformitätsbewertungsverfahrens eine EU-Konformitätserklärung ausstellen und unterzeichnen.*
- *Die EU-Konformitätserklärung muss alle notwendigen Hinweise auf die Harmonisierungsrechtsvorschriften der Union, auf deren Grundlage sie ausgestellt wurde, enthalten, den Hersteller, seinen Bevollmächtigten, gegebenenfalls die notifizierte Stelle und das Produkt nennen sowie gegebenenfalls auf harmonisierte Normen oder andere technische Spezifikationen verweisen.*
- *Gelten für ein Produkt mehrere Harmonisierungsrechtsvorschriften der Union, in denen eine EU-Konformitätserklärung vorgeschrieben ist, ist eine einzige Konformitätserklärung vorzulegen.*
- *Die einzige Konformitätserklärung kann aus einem Dossier bestehen, das alle maßgeblichen einzelnen Konformitätserklärungen enthält.*

Die Harmonisierungsrechtsvorschriften der Union verpflichten den Hersteller, eine EU-Konformitätserklärung auszustellen und zu unterzeichnen, bevor ein Produkt in Verkehr gebracht wird.[206] Der Hersteller oder sein in der Union

---

205 Vgl. die Richtlinien über einfache Druckbehälter, Maschinen (für Modul B), nichtselbsttätige Waagen, aktive implantierbare medizinische Geräte, Gasverbrauchseinrichtungen, Telekommunikationsendeinrichtungen, Medizinprodukte, explosionsgefährdete Bereiche, Aufzüge (für die Module B, C, D, G und H), Druckgeräte, In-vitro-Diagnostika, und Funkanlagen und Telekommunikationsendeinrichtungen.

206 Es sei darauf hingewiesen, dass die Maschinenrichtlinie 2006/42/EG das Inverkehrbringen von „unvollständigen Maschinen" vorsieht, denen eine sogenannte Einbauerklärung beigefügt wird, die sich von der EU-Konformitätserklärung unterscheidet. Nach der Verordnung (EG) Nr. 552/2004 ist den Komponenten des europäischen Flugverkehrsmanagementnetzes entweder eine Konformitätserklärung oder eine EU-Gebrauchstauglichkeitserklärung beizufügen.

niedergelassener Bevollmächtigter muss im Rahmen eines in den Harmonisierungsrechtsvorschriften der Union vorgesehenen Konformitätsbewertungsverfahrens eine EU-Konformitätserklärung ausstellen und unterzeichnen. Bei der EU-Konformitätserklärung handelt es sich um das Dokument, in dem bescheinigt wird, dass das Produkt die wesentlichen Anforderungen der anzuwendenden Rechtsvorschriften erfüllt.

Mit der Ausstellung und Unterzeichnung der EU-Konformitätserklärung übernimmt der Hersteller die Verantwortung für die Konformität des Produkts.

Wie die technischen Unterlagen[207] muss die EU-Konformitätserklärung ebenfalls ab dem Datum des Inverkehrbringens zehn Jahre aufbewahrt werden, sofern in den Rechtsvorschriften keine andere Zeitdauer festgelegt wird[208]. Verantwortlich dafür ist der Hersteller oder sein in der Union niedergelassener Bevollmächtigter. Bei importierten Produkten muss der Einführer diese Verantwortung für die Konformitätserklärung übernehmen.[209]

Der Inhalt der EU-Konformitätserklärung bezieht sich entweder auf die in Anhang III des Beschlusses Nr. 768/2008/EG enthaltene Mustererklärung oder eine den einschlägigen Harmonisierungsrechtsvorschriften der Union direkt beigefügte Mustererklärung. Die Norm EN ISO/IEC 17050-1 wurde mit dem Ziel aufgestellt, die allgemeinen Kriterien für Konformitätserklärungen festzulegen. Darüber hinaus kann sie als Anleitung genutzt werden, sofern sie mit den anzuwendenden Harmonisierungsrechtsvorschriften der Union im Einklang steht. Die Erklärung kann als Dokument, Etikett oder in einer gleichwertigen Form vorgelegt werden; sie muss in ausreichendem Maße Informationen enthalten, damit die Produkte, für die die Erklärung gilt, auf diese zurückgeführt werden können.

Die Mustererklärung im Beschluss Nr. 768/2008/EG enthält folgende Angaben:

1. Eine Kennnummer zur Identifizierung des Produkts. Diese Nummer darf je Produkt nur einmal vergeben werden. Sie kann sich auf eine Produkt-, Chargen, Typen- oder Seriennummer beziehen.[210] Dies liegt im Ermessen des Herstellers.[211]

---

207 Nähere Einzelheiten zu den technischen Unterlagen vgl. Abschnitt 4.3.

208 Nach den Richtlinien über Medizinprodukte und In-vitro-Diagnostika muss die EU-Konformitätserklärung fünf Jahre lang aufbewahrt werden und im Falle von implantierbaren medizinischen Geräten 15 Jahre lang.

209 Zu den Verantwortlichkeiten des Herstellers, des Bevollmächtigten und des Einführers vgl. Kapitel 3.

210 Die „Nummer“ kann auch ein alphanumerischer Code sein.

211 Darüber hinaus steht es den Herstellern frei, unabhängig davon, ob dies in den Harmonisierungsrechtsvorschriften der Union vorgesehen ist oder nicht, eine Nummer hinzuzufügen, mit der die EU-Konformitätserklärung selbst gemäß EN ISO/EC 17050-2 identifiziert wird.

2. Namen und Anschrift des Herstellers oder seines Bevollmächtigten, der die Erklärung ausstellt.
3. Die Erklärung, dass der Hersteller die alleinige Verantwortung für die Ausstellung der Konformitätserklärung trägt.
4. Die Kennnummer des Produkts zwecks Rückverfolgbarkeit. Hierbei handelt es sich im Wesentlichen um maßgebliche Angaben ergänzend zu Punkt 1 zur Beschreibung und Rückverfolgbarkeit des Produkts. Falls es für die Identifizierung des Produkts relevant ist, kann auch ein Foto beigefügt werden, wobei dies dem Ermessen des Herstellers überlassen bleibt, sofern es in den Harmonisierungsrechtsvorschriften der Union nicht verbindlich vorgeschrieben ist.
5. Alle Harmonisierungsrechtsvorschriften, mit denen Konformität hergestellt wurde; präzise, vollständige und eindeutige Angabe der Referenznormen oder anderer normativer Dokumente (z. B. nationale technische Normen und Spezifikationen); dies impliziert die Angabe der Version und/oder des Datums der einschlägigen Norm.
6. Namen und Kennnummer der notifizierten Stelle, wenn diese am Konformitätsbewertungsverfahren[212] [213] beteiligt war, und ggf. Kennung der entsprechenden Bescheinigung.
7. Sämtliche eventuell erforderlichen zusätzlichen Angaben (z. B. Qualität, Kategorie), soweit zutreffend.
8. Datum der Ausstellung der Erklärung; Unterschrift und Funktion oder eine gleichwertige Kennzeichnung des Bevollmächtigten[214] [215]; dies kann jedes Datum nach Abschluss der Konformitätsbewertung sein.

Gelten für ein Produkt mehrere Harmonisierungsrechtsvorschriften der Union, so muss der Hersteller oder sein Bevollmächtigter eine einzige Konformitätserklärung in Bezug auf alle einschlägigen Rechtsvorschriften der Union vorle-

212 Nicht alle Harmonisierungsrechtsvorschriften der Union erfordern das Tätigwerden einer notifizierten Stelle, etwa die Niederspannungsrichtlinien und die Spielzeugrichtlinie.

213 Name und Anschrift der Person, die die technischen Unterlagen aufbewahrt, können in einigen Harmonisierungsrechtsvorschriften der Union ebenfalls verlangt werden, denn diesen Rechtsakten zufolge sollte nicht nur der Hersteller die technischen Unterlagen verwahren.

214 Hierbei könnte es sich um den Geschäftsführer des Unternehmens oder einen anderen Vertreter des Unternehmens handeln, dem diese Verantwortung übertragen wurde.

215 Es ist nicht erforderlich, dass der Unterzeichner in der Europäischen Union wohnt. Ein außerhalb der Union niedergelassener Hersteller ist berechtigt, alle Konformitätsbewertungsverfahren in seinen Räumlichkeiten durchzuführen und die EU-Konformitätserklärung zu unterzeichnen, sofern dies in den einschlägigen Harmonisierungsrechtsvorschriften der Union nicht anders festgelegt ist.

gen.[216] Um den Verwaltungsaufwand für Wirtschaftsakteure zu verringern und ihre Anpassung aufgrund einer Änderung einer der geltenden Rechtsvorschriften der Union zu erleichtern, kann diese einzige EU-Konformitätserklärung eine Akte sein, die aus den einschlägigen einzelnen Konformitätserklärungen besteht.[217]

Die EU-Konformitätserklärung muss der Aufsichtsbehörde auf Anforderung vorgelegt werden. Außerdem ist gemäß den Richtlinien über Maschinen, Geräte und Systeme in explosionsgefährdeten Bereichen, über Funkanlagen und Telekommunikationsendeinrichtungen, Messgeräte, Sportboote, Aufzüge, das Hochgeschwindigkeitsbahnsystem und das konventionelle Eisenbahnsystem und Komponenten des europäischen Flugverkehrsmanagementnetzes den Produkten die EU-Konformitätserklärung beizufügen.

Die EU-Konformitätserklärung muss in die Sprache bzw. Sprachen übersetzt werden, die von dem Mitgliedstaat vorgeschrieben wird/werden, in dem das Produkt in Verkehr gebracht wird oder auf dessen Markt es bereitgestellt wird.[218] In den Harmonisierungsrechtsvorschriften der Union ist nicht zwingend angegeben, wer die Erklärung übersetzen lassen muss. Logischerweise sollte dies der Hersteller oder ein anderer Wirtschaftsakteur sein, der das Produkt bereitstellt. Die EU-Konformitätserklärung muss vom Hersteller oder seinem Bevollmächtigten unterzeichnet werden. Wurde eine Übersetzung der EU-Konformitätserklärung von einem anderen Wirtschaftsakteur erstellt und diese nicht vom Hersteller unterzeichnet, so ist außerdem eine vom Hersteller unterzeichnete Kopie des Originals der EU-Konformitätserklärung zusammen mit der übersetzten Fassung vorzulegen.

4.5. Kennzeichnungsvorschriften

4.5.1. CE-Kennzeichnung

4.5.1.1. Definition und Funktion der CE-Kennzeichnung

– *Mit der CE-Kennzeichnung wird die Konformität des Produkts mit allen anzuwendenden Rechtsvorschriften, in denen ihre Anbringung vorgesehen ist, bescheinigt.*

216 Artikel 5 des Beschlusses Nr. 768/2008/EG.

217 Vgl. etwa Erwägungsgrund 22 der Richtlinie 2014/35/EU oder den ähnlichen Erwägungsgrund 24 der Richtlinie 2014/34/EU.

218 Siehe Anhang I Artikel R10 Absatz 2 des Beschlusses Nr. 768/2008/EG.

- *Die CE-Kennzeichnung wird auf Produkten angebracht, die im EWR und in der Türkei in Verkehr gebracht werden, unabhängig davon, ob sie im EWR, in der Türkei oder einem anderen Land hergestellt werden.*

Die CE-Kennzeichnung ist ein wesentlicher Hinweis darauf (aber kein Nachweis dafür), dass ein Produkt den EU-Rechtsvorschriften entspricht, und ermöglicht den freien Warenverkehr im EWR und der Türkei, unabhängig davon, ob diese Waren im EWR, in der Türkei oder einem anderen Land hergestellt werden.

Die Mitgliedstaaten des Europäischen Wirtschaftsraums (EWR – EU-Mitgliedstaaten und einige EFTA-Länder: Island, Norwegen, Liechtenstein) dürfen das Inverkehrbringen von mit der CE-Kennzeichnung versehenen Produkten nicht einschränken, es sei denn, die Maßnahmen sind gerechtfertigt, weil das Produkt nachweislich nicht konform ist. Dies gilt auch für Produkte, die in Drittländern hergestellt und im EWR verkauft werden.

Die CE-Kennzeichnung bedeutet nicht, dass ein Produkt in der Europäischen Union hergestellt wurde. Sie bescheinigt nur, dass die in den einschlägigen Harmonisierungsrechtsvorschriften der Union festgelegten Anforderungen eingehalten werden. Daher ist sie für die Stellen der Mitgliedstaaten und für andere maßgebliche Betroffene (z. B. Händler) als wesentliche Information einzustufen. Die CE-Kennzeichnung dient keinen kommerziellen Zwecken, ist also kein Marketinginstrument.

Die CE-Kennzeichnung ist das sichtbare Ergebnis eines ganzen Prozesses, der die Konformitätsbewertung im weiteren Sinne umfasst, und gibt an, dass ein Produkt von seinem Hersteller für konform mit den Harmonisierungsrechtsvorschriften der Union erklärt wird.

4.5.1.2. Beziehung zu bestehenden Rechtsvorschriften

- *In der Verordnung (EG) Nr. 765/2008 sind die allgemeinen Grundsätze für die CE-Kennzeichnung festgelegt, während im Beschluss Nr. 768/2008/EG ihre Anbringung geregelt wird.*
- *Die sektorspezifischen Harmonisierungsrechtsvorschriften der Union zur CE-Kennzeichnung beruhen auf der Verordnung (EG) Nr. 765/2008 und dem Beschluss Nr. 768/2008/EG.*

In der Verordnung (EG) Nr. 765/2008 sind Definition, Form und allgemeine Grundsätze der CE-Kennzeichnung festgelegt. Im Beschluss Nr. 768/2008/EG finden sich die Festlegungen für die Konformitätsbewertungsverfahren, die für die Anbringung der CE-Kennzeichnung durchlaufen werden müssen.

Die sektorspezifischen Harmonisierungsrechtsvorschriften der Union zur Anbringung der CE-Kennzeichnung sind überwiegend nach den Grundsätzen der Verordnung (EG) Nr. 765/2008 und des Beschlusses Nr. 768/2008/EG verfasst.

Generell[219] kann die CE-Kennzeichnung als rechtsgültige Konformitätskennzeichnung in eine Rechtsvorschrift der Union Eingang finden, wenn

- das Verfahren der vollständigen Harmonisierung angewandt wird, das heißt alle abweichenden einzelstaatlichen Rechtsvorschriften, die die gleichen Bereiche wie die betreffende Rechtsvorschrift abdecken, nicht angewandt werden dürfen, und
- die Harmonisierungsrechtsvorschrift der Union Konformitätsbewertungsverfahren gemäß dem Beschluss Nr. 768/2008/EG vorsieht.

Es gibt allerdings eine Ausnahme von dieser Regelung.

Bei ausreichender Begründung kann in einer Rechtsvorschrift zur vollständigen Harmonisierung, die nach dem Beschluss Nr. 768/2008/EG verfasst ist, eine andere Kennzeichnung als die CE-Kennzeichnung vorgeschrieben werden. So ist in der Richtlinie über Schiffsausrüstung beispielsweise keine CE-Kennzeichnung, sondern ein spezielles Konformitätszeichen vorgesehen – das Steuerrad-Kennzeichen. Auch die Verwendung des Steuerrad-Kennzeichens unterliegt den allgemeinen Grundsätzen nach der Verordnung (EG) Nr. 765/2008 und dem Beschluss Nr. 768/2008/EG; jede Bezugnahme auf die CE-Kennzeichnung ist als Bezugnahme auf das Steuerrad-Kennzeichen zu verstehen. Ähnliches gilt für ortsbewegliche Druckgeräte, für die die „Pi-Kennzeichnung“ statt der CE-Kennzeichnung erforderlich ist.

4.5.1.3. Wer muss die CE-Kennzeichnung anbringen, wer nicht?

- *Die CE-Kennzeichnung wird vom (innerhalb oder außerhalb der EU niedergelassenen) Hersteller oder seinem in der Gemeinschaft niedergelassenen Bevollmächtigten angebracht.*

219 Die Konformitätsbewertung gemäß der Bauprodukterichtlinie entspricht nicht dem Beschluss Nr. 768/2008/EG, obwohl die Bauprodukterichtlinie die CE-Kennzeichnung vorsieht. Der Unterschied besteht darin, dass die CE-Kennzeichnung nach den Bauproduktevorschriften das Leistungsniveau des Produkts angibt, und nicht die Konformität im engeren Sinne, wie es bei den anderen Rechtsakten der Fall ist, die die CE-Kennzeichnung vorgeben.

- *Mit der Anbringung der CE-Kennzeichnung erklärt der Hersteller auf seine alleinige Verantwortung, dass das Produkt allen geltenden Anforderungen des anzuwendenden Unionsrechts genügt und geeignete Konformitätsbewertungsverfahren erfolgreich durchgeführt wurden.*

Unabhängig davon, ob er innerhalb oder außerhalb der Union niedergelassen ist, trägt der Hersteller die alleinige Verantwortung für die Konformität seines Produkts mit den Bestimmungen der Harmonisierungsrechtsvorschriften der Union sowie für die Anbringung der CE-Kennzeichnung. Er kann jedoch einen Bevollmächtigten benennen, der in seinem Namen die CE-Kennzeichnung anbringt.

Mit der Anbringung der CE-Kennzeichnung auf einem Produkt erklärt ein Hersteller auf seine alleinige Verantwortung (und unabhängig davon, ob ein Dritter am Konformitätsbewertungsverfahren beteiligt war), dass es alle einschlägigen gesetzlichen Anforderungen an die Erlangung der CE-Kennzeichnung erfüllt.

Bringt ein Einführer, Händler oder sonstiger Akteur Produkte unter seinem eigenen Namen oder seiner Handelsmarke in Verkehr oder verändert sie, übernimmt er die Pflichten des Herstellers. Dazu zählt auch die Verantwortung für die Konformität des Produkts und die Anbringung der CE-Kennzeichnung. In diesem Fall muss er ausreichende Informationen über Entwurf und Herstellung des Produkts besitzen, da er mit der Anbringung der CE-Kennzeichnung die rechtliche Verantwortung übernimmt.

4.5.1.4. Grundsätze für die Anbringung der CE-Kennzeichnung

Die CE-Kennzeichnung muss folgendes Schriftbild aufweisen. Bei Verkleinerung oder Vergrößerung der CE-Kennzeichnung müssen die Proportionen eingehalten werden.

CE

Die CE-Kennzeichnung ist gut sichtbar, leserlich und dauerhaft auf dem Produkt oder seiner Datenplakette anzubringen. Falls die Art des Produktes dies nicht zulässt oder hierfür keinen Anlass gibt, wird sie auf der Verpackung (falls vorhanden) und/oder den Begleitunterlagen angebracht. Die CE-Kennzeichnung darf grundsätzlich erst angebracht werden, wenn das Konformitätsbewertungsverfahren, mit dem gewährleistet wird, dass das Produkt alle Anforderungen der einschlägigen Harmonisierungsrechtsvorschriften der Union erfüllt, abgeschlossen wurde. In der Regel ist dies am Ende der Produktionsphase der Fall. Dieser Grundsatz bereitet keine Schwierigkeiten, wenn sich die CE-Kennzeichnung beispielsweise auf einem Typenschild befindet, das erst nach der Abschlussinspektion auf dem Produkt angebracht wird. Falls die CE-Kennzeichnung jedoch (z. B.) durch Prägen oder Gießen angebracht wird, kann sie in jedem anderen Stadium der Produktion angebracht werden, sofern im Zuge dessen die Konformität des Produkts geprüft wird.

Das Erfordernis der guten Sichtbarkeit bedeutet, dass die CE-Kennzeichnung leicht zugänglich sein muss. Denkbar ist z. B. eine Anbringung an der Rückseite oder Unterseite des Produkts. Das Erfordernis der guten Sichtbarkeit bedeutet nicht notwendigerweise, dass die CE-Kennzeichnung sichtbar sein muss, bevor die Verpackung eines Produkts geöffnet wird, weil die Anbringung der CE-Kennzeichnung auch auf der Verpackung nur erforderlich ist, wenn dies in den einschlägigen Unionsrechtsvorschriften ausdrücklich verlangt wird. Eine Mindesthöhe von 5 mm ist zur Gewährleistung der notwendigen Lesbarkeit erforderlich. Mehreren Rechtsvorschriften[220] zufolge kann bei kleinen Produkten oder Bauteilen jedoch auf die Mindestabmessungen der CE-Kennzeichnung verzichtet werden.

Die CE-Kennzeichnung kann verschieden gestaltet sein (z. B. farblich, in fester Form/als Prägung), solange sie sichtbar und leserlich angebracht wird und die Proportionen eingehalten werden. Die Kennzeichnung muss ferner dauerhaft sein, sodass sie unter normalen Umständen nicht entfernt werden kann, ohne Spuren zu hinterlassen (in einigen Produktnormen ist z. B. ein Abriebtest mit Wasser und Lösungsbenzin vorgesehen). Dies bedeutet jedoch nicht, dass die CE-Kennzeichnung Bestandteil des Produkts sein muss.

In manchen Fällen ist die Anbringung der CE-Kennzeichnung auf dem Produkt unmöglich (z. B. bei bestimmten Sprengstoffarten) oder nicht zu zumutbaren technischen oder wirtschaftlichen Bedingungen möglich. Außerdem kann es vorkommen, dass die Mindestabmessungen nicht eingehalten werden können oder nicht gewährleistet werden kann, dass die CE-Kennzeichnung gut sichtbar, leserlich und dauerhaft angebracht wird.

220 Etwa die Richtlinie über Maschinen, persönliche Schutzausrüstungen, aktive implantierbare medizinische Geräte, explosionsgefährdete Bereiche, Aufzüge – hinsichtlich Ausrüstungsteile mit Sicherheitsfunktion, In-vitro-Diagnostika, Funkanlagen und Telekommunikationsendeinrichtungen oder Schiffsausrüstung.

In solchen Fällen kann die CE-Kennzeichnung auf der Verpackung, sofern vorhanden, und/oder auf den Begleitunterlagen angebracht werden, wenn die betreffenden Harmonisierungsrechtsvorschriften der Union derartige Unterlagen vorsehen. Die Kennzeichnung darf nicht aus rein ästhetischen Gründen weggelassen oder vom Produkt auf die Verpackung oder die Begleitunterlagen verlagert werden.

In der Verordnung (EG) Nr. 765/2008 und dem Beschluss Nr. 768/2008/EG ist vorgeschrieben, dass die CE-Kennzeichnung die Abmessungen, Aufmachung und Proportionen nach Anhang II der Verordnung (EG) Nr. 765/2008 aufweisen und gut leserlich und dauerhaft angebracht sein muss. Gemäß der Verordnung (EG) Nr. 765/2008 und dem Beschluss Nr. 768/2008/EG ist keine Gestaltungsart (z. B. Prägung) verboten, sofern die oben genannten Bedingungen erfüllt werden. Eine elektronische Etikettierung ist jedoch nicht erlaubt.

4.5.1.5. Anbringung der CE-Kennzeichnung gemeinsam mit der notifizierten Stelle

Falls eine notifizierte Stelle gemäß den anzuwendenden Harmonisierungsrechtsvorschriften der Union im Verlauf der Produktionsüberwachung eingeschaltet wird, muss die Kennnummer der notifizierten Stelle hinter der CE-Kennzeichnung stehen. Der Hersteller oder sein Bevollmächtigter bringt die Kennnummer unter der Verantwortung der notifizierten Stelle an, wenn dies in den Rechtsvorschriften vorgeschrieben ist.

Je nachdem, welche Konformitätsbewertungsverfahren angewandt werden, kann eine notifizierte Stelle während der Produktionsphase eingeschaltet sein. Nur wenn die notifizierte Stelle während der Produktionsphase eingeschaltet ist, steht ihre Kennnummer hinter der CE-Kennzeichnung. Die Kennnummer einer notifizierten Stelle, die an der Konformitätsbewertung in der Entwurfsphase gemäß Modul B beteiligt ist, steht daher nie hinter der CE-Kennzeichnung. Mitunter, d. h., wenn mehr als ein Harmonisierungsrechtsakt gilt, werden während der Produktionsphase mehrere notifizierte Stellen eingeschaltet. In diesen Fällen folgen hinter der CE-Kennzeichnung mehrere Kennnummern.

Erscheint die CE-Kennzeichnung auf Produkten ohne Kennnummer, bedeutet dies, dass

- in der Entwurfs- oder Produktionsphase keine notifizierte Stelle eingeschaltet war (Modul A) oder
- auf Beschluss des Herstellers die interne akkreditierte Stelle während der Produktionsphase eingeschaltet war (Module A1, A2) oder

- eine notifizierte Stelle in der Entwurfsphase eingeschaltet war (Modul B), nicht jedoch in der Produktionsphase
- (Modul C nach Modul B)
- oder eine notifizierte Stelle während der Entwurfsphase eingeschaltet war (Modul B), in der Produktionsphase hingegen auf Beschluss des Herstellers die interne akkreditierte Stelle (Module C1, C2 nach Modul B).

Erscheint die CE-Kennzeichnung auf Produkten mit Kennnummer[221], bedeutet dies, dass

- auf Wunsch des Herstellers eine notifizierte Stelle während der Produktionsphase eingeschaltet war (Module A1, A2)
- oder eine notifizierte Stelle in der Entwurfsphase eingeschaltet war (Modul B) und auf Beschluss des Herstellers eine notifizierte Stelle (nicht unbedingt dieselbe, sondern diejenige, deren Kennnummer erscheint) in der Produktionsphase eingeschaltet war (Module C1, C2 nach Modul B),
- oder eine notifizierte Stelle in der Entwurfsphase eingeschaltet war (Modul B) und eine notifizierte Stelle (nicht unbedingt dieselbe, sondern diejenige, deren Kennnummer erscheint) in der Produktionsphase eingeschaltet war (Module C1, C2, D, E, F nach Modul B)
- oder eine notifizierte Stelle während der Entwurfs- und der Produktionsphase eingeschaltet war (Module D1, E1, F1, G1 H, H1).

Die CE-Kennzeichnung und die Kennnummer der notifizierten Stelle brauchen nicht unbedingt in der Union angebracht zu werden. Die Anbringung kann auch in einem Drittland erfolgen, z. B. wenn das Produkt dort hergestellt wird und die notifizierte Stelle die Konformitätsbewertung gemäß den einschlägigen Harmonisierungsrechtsvorschriften in diesem Land durchgeführt hat. Die Anbringung der CE-Kennzeichnung und der Kennnummer kann auch separat erfolgen, sofern die Kennzeichnung und die Kennnummer miteinander verbunden bleiben.

221 Falls mehrere Harmonisierungsrechtsvorschriften der Union für ein Produkt gelten und die CE-Kennzeichnung mit einer Kennnummer versehen ist, so sei darauf hingewiesen, dass dies nicht bedeutet, dass die notifizierte Stelle in das Konformitätsbewertungsverfahren eingreift, das nach jedem der geltenden Rechtsakte erforderlich ist. Einige Harmonisierungsrechtsvorschriften der Union erfordern das Tätigwerden einer notifizierten Stelle möglicherweise gar nicht.

4.5.1.6. Mit der CE-Kennzeichnung (nicht) zu versehende Produkte

- *Die CE-Kennzeichnung ist anzubringen, bevor ein Produkt, das der CE-Kennzeichnung unterliegt, in Verkehr gebracht wird, es sei denn, spezielle Harmonisierungsrechtsvorschriften der Union sehen anderslautende Bestimmungen vor.*
- *Gelten für ein Produkt mehrere Harmonisierungsrechtsvorschriften der Union, die jeweils die CE-Kennzeichnung vorsehen, so bedeutet die Kennzeichnung, dass von der Konformität des Produkts mit den Bestimmungen aller dieser Rechtsvorschriften auszugehen ist.*
- *Ein Produkt darf nur dann mit einer CE-Kennzeichnung versehen werden, wenn für das Produkt ein Harmonisierungsrechtsakt der Union gilt, der die Anbringung der CE-Kennzeichnung vorsieht.*

Nicht alle Produkte sind mit der CE-Kennzeichnung zu versehen.[222] Die Pflicht zur Anbringung der CE-Kennzeichnung erstreckt sich auf alle Produkte, die unter Richtlinien fallen, die diese Kennzeichnung vorsehen, und für den Unionsmarkt bestimmt sind. Demnach sind folgende Produkte mit der CE-Kennzeichnung zu versehen:

- alle neuen Produkte, für die eine CE-Kennzeichnung vorgeschrieben ist, unabhängig davon, ob sie in den Mitgliedstaaten oder in Drittländern hergestellt wurden;
- aus Drittländern importierte gebrauchte Produkte und Produkte aus zweiter Hand, für die eine CE-Kennzeichnung vorgeschrieben ist;
- veränderte Produkte, die als neue Produkte unter die Rechtsvorschriften fallen, die eine CE-Kennzeichnung vorschreiben, und die so verändert wurden, dass sie sich auf die Sicherheit oder Konformität des Produkts mit den anzuwendenden Harmonisierungsrechtsvorschriften der Union auswirken könnten.

In manchen Fällen wird ein Produkt für die Zwecke eines bestimmten Harmonisierungsrechtsakts der Union als fertiges Produkt eingestuft und muss mit der CE-Kennzeichnung versehen werden. Dasselbe Produkt wird dann in ein anderes fertiges Produkt eingebaut, für das ein anderer Harmonisierungsrechtsakt der Union gilt, der ebenfalls eine CE-Kennzeichnung vorsieht. Dies führt dazu, dass ein Produkt mehrere CE-Kennzeichnungen tragen kann.[223]

222 Nach der Verordnung (EG) Nr. 552/2004 über die Interoperabilität des europäischen Flugverkehrsmanagementnetzes ist die CE-Kennzeichnung nicht vorgesehen.

223 Typisches Beispiel: ein Computer.

In den Harmonisierungsrechtsvorschriften der Union, die generell eine CE-Kennzeichnung vorsehen, können bestimmte Produkte von der CE-Kennzeichnung ausgenommen werden. In der Regel gilt, dass diese Produkte zum freien Warenverkehr zugelassen werden,

a) wenn:
   - ihnen eine Konformitätserklärung beigefügt ist, wie dies bei den in der Maschinenrichtlinie genannten unvollständigen Maschinen der Fall ist,
   - ihnen eine Konformitätserklärung beigefügt ist, wie dies bei den in der Richtlinie über Sportboote genannten unvollständigen Booten der Fall ist;

b) ihnen eine Konformitätsbescheinigung beigefügt ist (wie dies bei Bauteilen gemäß der Richtlinie über Geräte und Schutzsysteme zur Verwendung in explosionsgefährdeten Bereichen (ATEX) der Fall ist);

c) ihnen eine Erklärung beigefügt ist,
   - wie dies bei den in der Richtlinie über aktive implantierbare medizinische Geräte und in der Richtlinie über Medizinprodukte genannten Sonderanfertigungen oder den für klinische Prüfungen bestimmten Geräten der Fall ist,
   - wie dies bei den in der Richtlinie über in In-vitro-Diagnostika genannten Produkten für Leistungsbewertungszwecke der Fall ist;

d) ihnen eine Konformitätsbescheinigung beigefügt ist, wie dies bei den in der Richtlinie über Gasverbrauchseinrichtungen genannten Ausrüstungen der Fall ist;

e) an ihnen der Name des Herstellers ersichtlich ist und eine Angabe über die Höchstlast gemacht wird, wie dies bei Geräten der Fall ist, die nach der Richtlinie über nichtselbsttätige Waagen keiner Konformitätsbewertung unterzogen werden;

f) sie gemäß den allgemein anerkannten Regeln der Technik hergestellt wurden, wie im Falle bestimmter Behälter, die in der Richtlinie über einfache Druckbehälter und in der Richtlinie über Druckgeräte genannt sind.

Ferner können die Mitgliedstaaten gemäß der Richtlinie über Druckgeräte zulassen, dass in ihrem Hoheitsgebiet Druckgeräte oder Baugruppen in Verkehr gebracht und von den Benutzern in Betrieb genommen werden, die nicht mit der CE-Kennzeichnung versehen sind, bei denen jedoch die Konformitätsbewertung von einer Betreiberprüfstelle und nicht von einer notifizierten Stelle vorgenommen wurde.

4.5.1.7. CE-Kennzeichnung und andere Zeichen

- *Allein die CE-Kennzeichnung bescheinigt, dass ein Produkt Konformität mit den anzuwendenden und die CE-Kennzeichnung vorschreibenden Harmonisierungsrechtsakten der Union aufweist.*
- *Die Mitgliedstaaten sehen davon ab, in ihre einzelstaatlichen Rechtsvorschriften eine Bezugnahme auf eine andere Konformitätskennzeichnung aufzunehmen, die sich mit der CE-Kennzeichnung überschneiden würde.*
- *Ein Produkt kann mit zusätzlichen Zeichen versehen sein, sofern diese eine andere Funktion als die CE-Kennzeichnung erfüllen, nicht zu Verwechslungen mit der CE-Kennzeichnung führen können und weder die Lesbarkeit noch die Sichtbarkeit der CE-Kennzeichnung beeinträchtigen.*

Die CE-Kennzeichnung ersetzt alle zwingend vorgeschriebenen Konformitätskennzeichnungen, die die gleiche Bedeutung haben wie diese und vor der Harmonisierung bestanden. Solche nationalen Konformitätskennzeichnungen sind mit der CE-Kennzeichnung unvereinbar und stellen eine Verletzung der betreffenden EU-Rechtsvorschriften dar. Im Rahmen der Umsetzung der Harmonisierungsrechtsvorschriften der Union müssen die Mitgliedstaaten die CE-Kennzeichnung in ihre nationalen Rechtsvorschriften und Verwaltungsverfahren aufnehmen. Desgleichen müssen die Mitgliedstaaten von der Einführung einer anderen Konformitätskennzeichnung mit der gleichen Bedeutung in ihre nationalen Rechtsvorschriften absehen.

Andere Kennzeichnungen dürfen jedoch verwendet werden, sofern sie zum Schutz öffentlicher Interessen beitragen, nicht von Harmonisierungsrechtsvorschriften der Gemeinschaft abgedeckt sind und ihre Anbringung die Sichtbarkeit, Lesbarkeit und Bedeutung der CE-Kennzeichnung nicht beeinträchtigt. Die Anbringung zusätzlicher Kennzeichnungen (wie eines geschützten Warenzeichens eines Herstellers oder sonstiger privater/nationaler Kennzeichnungen) ist statthaft, sofern sie zu keiner Verwechslung mit der CE-Kennzeichnung führen. Eine solche Verwechslung bezieht sich auf die Bedeutung oder Gestalt der CE-Kennzeichnung.

Andere Zeichen, die zusätzlich zur CE-Kennzeichnung angebracht werden, müssen eine andere Funktion als die CE-Kennzeichnung erfüllen. Sie sollten daher Informationen über die Konformität mit Zielen zum Ausdruck bringen, die sich von den Zielen der CE-Kennzeichnung unterscheiden (indem sie z. B. auf Umweltaspekte ausgerichtet sind, die in den anzuwendenden Harmonisierungsrechtsvorschriften der Union nicht berücksichtigt sind).

Darüber hinaus sehen mehrere Harmonisierungsrechtsvorschriften der Union zusätzliche Zeichen vor, die die CE-Kennzeichnung ergänzen und sich nicht mit ihr überschneiden (siehe Abschnitt 4.5.2).

4.5.1.8. Sanktionen

- *Die Mitgliedstaaten müssen die ordnungsgemäße Durchführung des Systems der CE-Kennzeichnung sicherstellen und bei einer missbräuchlichen Verwendung angemessene Schritte einleiten.*
- *Die Mitgliedstaaten sehen auch Sanktionen für Verstöße vor, die bei schweren Verstößen strafrechtlicher Natur sein können.*
- *Die Kommission und die anderen Mitgliedstaaten sind zu unterrichten, wenn ein Mitgliedstaat beschließt, den freien Verkehr aufgrund inkorrekter Anbringung der CE-Kennzeichnung einzuschränken oder wenn er Maßnahmen gegen Personen ergreift, die für die CE-Kennzeichnung eines nichtkonformen Produkts verantwortlich sind.*

Die CE-Kennzeichnung ist der erste Hinweis darauf, dass davon ausgegangen werden kann, dass vor dem Inverkehrbringen des betreffenden Produkts alle erforderlichen Kontrollen durchgeführt wurden, um seine Konformität mit den Anforderungen aufgrund von Rechtsvorschriften zu gewährleisten. Die Marktaufsichtsbehörden sind berechtigt, zum Schutz des öffentlichen Interesses zusätzliche Kontrollen durchzuführen. Die von den Marktaufsichtsbehörden zu ergreifenden Maßnahmen werden im Einzelfall nach dem Grundsatz der Verhältnismäßigkeit festgelegt.

In ihren nationalen Rechtsvorschriften müssen die Mitgliedstaaten für geeignete Maßnahmen sowohl zur Verhinderung der missbräuchlichen und unsachgemäßen Verwendung der CE-Kennzeichnung als auch zur Abhilfe in diesen Fällen sorgen. Diese Maßnahmen müssen wirksam und abschreckend sein und im Verhältnis zur Schwere der Tat stehen und können schwerer ausfallen, wenn der betreffende Wirtschaftsakteur in der Vergangenheit bereits in ähnlicher Weise gegen Bestimmungen verstoßen hat. Sofern erforderlich, können sie die Rücknahme oder den Rückruf von Produkten sowie Strafen und strafrechtliche Sanktionen (wie Geld- und Freiheitsstrafen) umfassen.

Stellen die Marktaufsichtsbehörden fest, dass ein Produkt eine Gefahr darstellt oder nicht den geltenden Rechtsvorschriften entspricht, werden die Maßnahmen unbeschadet sonstiger Maßnahmen eingeleitet. Für die Umsetzung der Maßnahmen sind die Mitgliedstaaten zuständig.

Das Anbringen der CE-Kennzeichnung auf einem Produkt, das unter keine der Harmonisierungsrechtsvorschriften der Union fällt, in denen Bestimmungen über ihre Anbringung enthalten sind, gilt als Irreführung, da Verbraucher oder Benutzer z. B. den Eindruck bekommen können, dass das betreffende Produkt bestimmte Harmonisierungsrechtsvorschriften der Union erfüllt. Die zuständigen Stellen müssen daher über Rechtsmittel verfügen, die es ihnen ermöglichen einzuschreiten, wenn die irreführende Verwendung der CE-Kennzeichnung offenkundig ist. Zur Durchsetzung der Konformität sind ebenso Maßnahmen zu ergreifen wie gegen diejenigen, die für die CE-Kennzeichnung eines nichtkonformen Produkts verantwortlich sind.

Das Anbringen weiterer Zeichen an CE-gekennzeichneten Produkten unterliegt gewissen Einschränkungen.[224] Die Aufsichtsbehörden leiten geeignete Maßnahmen ein, um für die Einhaltung dieser Bestimmungen zu sorgen, und werden bei Bedarf entsprechend tätig.

Ein Mitgliedstaat muss die Kommission und die anderen Mitgliedstaaten informieren, wenn er sich für eine Einschränkung des freien Verkehrs aufgrund einer inkorrekten Anbringung der CE-Kennzeichnung entschließt und wenn er Maßnahmen gegen die Person ergreift, die die CE-Kennzeichnung auf einem nicht konformen Produkt angebracht hat. Daraufhin bleibt den anderen Mitgliedstaaten die Entscheidung überlassen, ob ähnliche Maßnahmen notwendig sind. Im Falle einer zu Unrecht vorgenommenen CE-Kennzeichnung auf Produkten, die nicht der CE-Kennzeichnungspflicht unterliegen, muss der betreffende Mitgliedstaat die Kommission und die anderen Mitgliedstaaten entsprechend unterrichten.

4.5.2. Sonstige obligatorische Zeichen

In mehreren Harmonisierungsrechtsvorschriften der Union sind zusätzliche Zeichen vorgesehen, die die CE-Kennzeichnung ergänzen und sich nicht mit ihr überschneiden.

Piktogramme oder andere Zeichen, die die Verwendungsart angeben, ergänzen gemäß einigen Harmonisierungsrechtsvorschriften der Union die CE-Kennzeichnung, sind aber nicht deren Bestandteil oder Ersatz. Generell gelten für diese Zeichen dieselben Grundsätze wie für die CE-Kennzeichnung. Beispiele dafür sind

– die EU-Energieetikettierung für energieverbrauchsrelevante Produkte;

224 Siehe Abschnitte 4.5.1.7 und 4.5.2.

- das für Geräte und Schutzsysteme zur bestimmungsgemäßen Verwendung in explosionsgefährdeten Bereichen erforderliche spezielle Kennzeichen zur Verhütung von Explosionen;
- die für Funkanlagen erforderliche Geräteklassen-Kennung (Klasse 2);
- die für Messgeräte und nichtselbsttätige Waagen erforderliche zusätzliche Metrologiekennzeichnung.

5. Konformitätsbewertung

5.1. Module für die Konformitätsbewertung

5.1.1. Was ist die Konformitätsbewertung?

- *Die Konformitätsbewertung ist ein vom Hersteller durchgeführter Vorgang, mit dem nachgewiesen werden soll, dass bestimmte Anforderungen an ein Produkt erfüllt worden sind.*
- *Ein Produkt wird sowohl in der Entwurfs- als auch in der Fertigungsstufe einer Konformitätsbewertung unterzogen.*

Jeder produktbezogene Rechtsakt (im alten wie im neuen Konzept) umfasst zwei wichtige Elemente:

- *die rechtlichen Anforderungen an die Merkmale des jeweiligen Produkts;*
- *und die Konformitätsbewertungsverfahren, die der Hersteller durchführt, um nachzuweisen, dass ein Produkt diese rechtlichen Anforderungen erfüllt, bevor es in Verkehr gebracht wird.*

In diesem Leitfaden wird die Konformitätsbewertung ausgehend von den Festlegungen im Beschluss Nr. 768/2008/EG behandelt (bezogen insbesondere auf die Harmonisierungsrechtsvorschriften der Union gemäß dem „neuen Konzept" und nunmehr gemäß dem neuen Rechtsrahmen).

Ein Produkt wird sowohl in der Entwurfs- als auch in der Fertigungsstufe einer Konformitätsbewertung unterzogen. Verantwortlich für die Konformitätsbewertung ist der Hersteller. Dies ist auch dann der Fall, wenn ein Hersteller den Entwurf oder die Fertigung an einen Unterauftragnehmer vergibt.

Die Konformitätsbewertung darf nicht mit der Marktüberwachung verwechselt werden, die in Kontrollen der nationalen Marktaufsichtsbehörden nach dem Inverkehrbringen des Produkts besteht. Beide Verfahren ergänzen einander jedoch und sind gleichermaßen notwendig, um den Schutz der betroffenen öffentlichen Interessen und das reibungslose Funktionieren des Binnenmarktes zu gewährleisten.

Das wesentliche Ziel eines Konformitätsbewertungsverfahrens besteht in dem Nachweis, dass in Verkehr gebrachte Produkte den Anforderungen entsprechen, die in den Bestimmungen der einschlägigen Rechtsvorschriften festgelegt sind.

5.1.2. Die Modulstruktur der Konformitätsbewertung in den Harmonisierungsrechtsvorschriften der Union

- *In den Harmonisierungsrechtsvorschriften der Union umfassen die Konformitätsbewertungsverfahren sowohl die Entwurfs- als auch die Fertigungsstufe. Sie bestehen aus einem oder zwei Modulen. Einige Module decken beide Stufen ab. In anderen Fällen wird für jede Stufe ein gesondertes Modul verwendet.*
- *Im Beschluss Nr. 768/2008/EG sind die „horizontalen" Konformitätsbewertungsmodule sowie der auf den Modulen beruhende Aufbau der Verfahren niedergelegt.*
- *Der Gesetzgeber wählt unter den (in Beschluss Nr. 768/2008/EG) vorgegebenen Konformitätsbewertungsmodulen/-verfahren diejenigen aus, die für den jeweiligen Sektor am geeignetsten sind.*

Gemäß den Harmonisierungsrechtsvorschriften der Union bestehen die Konformitätsbewertungsverfahren aus einem oder zwei Konformitätsbewertungsmodulen. Da die Produkte sowohl in der Entwurfs- als auch in der Fertigungsstufe einer Konformitätsbewertung unterzogen werden, umfasst ein Konformitätsbewertungsverfahren ebendiese beiden Stufen, wohingegen ein Modul

- entweder eine der beiden Stufen (in diesem Fall umfasst das Konformitätsbewertungsverfahren zwei Module)
- oder beide Stufen (in diesem Fall umfasst das Konformitätsbewertungsverfahren ein Modul) abdeckt.

Im Beschluss Nr. 768/2008/EG sind die „horizontalen" Konformitätsbewertungsmodule sowie der auf den Modulen beruhende Aufbau der Verfahren niedergelegt.

Der Gesetzgeber wählt unter den (in Beschluss Nr. 768/2008/EG) festgelegten Konformitätsbewertungsmodulen/-verfahren diejenigen aus, die für die Erfordernisse in dem betreffenden Sektor am geeignetsten sind[225]. Dabei sollten ausgehend von der Art der Produkte und den mit ihnen verbundenen Gefähr-

225 Nach der Ökodesign-Richtlinie sind die anzuwendenden Konformitätsbewertungsverfahren (die in einer Durchführungsmaßnahme genauer festzulegen sind) in der Regel in der Richtlinie

dungen, den Folgen für den Schutz öffentlicher Interessen, der wirtschaftlichen Infrastruktur des Sektors, den Produktionsmethoden usw. die am wenigsten aufwendigen Module ausgewählt und gegebenenfalls Module der Inspektion, Zertifizierung und/oder der Qualitätssicherung zur Auswahl stehen.

Die Konformitätsbewertungsverfahren sind rechtlich gleichwertig, aber technisch hinsichtlich der Methoden nicht identisch. Mit ihrer Anwendung in den sektorspezifischen Rechtsvorschriften soll ein hohes Maß an Vertrauen in die Konformität der Produkte mit den einschlägigen wesentlichen Anforderungen geschaffen werden.

Hinter den im Beschluss Nr. 768/2008/EG vorgegebenen Modulen steht die Absicht, die Zahl der möglichen Verfahren zu begrenzen.

Dennoch muss die angebotene Auswahl so vielfältig sein, dass sie für eine möglichst breite Palette betroffener Produkte anwendbar ist.

Bei den Harmonisierungsrechtsvorschriften der Union hat der Hersteller in der Frage der Konformitätsbewertungsverfahren entweder keine Wahl oder muss aus einer Reihe von Verfahren wählen. Da die Konformitätsbewertungsverfahren in den Harmonisierungsrechtsvorschriften der Union auf den Beschluss Nr. 768/2008/EG zurückgehen, bleiben ihre Einheitlichkeit und Kohärenz gewahrt. So wird die Bewertung der Produktkonformität transparenter, insbesondere wenn für ein Produkt mehr als eine Harmonisierungsrechtsvorschrift gilt.

5.1.3. An der Konformitätsbewertung beteiligte Akteure – Stellung der Konformitätsbewertung in der Lieferkette

- *Die Konformitätsbewertung liegt in der Zuständigkeit des Herstellers, unabhängig davon, ob die Rechtsvorschriften die Beteiligung einer notifizierten oder einer akkreditierten internen Konformitätsbewertungsstelle vorsehen.*
- *Die wichtigsten Akteure einer Konformitätsbewertung sind der Gesetzgeber, der Hersteller und (sofern in den Rechtsvorschriften vorgesehen) die notifizierte oder die akkreditierte interne Konformitätsbewertungsstelle.*
- *Die sowohl für die Entwurfs- als auch für die Fertigungsstufe verwendeten Module können die Beteiligung einer notifizierten Stelle beinhalten.*

---

selbst festgelegt, aber in hinreichend begründeten Fällen sind die Module des Beschlusses Nr. 768/2008/EG vorgeschrieben.

- *Akkreditierte interne Konformitätsbewertungsstellen müssen das gleiche Niveau an fachlicher Kompetenz und Unparteilichkeit nachweisen wie notifizierte Stellen.*

Die Konformitätsbewertung liegt in der Zuständigkeit des Herstellers. Wenn es jedoch in der entsprechenden Rechtsvorschrift verlangt wird, muss ein Dritter am Konformitätsbewertungsverfahren beteiligt werden.

Insgesamt bestehen drei Möglichkeiten:

- Ein Dritter wird nicht beteiligt. Dies kann der Fall sein, wenn laut Gesetzgeber eine Erklärung (zusammen mit den entsprechenden technischen Prüfungen und Unterlagen) des Herstellers genügt, um die Konformität des betreffenden Produkts/der betreffenden Produkte mit den einschlägigen rechtlichen Anforderungen zu gewährleisten. Dann führt der Hersteller selbst alle notwendigen Kontrollen und Prüfungen durch, erstellt die technischen Unterlagen und gewährleistet die Konformität des Produktionsprozesses.
- Die Konformitätsbewertung wird unter Beteiligung einer akkreditierten internen Konformitätsbewertungsstelle durchgeführt, die Teil der Organisation des Herstellers ist. Diese interne Stelle darf jedoch keine andere Tätigkeit außer der Konformitätsbewertung ausüben und muss von jedweder Geschäfts-, Entwurfs- und Fertigungsabteilung unabhängig sein (zu näheren Einzelheiten siehe Artikel R21 des Beschlusses Nr. 768/2008/EG). Sie muss bei der Akkreditierung die gleiche technische Kompetenz und Unparteilichkeit wie externe Konformitätsbewertungsstellen nachweisen.

  Wenn es für einen bestimmten Sektor zweckmäßig ist, kann der Gesetzgeber anerkennen, dass Hersteller sehr gut ausgestattete Labors oder Einrichtungen unterhalten. Dies kann beispielsweise bei innovativen komplexen neuen Produkten der Fall sein, bei denen allein die Hersteller über das Knowhow für Prüfungen verfügen.
- In anderen Fällen hingegen kann der Gesetzgeber die Einbeziehung eines Dritten, d.h. einer externen Konformitätsbewertungsstelle, als notwendig erachten. Eine solche Stelle muss unparteilich sein und darf mit der Organisation oder dem Produkt, das sie bewertet, in keinerlei Verbindung stehen (siehe auch Artikel R17 Absatz 3 des Beschlusses Nr. 768/2008/EG). Sie darf keiner Tätigkeit nachgehen, die ihrer Unabhängigkeit schaden könnte (siehe auch Artikel R21 Absatz 2 Buchstabe c des Beschlusses Nr. 768/2008/EG), und damit keine Interessen als Nutzer oder anderweitig an dem zu bewertenden Produkt haben.

Es liegt in der Verantwortung der Mitgliedstaaten, in ihrem Hoheitsgebiet dritte Konformitätsbewertungsstellen zu notifizieren, die sie für fachlich kompetent zur Bewertung der Konformität von Produkten mit den Anforderungen der für sie geltenden Harmonisierungsrechtsvorschriften der Union halten. Interne Stellen können nicht notifiziert werden, müssen aber über die Akkreditierung trotzdem nachweisen, dass sie über die gleiche fachliche Kompetenz wie externe Stellen verfügen. Die Mitgliedstaaten müssen auch dafür Sorge tragen, dass die (internen oder externen) Stellen ihre fachliche Kompetenz dauerhaft erhalten.

Ausgehend von dem Vorstehenden sind folgende Akteure an einem Konformitätsbewertungsverfahren beteiligt:

a) Der Gesetzgeber, der
   - die Rechtsvorschriften festlegt, die Produkte erfüllen müssen;
   - die geeigneten Konformitätsbewertungsmodule/-verfahren aus dem Beschluss Nr. 768/2008/EG auswählt.

b) Der Hersteller, der
   - das Produkt entwirft, herstellt und prüft bzw. entwerfen, herstellen oder prüfen lässt;
   - die technischen Unterlagen des Produkts erstellt;
   - alle notwendigen Maßnahmen zur Gewährleistung der Konformität der Produkte ergreift;
   - bei einer positiven Bewertung der Produkte die EU-Konformitätserklärung erstellt und – falls vorgeschrieben – die CE-Kennzeichnung auf den Produkten anbringt;
   - bei Beteiligung einer notifizierten Stelle – falls vorgeschrieben – die Kennnummer der notifizierten Stelle auf dem Produkt anbringt.

   Die Verantwortung für die Konformität von Produkten mit den einschlägigen rechtlichen Anforderungen liegt stets beim Hersteller. In diesem Zusammenhang wird der Wirtschaftsakteur, der das Produkt unter seinem Namen oder seiner Handelsmarke in Verkehr bringt, für die Zwecke der Harmonisierungsrechtsvorschriften der Union automatisch zum Hersteller. Er übernimmt daher die volle Verantwortung für die Konformitätsbewertung (Entwurf und Produktion) des Produkts, auch wenn diese tatsächlich von einem anderen durchgeführt wurde. Darüber hinaus muss er im Besitz aller Unterlagen und Bescheinigungen sein, die zum Nachweis der Konformität des Produkts erforderlich sind; diese müssen jedoch nicht auf seinen Namen lauten.

c) Die (interne oder externe) Konformitätsbewertungsstelle, die
   - gegebenenfalls vorgeschriebene Prüfungen und Bewertungen durchführt;
   - bei einer positiven Bewertung die von den anzuwendenden Rechtsvorschriften geforderte Zulassung oder Bescheinigung erteilt.

   Eine Konformitätsbewertungsstelle, die eine Konformitätsbewertung für eines oder mehrere Module gemäß einer bestimmten Harmonisierungsrechtsvorschrift der Union durchführen möchte, muss nach allen Anforderungen für die verschiedenen Module bewertet werden, für die sie Dienstleistungen anbieten will (siehe auch Abschnitt 5.2.3). Eine Stelle, die Konformitätsbewertungsdienstleistungen gemäß einer Harmonisierungsrechtsvorschrift der Union anbieten möchte, muss Dienstleistungen für mindestens ein in der Harmonisierungsrechtsvorschrift der Union genanntes Modul anbieten. Hierbei ist zu beachten, dass eine Stelle nicht verpflichtet ist, Dienstleistungen für mehr als ein Modul anzubieten, jedoch muss sie die Verantwortung für ein gesamtes Modul übernehmen.

Die genaue Position der Konformitätsbewertung in der Lieferkette ist dem Ablaufdiagramm 2 zu entnehmen.

Ablaufdiagramm 2

Konformitätsbewertung

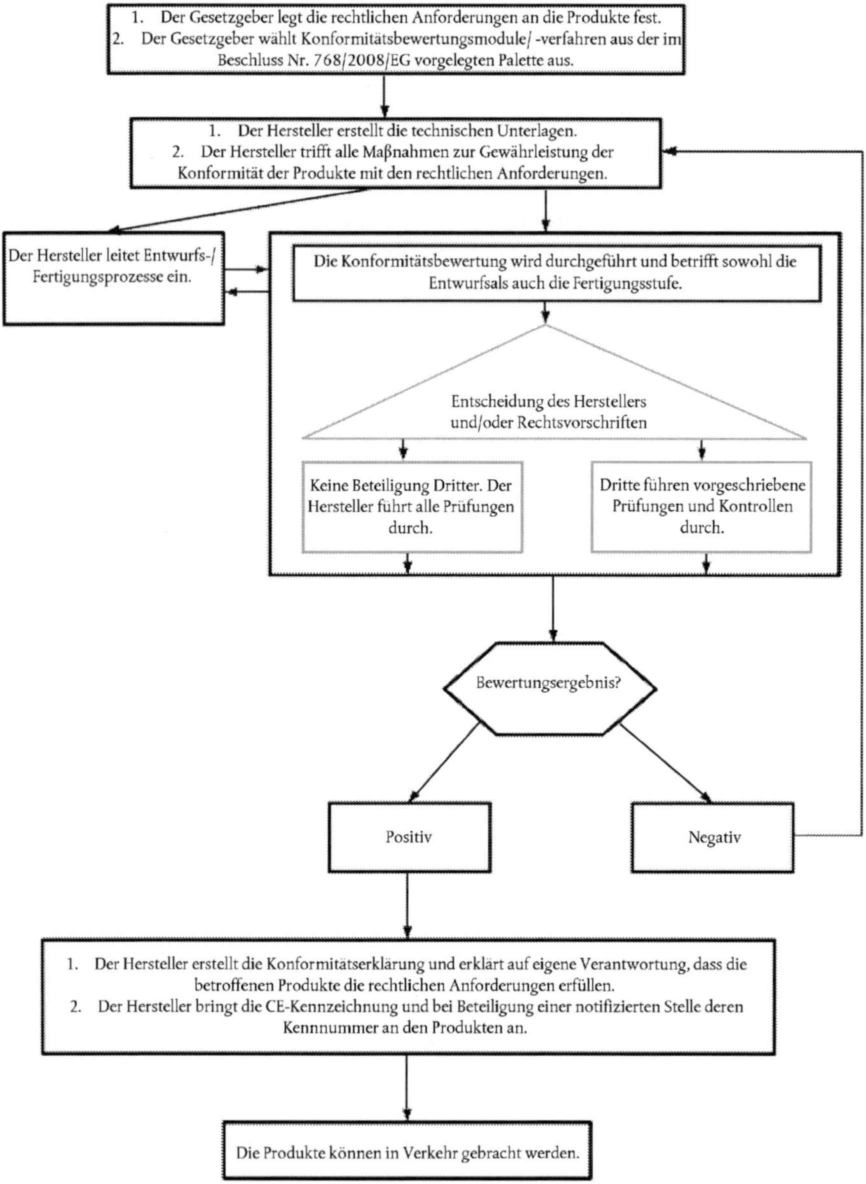

5.1.4. Module und ihre Varianten

Es gibt acht Module. Für einige von ihnen liegen Varianten vor.

Es gibt acht Module (die mit den Buchstaben A bis H bezeichnet sind). Sie legen die Pflichten des Herstellers (und seines Bevollmächtigten) und den Grad der Beteiligung der akkreditierten internen oder der notifizierten Konformitätsbewertungsstelle fest. Sie sind die „horizontalen" Komponenten der im Beschluss Nr. 768/2008/EG festgelegten Konformitätsbewertungsverfahren.

Für einige Module liegen Varianten vor. Für mehrere Module sind Varianten festgelegt worden, mit denen soll erreicht werden, dass für Produkte, die mit einem höheren Risiko behaftet sind, das erforderliche Schutzniveau gewährleistet werden kann, ohne dass ein höhere Anforderungen stellendes Modul vorgeschrieben werden muss (dies gilt für alle Varianten aller Module im Beschluss Nr. 768/2008/EG). Dahinter steht die Absicht, die Belastung für die Hersteller möglichst gering zu halten.

5.1.5. Verfahren mit einem und zwei Modulen – Bauartbezogene Verfahren (EU-Baumusterprüfung)

In einigen Fällen wird das Konformitätsbewertungsverfahren in zwei Schritten absolviert:

- *zuerst die Prüfung der Konformität eines Musters oder des Entwurfs des betroffenen Produkts;*
- *dann die Feststellung der Übereinstimmung der hergestellten Produkte mit dem zugelassenen EU-Muster.*

In einigen Fällen, z. B. bei Massenproduktion basierend auf einer Bauart/einem „für die geplante Produktion repräsentativen" Muster, und wenn der Entwurf des fraglichen Produkts komplexer Art ist, kann in den EU-Rechtsvorschriften ein Konformitätsbewertungsverfahren mit zwei Schritten festgelegt werden:

- zunächst die Überprüfung der Konformität der Bauart/des Musters mit den einschlägigen rechtlichen Anforderungen (sogenannte EU-Baumusterprüfung – Modul B);
- und dann die Feststellung der Übereinstimmung der hergestellten Produkte mit dem zugelassenen Muster.

In diesen Fällen bestehen die Konformitätsbewertungsverfahren aus zwei Modulen, wobei Modul B immer das erste Modul ist.

Diese Methode senkt nicht nur Aufwand und Kosten, sondern ist auch effizienter als die herkömmliche direkte Überprüfung der Konformität von Produkten mit den rechtlichen Anforderungen. Sobald das Baumuster zugelassen ist (und dies geschieht nur einmal für ein spezifisches Muster), muss lediglich geprüft werden, ob die Produkte, die in Verkehr gebracht werden sollen, mit dem zugelassen Baumuster übereinstimmen.

Die im Rahmen von Modul B beteiligte Konformitätsbewertungsstelle ist nicht unbedingt dieselbe wie bei dem Modul, das zusammen mit Modul B verwendet wird.

In Fällen, in denen keine EU-Baumusterprüfung stattfindet, umfassen die Konformitätsbewertungsverfahren ein Modul mit zwei Stufen (Entwurf und Fertigung).

Auch der Hersteller, der das Modul durchführt[226], das zusammen mit Modul B verwendet wird, muss nicht dieselbe Person sein wie diejenige, die Inhaber der EU-Baumusterprüfbescheinigung von Modul B ist. Gleichwohl übernimmt der Hersteller, der das Produkt in Verkehr bringt, die gesamte Verantwortung für die Konformitätsbewertung (Entwurf und Fertigung) des Produkts. Folglich muss er im Besitz beider Bescheinigungen sein, auch wenn die EU-Baumusterprüfbescheinigung nicht auf seinen Namen zu lauten braucht, und er muss den gesamten Werdegang des Produkts nachweisen können. Er muss über alle administrativen und technischen Angaben und Daten verfügen, die Baumusterprüfung durchgeführt haben, die technischen Unterlagen in Verbindung mit der Baumusterprüfung pflegen und die Prüfung von Produktchargen durchgeführt haben. Das Gleiche gilt im Übrigen für alle Module und Verfahren, unabhängig davon, ob es sich um einstufige oder zweistufige Konformitätsbewertungsverfahren handelt. Verlässt sich ein Hersteller bei Entwurf und Produktion des Produkts auf einen oder mehrere andere Hersteller, so muss nachgewiesen werden, dass der Hersteller in vollem Umfang über Änderungen des Entwurfs, der Produktion und der Konformitätsbewertung des Produkts informiert ist.

226 Die entsprechenden Module sind C, C1, C2, D, E und F.

5.1.6. Module auf der Grundlage der Qualitätssicherung

- *Die Nutzung von Qualitätssicherungssystemen für die Zwecke der Konformitätsbewertung in den Harmonisierungsrechtsvorschriften der Union wird in den Modulen D, E und H und ihren Varianten beschrieben.*
- *Um die geltenden Rechtsvorschriften einzuhalten, muss der Hersteller dafür sorgen, dass das Qualitätssicherungssystem eingerichtet und so angewendet wird, dass es die volle Konformität der Produkte mit den relevanten rechtlichen Anforderungen gewährleistet.*
- *Bei Einhaltung der Normen EN ISO 9000 und EN ISO 9001 durch den Hersteller wird vermutet, dass die entsprechenden Qualitätssicherungsmodule den Rechtsvorschriften genügen, für die diese Normen gelten.*
- *Darüber hinaus muss das Qualitätssicherungssystem den Besonderheiten der jeweiligen Produkte Rechnung tragen.*

Einige Module und ihre Varianten beruhen auf Qualitätssicherungstechniken und leiten sich aus den Normen EN ISO 9000[227] und EN ISO 9001[228] ab. Die Module auf der Grundlage von Qualitätssicherungstechniken (Module D, E und H und ihre Varianten) beschreiben die Elemente, die ein Hersteller in seiner Organisation umsetzen muss, um nachzuweisen, dass das Produkt die wesentlichen Anforderungen der geltenden Rechtsvorschriften erfüllt.

Ein Hersteller muss also die Möglichkeit erhalten, ein genehmigtes Qualitätssicherungssystem zu nutzen, um die Einhaltung rechtlicher Anforderungen nachzuweisen. Das Qualitätssicherungssystem wird von der notifizierten Stelle bewertet.

Bei einem Qualitätssicherungssystem, das auf der Grundlage der Normen EN ISO 9000 und EN ISO 9001 eingerichtet wird, wird angenommen, dass die entsprechenden Module den Vorschriften in den Modulen entsprechen, für die diese Normen gelten, sofern das Qualitätssicherungssystem den Besonderheiten der betreffenden Produkte Rechnung trägt.

Um diesen Modulen zu entsprechen, steht es dem Hersteller allerdings frei, andere Modelle von Qualitätssicherungssystemen anzuwenden als diejenigen, die auf der Norm EN ISO 9001 beruhen.

227 Qualitätsmanagementsystem – Grundlagen und Begriffe.

228 Qualitätsmanagementsysteme – Anforderungen.

Auf jeden Fall muss der Hersteller bei der Anwendung seines Qualitätssicherungssystems ausnahmslos alle rechtlichen Vorschriften berücksichtigen, insbesondere folgende:

- Die Qualitätsziele, die Qualitätsplanung und das Qualitätshandbuch müssen in jeder Hinsicht darauf ausgerichtet sein, Produkte hervorzubringen, die den wesentlichen Anforderungen genügen.
- Der Hersteller muss die wesentlichen Anforderungen, die für das Produkt von Belang sind, und die harmonisierten Normen oder sonstigen technischen Lösungen, die die Einhaltung dieser Anforderungen gewährleisten, ermitteln und dokumentieren.
- Die ermittelten Normen oder sonstigen technischen Lösungen müssen als Entwurfsvorgaben sowie als Bestätigung dafür dienen, dass das Entwurfsergebnis die Einhaltung der wesentlichen Anforderungen gewährleistet.
- Mit den zur Steuerung der Fertigung ergriffenen Maßnahmen muss sichergestellt sein, dass die Produkte die ermittelten wesentlichen Anforderungen erfüllen.
- Qualitätssicherungsaufzeichnungen wie Inspektionsberichte, Prüf- und Kalibrierdaten, Berichte über die Qualifikation der in diesem Bereich beschäftigten Mitarbeiter müssen geeignet sein, die Erfüllung der jeweiligen wesentlichen Anforderungen zu gewährleisten.

5.1.7. Überblick über die Module

Module	Beschreibung
A Interne Fertigungskontrolle	Umfasst sowohl Entwurf als auch Fertigung. Der Hersteller selbst gewährleistet die Konformität der Produkte mit den rechtlichen Anforderungen (keine EU-Baumusterprüfung).
A1 Interne Fertigungskontrolle mit überwachten Produktprüfungen	Umfasst sowohl Entwurf als auch Fertigung. A + Prüfungen bestimmter Aspekte des Produkts, die von einer akkreditierten internen Stelle durchgeführt oder vom Hersteller einer von ihm gewählten notifizierten Stelle übertragen werden.
A2 Interne Fertigungskontrolle mit überwachten Produktprüfungen in unregelmäßigen Abständen	Umfasst sowohl Entwurf als auch Fertigung. A + Fertigungskontrollen in unregelmäßigen Abständen, die von einer notifizierten Stelle oder einer akkreditierten internen Stelle durchgeführt werden.

Module	Beschreibung
B EU-Baumusterprüfung	Umfasst den Entwurf. Danach folgen stets andere Module, mit denen die Übereinstimmung der Produkte mit dem zugelassenen EU-Baumuster nachgewiesen wird. Eine notifizierte Stelle untersucht den technischen Entwurf und/oder die Muster einer Bauart und prüft und bescheinigt durch Ausstellung der EU-Baumusterprüfbescheinigung, dass für das Produkt Übereinstimmung mit den geltenden Anforderungen der Rechtsvorschrift besteht. Eine EU-Baumusterprüfung kann auf dreierlei Art und Weise durchgeführt werden: 1) Baumuster, 2) Kombination aus Bau- und Entwurfsmuster sowie 3) Entwurfsmuster.
C Konformität mit dem EU-Baumuster auf der Grundlage einer internen Fertigungskontrolle	Umfasst Fertigung und folgt auf Modul B. Der Hersteller muss eine interne Fertigungskontrolle durchführen, um die Konformität seines Produkts mit dem nach Modul B genehmigten EU-Baumuster sicherzustellen.
C1 Konformität mit dem EU-Baumuster auf der Grundlage einer internen Fertigungskontrolle plus überwachten Produktprüfungen	Umfasst Fertigung und folgt auf Modul B. Der Hersteller muss eine interne Fertigungskontrolle durchführen, um die Konformität seines Produkts mit dem nach Modul B genehmigten EU-Baumuster sicherzustellen. C + Prüfungen von bestimmten Aspekten des Produkts, die von einer akkreditierten internen Stelle durchgeführt oder vom Hersteller einer von ihm gewählten notifizierten Stelle übertragen werden*.
C2 Konformität mit dem EU-Baumuster auf der Grundlage der internen Fertigungskontrolle plus überwachte Produktprüfungen in unregelmäßigen Abständen	Umfasst Fertigung und folgt auf Modul B. Der Hersteller muss eine interne Fertigungskontrolle durchführen, um die Konformität seines Produkts mit dem nach Modul B genehmigten EU-Baumuster sicherzustellen. C + Produktprüfungen in unregelmäßigen Abständen mit Prüfung bestimmter Aspekte des Produkts, durchgeführt von einer notifizierten Stelle oder einer akkreditierten internen Stelle.

* Der Gesetzgeber kann die Wahl des Herstellers einschränken.

Module	Beschreibung
D Konformität mit dem EU-Baumuster auf der Grundlage einer Qualitätssicherung bezogen auf den Produktionsprozess	Umfasst Fertigung und folgt auf Modul B. Der Hersteller betreibt ein Qualitätssicherungssystem für die Produktion (Fertigungsbereich und Endabnahme), um die Konformität mit dem EU-Baumuster zu gewährleisten. Die notifizierte Stelle bewertet das Qualitätssicherungssystem.
D1 Qualitätssicherung bezogen auf den Produktionsprozess	Umfasst sowohl Entwurf als auch Fertigung. Der Hersteller betreibt ein Qualitätssicherungssystem für die Produktion (Fertigungsbereich und Endabnahme), um die Konformität mit rechtlichen Anforderungen zu gewährleisten (kein EU-Baumuster, verwendet wie D ohne Modul B). Die notifizierte Stelle bewertet das Qualitätssicherungssystem für die Produktion (Fertigungsbereich und Endabnahme).
E Konformität mit dem EU-Baumuster auf der Grundlage der Qualitätssicherung bezogen auf das Produkt	Umfasst Fertigung und folgt auf Modul B. Der Hersteller betreibt ein System zur Sicherung der Produktqualität (= Produktqualität ohne den Fertigungsbereich) für Endabnahme und Prüfung, um die Konformität mit dem EU-Baumuster zu gewährleisten. Eine notifizierte Stelle bewertet das Qualitätssicherungssystem. Das Modul E beruht auf einem ähnlichen Grundgedanken wie Modul D: Beide basieren auf einem Qualitätssicherungssystem und folgen auf das Modul B. Der Unterschied besteht darin, dass das Qualitätssicherungssystem bei Modul E der Sicherung der Qualität des Endprodukts dient, während das Qualitätssicherungssystem von Modul D (und auch von D1) auf die Sicherung der Qualität des gesamten Produktionsprozesses abstellt (der den Fertigungsbereich und die Endabnahme umfasst). Somit entspricht E dem Modul D ohne die Vorschriften zum Herstellungsprozess.

Module	Beschreibung
E1 Qualitätssicherung des Endprodukts Endabnahme und Prüfung	Umfasst sowohl Entwurf als auch Fertigung. Der Hersteller betreibt ein System zur Sicherung der Produktqualität (= Produktionsqualität ohne den Fertigungsbereich) für die Endabnahme und Prüfung, um die Erfüllung der rechtlichen Anforderungen zu gewährleisten (kein Modul B (EU-Baumuster), verwendet wie E ohne Modul B). Die notifizierte Stelle bewertet das Qualitätssicherungssystem. Das Modul E1 beruht auf einem ähnlichen Grundgedanken wie Modul D1: Beide basieren auf einem Qualitätssicherungssystem. Der Unterschied besteht darin, dass das Qualitätssicherungssystem bei Modul E1 der Sicherung der Qualität des Endprodukts dient, während das Qualitätssicherungssystem von Modul D1 auf die Sicherung der Qualität des gesamten Produktionsprozesses abzielt (der den Fertigungsbereich und die Endabnahme umfasst). Somit entspricht E1 dem Modul D1 ohne die Vorschriften zum Herstellungsprozess.
F Konformität mit dem EU-Baumuster auf der Grundlage einer Produktprüfung	Umfasst Fertigung und folgt auf Modul B. Der Hersteller gewährleistet die Konformität der hergestellten Produkte mit dem zugelassenen EU-Baumuster. Die notifizierte Stelle führt die Produktprüfungen durch (Test jedes einzelnen Produkts oder statistische Prüfungen), um die Konformität der Produkte mit dem EU-Baumuster zu kontrollieren. Modul F entspricht C2, doch nimmt die notifizierte Stelle systematischere Produktprüfungen vor.
F1 Konformität auf der Grundlage einer Prüfung der Produkte	Umfasst sowohl Entwurf als auch Fertigung. Der Hersteller gewährleistet die Konformität der hergestellten Produkte mit den rechtlichen Anforderungen. Die notifizierte Stelle führt die Produktprüfungen durch (Test jedes einzelnen Produkts oder statistische Prüfungen), um die Konformität der Produkte mit den rechtlichen Anforderungen zu kontrollieren (kein EU-Baumuster, verwendet wie F ohne Modul B) Das Modul F1 entspricht A2, doch nimmt die notifizierte Stelle eingehendere Produktprüfungen vor.

Module	Beschreibung
G Konformität auf der Grundlage einer Einzelprüfung	Umfasst sowohl Entwurf als auch Fertigung. Der Hersteller gewährleistet die Konformität der hergestellten Produkte mit den rechtlichen Anforderungen. Die notifizierte Stelle prüft jedes einzelne Produkt, um die Einhaltung der rechtlichen Anforderungen zu gewährleisten (kein EU-Baumuster).
H Konformität auf der Grundlage einer umfassenden Qualitätssicherung	Umfasst sowohl Entwurf als auch Fertigung. Der Hersteller betreibt ein umfassendes Qualitätssicherungssystem, um die Einhaltung der rechtlichen Anforderungen zu gewährleisten (kein EU-Baumuster). Die notifizierte Stelle bewertet das Qualitätssicherungssystem.
H1 Konformität auf der Grundlage einer umfassenden Qualitätssicherung mit Entwurfsprüfung	Umfasst sowohl Entwurf als auch Fertigung. Der Hersteller betreibt ein umfassendes Qualitätssicherungssystem, um die Einhaltung der rechtlichen Anforderungen zu gewährleisten (kein EU-Baumuster). Die notifizierte Stelle bewertet das Qualitätssicherungssystem und den Produktentwurf und stellt eine EU-Entwurfsprüfbescheinigung aus. Das Modul H1 sieht gegenüber dem Modul H zusätzlich vor, dass die notifizierte Stelle eine eingehendere Prüfung des Produktentwurfs vornimmt. Die EU-Entwurfsprüfbescheinigung darf nicht mit der EU-Baumusterprüfbescheinigung von Modul B verwechselt werden, die die Konformität eines „für die geplante Produktion repräsentativen“ Musters bescheinigt, sodass die Konformität der Produkte anhand dieses Musters geprüft werden kann. Bei der EU-Entwurfsprüfbescheinigung von Modul H1 gibt es keine derartigen Muster. Mit der EU-Entwurfsprüfbescheinigung wird bestätigt, dass die Konformität des Produktentwurfs von einer notifizierten Stelle geprüft und bescheinigt worden ist.

5.1.8. Überblick über die Verfahren

Folgende Verfahren sind möglich:

- A – Interne Fertigungskontrolle
- A1 – Interne Fertigungskontrolle plus überwachte Produktprüfungen
- A2 – Interne Fertigungskontrolle plus überwachte Produktprüfungen in unregelmäßigen Abständen
- B+C – EU-Baumusterprüfung (B) gefolgt von Konformität mit dem EU-Baumuster auf der Grundlage einer internen Fertigungskontrolle (C)
- B+C1 – EU-Baumusterprüfung (B) gefolgt von Konformität mit dem EU-Baumuster auf der Grundlage einer internen Fertigungskontrolle plus überwachte Produktprüfungen (C1)
- B+C2 – EU-Baumusterprüfung (B) gefolgt von Konformität mit dem EU-Baumuster auf der Grundlage einer internen Fertigungskontrolle plus überwachte Produktprüfungen in unregelmäßigen Abständen (C2)
- B+D – EU-Baumusterprüfung (B) gefolgt von Konformität mit dem EU-Baumuster auf der Grundlage einer Qualitätssicherung bezogen auf den Produktionsprozess (D)
- D1 – Qualitätssicherung bezogen auf den Produktionsprozess
- B+E – EU-Baumusterprüfung (B) gefolgt von Konformität mit dem EU-Baumuster auf der Grundlage der Qualitätssicherung bezogen auf das Produkt (E)
- E1 – Qualitätssicherung von Endabnahme und Prüfung der Produkte
- B+F – EU-Baumusterprüfung (B) gefolgt von Konformität mit dem EU-Baumuster auf der Grundlage einer Produktprüfung (F)
- F1 – Konformität auf der Grundlage einer Prüfung der Produkte
- G – Konformität auf der Grundlage einer Einzelprüfung
- H – Konformität auf der Grundlage einer umfassenden Qualitätssicherung
- H1 – Konformität auf der Grundlage einer umfassenden Qualitätssicherung plus Entwurfsprüfung

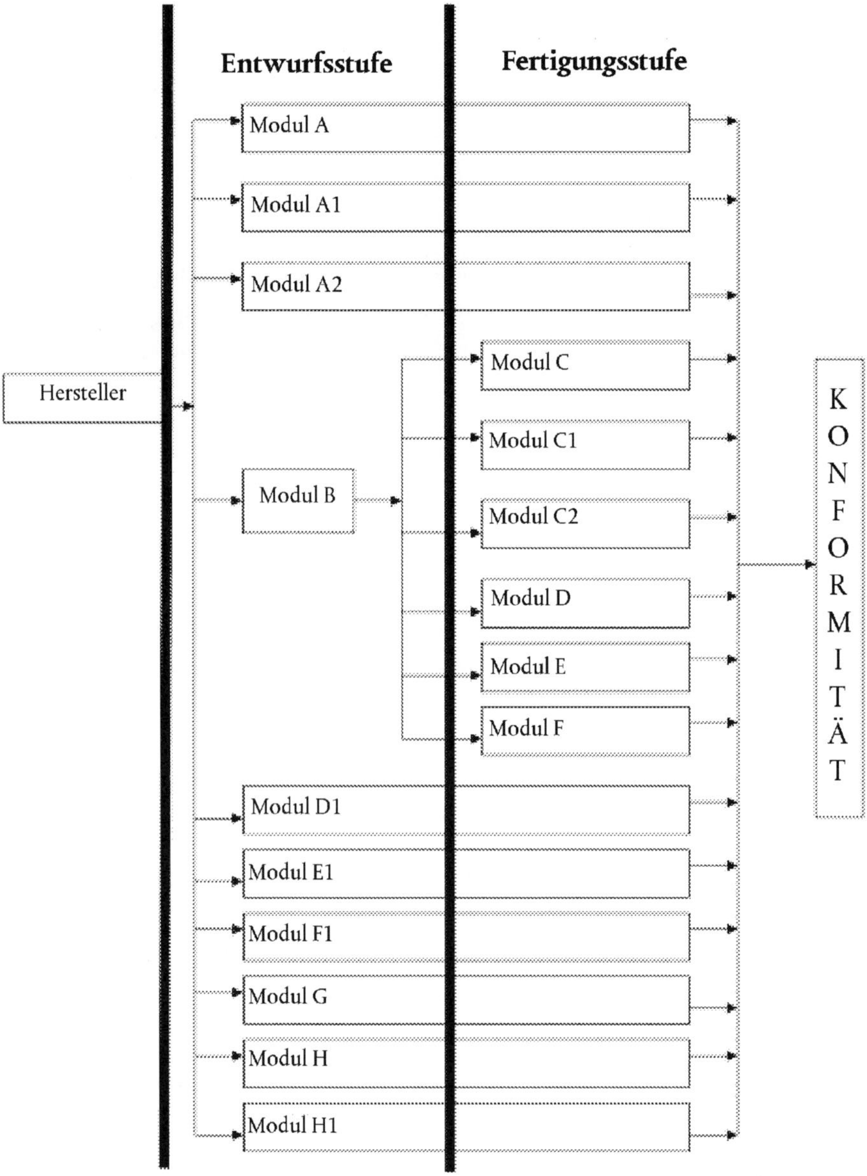
Entwurfsstufe
Fertigungsstufe
Hersteller
Modul A
Modul A1
Modul A2
Modul B
Modul C
Modul C1
Modul C2
Modul D
Modul E
Modul F
Modul D1
Modul E1
Modul F1
Modul G
Modul H
Modul H1
KONFORMITÄT

5.1.9. Grundsätze für die Auswahl der geeigneten Module

- *Der Gesetzgeber sollte keine Module vorschreiben, die im Verhältnis zu den Zielen der entsprechenden Harmonisierungsrechtsvorschriften der Union zu große Belastungen mit sich bringen, ohne dass jedoch der Schutz des öffentlichen Interesses gefährdet wird.*
- *Bei der Auswahl der Module sollte deren Komplexität im Verhältnis zur Gefährdung (Wirkung auf das öffentliche Interesse, Gesundheit, Sicherheit, Umwelt) durch das Produkt, zur Komplexität seines Entwurfs und zum Charakter seiner Produktion (Großserie oder Kleinserie, Sonderanfertigung, einfacher oder aufwändiger Produktionsmechanismus usw.) stehen.*

Der Gesetzgeber sollte die Module für seine Rechtsvorschrift nach folgenden Grundsätzen auswählen:

- Generell unterliegen Produkte sowohl Entwurfs- als auch Produktionsmodulen, bevor sie in Verkehr gebracht werden.
- Wenn es für den Schutz des öffentlichen Interesses angezeigt ist, muss dem Hersteller eine möglichst breite Auswahl an Modulen zur Verfügung stehen.
- Falls es genügt, dass der Hersteller alle Prüfungen selbst durchführt, um die Konformität der Produkte zu gewährleisten, kann der Gesetzgeber Modul A wählen. Dies kann bei Produkten mit geringer Komplexität (einfacher Entwurfs- und Produktionsmechanismus) und einem geringen Risiko für im öffentlichen Interesse schützenswerte Aspekte der Fall sein.
- Im Falle der Massenfertigung auf der Grundlage einer Bauart/eines Musters und wenn das betreffende Produkt beispielsweise einen komplexen Entwurf aufweist oder mit einem erhöhten Risiko der Nichtkonformität verbunden ist, können die EU-Rechtsvorschriften das Konformitätsbewertungsverfahren in zwei Schritten vorschreiben: Prüfung der Konformität des Prototyps/Musters mit den relevanten rechtlichen Anforderungen (EU-Baumusterprüfung – Modul B) gefolgt von der Feststellung der Konformität der Produkte mit dem zugelassenen EU-Baumuster (Module C und Varianten, D, E und F).
- Wenn sich der Gesetzgeber für den Nachweis der Konformität mit einem Muster (Modul B) entscheidet, muss er prüfen, ob es möglicherweise genügt, dass der Hersteller alle Prüfungen selbst durchführt, um die Konformität in der Fertigungsstufe zu gewährleisten. Wenn das der Fall ist, kann der Gesetzgeber Modul C wählen.

- In vielen Fällen muss der Gesetzgeber anerkennen, dass die Hersteller häufig sehr gut ausgestattete Prüflaboratorien oder -anlagen unterhalten. Dies ist für gewöhnlich der Fall bei neuen, innovativen und komplexen Produkten, bei denen allein die Hersteller über das Knowhow für Prüfungen verfügen. In solchen Fällen kann der Gesetzgeber die Module A1, A2 oder C1, C2 in Betracht ziehen (die beiden letztgenannten Module, wenn er sich für den Nachweis der Konformität mit einem Muster – Modul B – entschieden hat), die den Einsatz einer akkreditierten internen Stelle ermöglichen.
- Wenn der Nachweis der Konformität von Produkten mit einer zugelassenen EU-Bauart nicht dem Hersteller überlassen werden kann, sondern die Überwachung der Produkte während des Produktionsprozesses durch eine notifizierte Stelle erfordert, kann der Gesetzgeber vom Hersteller verlangen, dass dieser entweder ein zugelassenes Qualitätssicherungssystem (Module D und E) betreibt oder die Konformität seiner Produkte mittels Tests/Prüfungen (Modul F) überprüft wird. Ist der Produktionsmechanismus relativ „einfach“, kann der Gesetzgeber es für ausreichend halten, dass das Qualitätssicherungssystem des Herstellers den Fertigungsbereich unberücksichtigt lässt und nur auf die Endabnahme abstellt. In diesem Fall ist das Modul E am besten geeignet.
- Bei Produkten mit einfachem Entwurf, aber komplizierter Fertigung/Herstellung kann der Gesetzgeber die Module D1, E1 und F1 in Erwägung ziehen und so die Vorteile der Module D, E bzw. F nutzen, ohne dass eine formalere Baumusterprüfung notwendig ist (wie in Modul B vorgesehen, das den Modulen D, E und F vorausgeht).
- Für Produkte, die in kleinen Serien gefertigt werden, kann der Gesetzgeber das Modul G in Erwägung ziehen.
- In komplizierten Fällen, wenn der Hersteller ein umfassendes Qualitätssicherungssystem betreiben muss, das sowohl die Entwurfs- als auch die Fertigungsstufe umfasst, kann sich der Gesetzgeber für das Modul H entscheiden.
- Wenn der Hersteller ein umfassendes Qualitätssicherungssystem betreibt, die Überprüfung der Konformität des Entwurfs und die Erteilung einer EU-Entwurfsprüfbescheinigung jedoch durch eine notifizierte Stelle erfolgen muss, kann der Gesetzgeber das Modul H1 auswählen.

5.2. Konformitätsbewertungsstellen

5.2.1. Konformitätsbewertungsstellen und notifizierte Stellen

Die notifizierten Stellen führen die Aufgaben aus, die sich aus den Konformitätsbewertungsverfahren ergeben, die laut den geltenden technischen Harmonisierungsrechtsvorschriften anzuwenden sind, wenn die Beteiligung eines Dritten verlangt wird.

Eine Konformitätsbewertungsstelle ist eine Stelle, die eines oder mehrere Elemente der Konformitätsbewertung durchführt, einschließlich einer oder mehrerer der folgenden Tätigkeiten: Kalibrierung, Prüfung, Zertifizierung und Inspektion. Notifizierte Stellen sind Konformitätsbewertungsstellen, die von der zuständigen nationalen Behörde benannt werden, um die Verfahren für die Konformitätsbewertung im Sinne der geltenden Harmonisierungsrechtsvorschriften der Union durchzuführen, wenn ein Dritter beteiligt werden muss. Sie werden im EU-Recht als „notifizierte Stellen" bezeichnet.

Notifizierte Stellen übernehmen Pflichten in Bereichen von öffentlichem Interesse und bleiben deshalb gegenüber den zuständigen nationalen Behörden rechenschaftspflichtig. Damit eine Stelle notifiziert werden kann, muss sie eine juristische Person sein, die im Hoheitsgebiet eines Mitgliedstaats ansässig ist und damit dessen Hoheitsgewalt unterliegt. Die Mitgliedstaaten können frei entscheiden, ob sie eine Stelle notifizieren, die den in den einschlägigen Harmonisierungsrechtsvorschriften der Union festgelegten Anforderungen entspricht, oder nicht.

5.2.2. Aufgaben und Pflichten

- *Die notifizierten Stellen dürfen ihre Konformitätsbewertungsleistungen innerhalb ihres Notifizierungsbereichs jedem Wirtschaftsakteur mit Sitz inner- oder außerhalb der Union anbieten. Sie können diese Tätigkeiten auch im Hoheitsgebiet anderer Mitgliedstaaten oder von Drittstaaten ausüben.*
- *Die notifizierten Stellen müssen ihrer notifizierenden Behörde, den Marktüberwachungsbehörden und anderen notifizierten Stellen relevante Informationen zur Verfügung stellen.*
- *Die notifizierten Stellen müssen kompetent, nichtdiskriminierend, transparent, neutral, unabhängig und unparteilich handeln.*

- *Die notifizierten Stellen müssen Mitarbeiter zur Verfügung haben, die über ausreichende und sachdienliche Kenntnisse und Erfahrungen verfügen, um die Konformitätsbewertung im Einklang mit den entsprechenden Harmonisierungsrechtsvorschriften der Union durchzuführen.*
- *Die notifizierten Stellen müssen geeignete Vorkehrungen treffen, um die Vertraulichkeit der von ihnen im Zuge der Konformitätsbewertung erlangten Informationen sicherzustellen.*
- *Die notifizierten Stellen müssen in Bezug auf ihre fachliche Tätigkeit ausreichend versichert sein, sofern die Haftung nicht aufgrund der nationalen Rechtsvorschriften vom notifizierenden Mitgliedstaat übernommen wird.*
- *Die notifizierten Stellen können ihre Kompetenz mittels einer Akkreditierung nachweisen, woran ihre fachliche Kompetenz vorzugsweise beurteilt wird.*

Die notifizierte Stelle muss zwar im Hoheitsgebiet des notifizierenden Mitgliedstaats ansässig sein, darf aber auch außerhalb des Mitgliedstaats, ja sogar außerhalb der Union tätig sein bzw. Mitarbeiter beschäftigen. Bescheinigungen und andere Konformitätsbewertungsnachweise werden allerdings stets von und im Namen der notifizierten Stelle[229] ausgestellt. Da die notifizierte Stelle ihre Bewertungsaufgaben immer im Hoheitsgebiet des benennenden Mitgliedstaats erfüllen muss, muss sie die notifizierende Behörde von dieser Sachlage in Kenntnis setzen, die ihrerseits in der Lage sein muss, die Überwachung der gesamten Stelle zu gewährleisten, da sie die Verantwortung für deren Tätigkeit trägt. Wird die Überwachung nicht für möglich gehalten, sollte die notifizierende Behörde die Notifizierung gegebenenfalls widerrufen oder einschränken.

Die notifizierten Stellen müssen ihre nationalen notifizierenden Behörden über ihre Tätigkeiten unterrichten (beispielsweise über die Durchführung von Konformitätsbewertungen, Verfügbarkeit von Ressourcen, Vergabe von Unteraufträgen, Interessenkonflikte), und zwar entweder direkt oder über eine bevollmächtigte Stelle (beispielsweise die nationale Akkreditierungsstelle). Sie müssen auch darauf eingestellt sein, auf Verlangen der notifizierenden Behörden oder der Kommission sämtliche Informationen in Bezug auf die korrekte Umsetzung der Bedingungen, unter denen sie notifiziert wurden, vorzulegen.

Die notifizierten Stellen sind generell verpflichtet, die notifizierende Behörde über alle Bescheinigungen, die aufgrund von sicherheitsbedingten Nonkonfor-

229 Zur Vergabe von Unteraufträgen durch notifizierte Stellen vgl. Abschnitt 5.2.5.

mitäten verweigert, eingeschränkt, ausgesetzt oder widerrufen wurden, sowie auf Anfrage über ausgestellte Bescheinigungen oder andere Konformitätsbewertungstätigkeiten zu unterrichten. Darüber hinaus müssen die notifizierten Stellen den übrigen Stellen, die nach derselben Harmonisierungsrechtsvorschrift der Union notifiziert sind, ähnlichen Konformitätsbewertungstätigkeiten nachgehen und dieselben Produkte abdecken, einschlägige Informationen über die negativen und auf Verlangen auch über die positiven Ergebnisse von Konformitätsbewertungen übermitteln. In Anbetracht der Geheimhaltungspflicht, die die notifizierten Stellen bei der Ausübung ihrer Aufgaben beachten müssen, darf es sich bei den anderen notifzierten Stellen mitgeteilten Informationen nicht um vertrauliche Geschäftsinformationen zu dem Produkt handeln. Relevante auszutauschende Informationen im Zusammenhang mit negativen Konformitätsbewertungsergebnissen dürften daher in erster Linie die Verweigerung einer Konformitätsbewertungsbescheinigung betreffen, in der das Produkt und der betreffende Hersteller genannt werden.

Ferner müssen sie der Marktüberwachungsbehörde und – gemäß bestimmten Harmonisierungsrechtsvorschriften der Union – auch den Marktüberwachungsbehörden anderer Mitgliedstaaten für die Marktüberwachung relevante Informationen übermitteln. Die notifizierten Stellen sind selbst nicht verantwortlich für die Beschaffung der EU-Konformitätserklärung oder der technischen Unterlagen. Allerdings müssen sie unter Umständen entsprechend dem anzuwendenden Konformitätsbewertungsverfahren die technischen Unterlagen als Teil des technischen Dossiers aufbewahren und der Kommission oder den Mitgliedstaaten auf Anfrage zur Verfügung stellen.[230] Des Weiteren müssen die notifizierten Stellen auf Anfrage des für die Anwendung einer Schutzklausel verantwortlichen Kommissionsreferats die notwendigen Angaben über das Produkt oder die Konformitätsbewertung übermitteln.

Die notifizierten Stellen sind von ihren Kunden und anderen interessierten Kreisen unabhängige Dritte und müssen dies auch bleiben. Der Rechtsstatus von Stellen, die eine Notifizierung anstreben, d. h., ob ihr Status privat oder staatlich ist, ist ohne Belang, solange ihre Unabhängigkeit, Unparteilichkeit und Integrität gewährleistet sind und sie als Rechtsperson Rechte und Pflichten wahrzunehmen vermögen.

Die Pflicht zur Unabhängigkeit betrifft die gesamte Organisation, einschließlich Vorstand oder Direktoren, und gilt auch für Wirtschaftsverbände oder Fachverbände.

230 Vgl. Anhang II des Beschlusses Nr. 768/2008/EG, Modul B, Nummer 8, dritter Satz.

Zur Sicherung der Unparteilichkeit müssen die notifizierte Stelle und ihre Mitarbeiter frei von jeglichem gewerblichen, finanziellen und anderen Druck sein, der ihr Urteil beeinflussen könnte. Durch die Einführung entsprechender Verfahren muss die Stelle zudem sicherstellen, dass ihre Arbeit nicht von außen beeinflusst wird. Die Struktur der Stelle muss so konzipiert sein, dass ihre Unparteilichkeit gewahrt bleibt, vor allem wenn sie nicht nur als notifizierte Stelle tätig wird.

Darüber hinaus muss sie über Strategien und Verfahren verfügen, die eine Unterscheidung zwischen den in ihrer Eigenschaft als notifizierte Stelle durchgeführten Aufgaben und ihren sonstigen Tätigkeiten vorsehen, wobei diese Trennung den Auftraggebern gegenüber deutlich zum Ausdruck zu bringen ist. Daher darf ihr Marketingmaterial nicht den Eindruck erwecken, dass Bewertungen oder sonstige Tätigkeiten der Stelle mit den in den anzuwendenden Harmonisierungsrechtsvorschriften der Union beschriebenen Aufgaben gekoppelt sind.

Wenn eine Konformitätsbewertungsstelle einen Prüfbericht erstellt, tut sie dies in ihrer Eigenschaft als Konformitätsbewertungsstelle; nur in dieser Funktion darf sie EU-Baumusterprüfbescheinigungen ausstellen – eine Bescheinigung, die insbesondere den Namen und die Kennnummer der notifizierten Stelle trägt. Unter keinen Umständen darf die notifizierte Stelle für Prüfungen, die nicht in den Rechtsvorschriften aufgeführt sind, einen Prüfbericht ausstellen, der ihre Nummer[231] trägt, und zwar unabhängig davon, ob diese Prüfungen von der Stelle selbst oder einer anderen Stelle durchgeführt wurden. Zudem darf eine notifizierte Stelle ihre Nummer nur in Verbindung mit Konformitätsbewertungstätigkeiten verwenden, die im Rahmen des konkreten Konformitätsbewertungsmoduls vorgenommen wurden, das die Beteiligung einer notifizierten Stelle verlangt, und für die sie notifiziert wurde.

Eine notifizierte Stelle muss den Hersteller auffordern, angemessene Korrekturmaßnahmen zu ergreifen, und falls nötig die Bescheinigung aussetzen oder zurückziehen, wenn sie nach Ausstellung der Bescheinigung feststellt, dass das Produkt die Anforderungen nicht mehr erfüllt.[232]

Die notifizierten Stellen dürfen in dieser Funktion keine zusätzlichen Leistungen anbieten oder erbringen, die keinen zusätzlichen Nutzen für die Konformitätsbewertung des Produkts bedeuten. Notifizierte Stellen dürfen allerdings jede Art von Konformitätsbewertungsleistungen oder Kennzeichnungen anbieten, wenn die Produkte für die Märkte von Drittländern außerhalb der Europä-

231 Nähere Informationen zur Nummer der notifizierten Stelle in Abschnitt 5.3.3.

232 Anhang I Artikel R27 Absatz 4 des Beschlusses Nr. 768/2008/EG.

ischen Union bestimmt sind, beispielsweise im Rahmen von Abkommen über die gegenseitige Anerkennung[233]. Diese Tätigkeiten müssen von der Tätigkeit als notifizierte Stelle deutlich getrennt sein. Die notifizierten Stellen müssen außerdem sicherstellen, dass ihre Tätigkeit außerhalb des Geltungsbereichs der technischen Harmonisierungsrechtsvorschriften nicht das Vertrauen in ihre Kompetenz, Objektivität, Unparteilichkeit oder operative Integrität als notifizierte Stellen gefährdet oder beeinträchtigt. Bei der Ausübung dieser Tätigkeiten dürfen die notifizierten Stellen nicht ihren Namen und ihre Nummer als notifizierte Stellen verwenden.

Eine notifizierte Stelle darf nicht Hersteller, Bevollmächtigter, Lieferant oder deren Handelskonkurrent sein und keiner dieser Parteien Beratung in Bezug auf Entwurf, Bau, Vermarktung oder Wartung der betroffenen Produkte anbieten oder für sie erbringen (bzw. angeboten oder erbracht haben). Dies schließt jedoch die Möglichkeit eines Austauschs von technischen Informationen und Orientierungshilfen zwischen Hersteller, Bevollmächtigtem, Lieferanten und notifizierter Stelle nicht aus.

Zur Wahrung der Unparteilichkeit und Vermeidung von Interessenkonflikten ist eine klare Unterscheidung zwischen der Konformitätsbewertung, die von notifizierten Stellen vor dem Inverkehrbringen durchgeführt wird, und der Marktüberwachung wichtig. Darüber hinaus müssen die Marktüberwachungsbehörden ihren Verpflichtungen unabhängig, unparteiisch und unvoreingenommen nachkommen. Daher hat es als unangemessen zu gelten, dass Marktüberwachungsbehörden als notifizierte Stellen benannt werden, und es sollten die erforderlichen Maßnahmen zur Wahrung der Unparteilichkeit und Vermeidung von Interessenkonflikten eingeführt werden, wenn eine einzige Einrichtung mit beiden Zuständigkeiten betraut wird.[234] [235] Die notifizierten Stellen müssen über dokumentierte Verfahren zur Ermittlung, Prüfung und Lösung sämtlicher Fälle verfügen, in denen Interessenkonflikte vermutet bzw. nachgewiesen wurden. Sie sollten auch das in ihrem Auftrag tätige Personal dazu verpflichten, etwaige Interessenkonflikte zu melden.

Den notifizierten Stellen muss Personal unterstehen, das über ausreichende Kenntnisse und Erfahrungen im Hinblick auf die betreffenden Produkte und Konformitätsbewertungsverfahren sowie über eine entsprechende Ausbildung

233 Zu Abkommen über die gegenseitige Anerkennung siehe Abschnitt 9.2.

234 Zur Marktüberwachung siehe Kapitel 7.

235 Dennoch ist es in einigen Branchen (z.B. Explosivstoffe und Pyrotechnik) üblich, dass die Marktüberwachungsbehörden sich auf die Prüfungen der notifizierten Stellen verlassen, sofern es keinen Interessenkonflikt gibt.

verfügt. Kenntnisse und Erfahrung sollten insbesondere die maßgeblichen rechtlichen Anforderungen und Durchsetzungsmaßnahmen, europäische und internationale Normungsaktivitäten, einschlägige Technologien, Herstellungsmethoden und Überprüfungsverfahren sowie die normalen Gebrauchsbedingungen des jeweiligen Produkts betreffen. Die Stelle muss in der Lage sein, die Leistung all ihrer Ressourcen zu steuern und zu kontrollieren und dafür die Verantwortung zu unternehmen sowie umfassende Aufzeichnungen über die Eignung aller Mitarbeiter zu führen, die sie in bestimmten Bereichen einsetzt (eigene Mitarbeiter und Vertragsmitarbeiter ebenso wie Mitarbeiter von externen Stellen). Darüber hinaus muss die Stelle Zugang zu den entsprechenden Einrichtungen haben und in der Lage sein, in der EU Prüfungen oder Nachprüfungen vorzunehmen. Andernfalls hat die notifizierende Behörde keine Möglichkeit, ihre Kompetenz einer Kontrolle zu unterziehen.

Die notifizierten Stellen müssen die Vertraulichkeit aller von ihnen im Zuge der Konformitätsbewertung erlangten Informationen sicherstellen. Daher müssen sie Vorkehrungen treffen, damit Ergebnisse oder sonstige Informationen an keinen anderen als die jeweils zuständige Behörde und den Hersteller bzw. seinen Bevollmächtigten weitergegeben werden.

Die notifizierten Stellen müssen für ihre Konformitätsbewertungstätigkeit ausreichend versichert sein. Der Geltungsbereich und der finanzielle Gesamtwert der Haftpflichtversicherung müssen den mit den Tätigkeiten der notifizierten Stelle verbundenen Risiken entsprechen. Die Gesamtverantwortung für die Konformität eines Produkts mit allen Anforderungen der anzuwendenden Richtlinien verbleibt jedoch stets beim Hersteller, selbst wenn einige Stufen der Konformitätsbewertung in der Verantwortung einer notifizierten Stelle durchgeführt werden.

Die notifizierten Stellen sind verpflichtet, sich an Koordinierungstätigkeiten[236] zu beteiligen. Außerdem müssen sie entweder direkt oder per Vertretung an der europäischen Normung mitwirken oder anderweitig sicherstellen, dass sie den Sachstand bei einschlägigen Normen[237] kennen.

236 Zur Koordinierung zwischen notifizierten Stellen siehe Abschnitt 5.2.4.

237 Anhang I Artikel R17 Absatz 11 des Beschlusses Nr. 768/2008/EG.

5.2.3. Kompetenzen der notifizierten Stellen

> *Die Hauptaufgabe einer notifizierten Stelle ist es, die für die Konformitätsbewertung notwendigen Leistungen gemäß den Bestimmungen der anzuwendenden Harmonisierungsrechtsvorschriften der Union zu erbringen. Dabei handelt es sich um eine Dienstleistung für die Hersteller in Bereichen, die von öffentlichem Interesse sind.*

Notifizierte Stellen werden benannt, damit sie die Konformität mit den wesentlichen Anforderungen bewerten und eine kohärente technische Anwendung dieser Anforderungen gemäß den entsprechenden Verfahren der betreffenden Harmonisierungsrechtsvorschriften der Union gewährleistet wird. Die notifizierten Stellen müssen über geeignete Einrichtungen und Fachpersonal verfügen, damit sie die technischen und administrativen Aufgaben im Zusammenhang mit der Konformitätsbewertung durchführen können. Ebenso müssen sie angemessene Verfahren der Qualitätskontrolle für die bereitgestellten Dienstleistungen anwenden. Die Hersteller können zwischen den notifizierten Stellen, die für die Durchführung des betreffenden Konformitätsbewertungsverfahrens gemäß den anzuwendenden Harmonisierungsrechtsvorschriften der Union benannt wurden, frei wählen.

Will eine notifizierte Stelle Leistungen nach mehreren Konformitätsbewertungsverfahren anbieten, so muss sie die mit den jeweiligen Aufgaben verbundenen Anforderungen erfüllen, was anhand der Anforderungen hinsichtlich der einzelnen Verfahren zu bewerten ist. Da der Anwendungsbereich vieler technischer Harmonisierungsrechtsvorschriften allerdings weitgesteckt und heterogen sein kann, braucht eine notifizierte Stelle nicht über die Kompetenz zu verfügen, die es ihr ermöglichen würde, alle in den Geltungsbereich dieser Rechtsvorschrift gehörenden Produkte abzudecken, sondern kann auch nur für einen Teil davon notifiziert sein.

Die notifizierten Stellen müssen über geeignete Strukturen und Verfahren verfügen, mit denen gewährleistet wird, dass die Durchführung der Konformitätsbewertung und die Ausstellung von Bescheinigungen einer Überprüfung unterzogen werden. Die entsprechenden Verfahren müssen vor allem die Pflichten und Aufgaben im Zusammenhang mit der Aussetzung und dem Widerruf von Bescheinigungen, die Aufforderungen an den Hersteller zur Durchführung von Korrekturmaßnahmen und die Berichterstattung an die zuständige Behörde betreffen.

Die notifizierten Stellen übernehmen nicht nur bestimmte Aufgaben in Bereichen, die von öffentlichem Interesse sind, sondern müssen sich auch als

Erbringer von Dienstleistungen für die Industrie verstehen. So sollten sie dem Hersteller und seinem Bevollmächtigten einschlägige Informationen zu den jeweiligen Rechtsvorschriften bereitstellen, das Konformitätsbewertungsverfahren ohne unnötige Belastungen für die Wirtschaftsbeteiligten durchführen und keine zusätzlichen Zertifizierungen oder Kennzeichnungen vorschlagen, die für die Konformitätsbewertung des Produkts keinen zusätzlichen Nutzen bedeuten. Die zuletzt genannten Tätigkeiten müssen klar von der Tätigkeit als notifizierte Stelle getrennt sein. Bei der Ausübung dieser Tätigkeiten dürfen die notifizierten Stellen nicht ihren Namen und ihre Nummer als notifizierte Stellen verwenden.

Um unnötige Belastungen für die Wirtschaftsbeteiligten zu vermeiden und den Schutz vertraulicher Daten oder von Rechten geistigen Eigentums zu unterstützen, sind die den notifizierten Stellen zu übermittelnden technischen Unterlagen auf das zur Bewertung der Konformität mit den Rechtsvorschriften notwendige Maß zu beschränken.

5.2.4. Koordinierung zwischen notifizierten Stellen

Da die notifizierten Stellen Aufgaben erfüllen, die staatliche Behörden an sie delegiert haben, müssen sie an den von der Kommission organisierten Koordinierungstätigkeiten teilnehmen. Die Kommission stellt zusammen mit den Mitgliedstaaten sicher, dass zwischen den notifizierten Stellen eine Koordinierung organisiert wird.

Für jeden Harmonisierungsrechtsakt der Union oder für mehrere zusammenhängende Rechtsakte wird eine Koordinierungsgruppe notifizierter Stellen eingerichtet, deren Arbeit sich auf technische Probleme in Bezug auf Konformitätsbewertungen beschränkt, um eine einheitliche Anwendung der technischen Bestimmungen der entsprechenden Rechtsvorschriften zu gewährleisten. Zu diesem Zweck muss die Gruppe selbst über die Regeln für ihre Arbeit und über ihren Aufbau entscheiden können. Jede Koordinierungsgruppe notifizierter Stellen hat ein technisches Sekretariat und einen Vorsitzenden.

Im Allgemeinen setzen sich die Gruppen notifizierter Stellen aus Vertretern dieser Stellen zusammen. Um ihre Arbeit effizienter zu gestalten, können sie Untergruppen mit einer beschränkten Zahl von Mitgliedern einrichten, die über spezifische Fachfragen beraten. Die Kommission ist in den Gruppen vertreten. Regierungssachverständige und Vertreter der Behörden, die für die wirksame Umsetzung der Harmonisierungsrechtsvorschriften der Union unmittelbar verantwortlich sind, können an den Gruppen als Beobachter teilnehmen. Auch die europäischen Normungsorganisationen (CEN, CENELEC und ETSI) sind in den Gruppen vertreten, sofern entsprechende Themen behandelt werden. Die

Gruppen können auch Vertreter einschlägiger europäischer Verbände einladen. Haben sich die Gruppen notifizierter Stellen mit vertraulichen Themen zu beschäftigen, wird die Teilnahme an Sitzungen entsprechend den für notwendig erachteten Vorhaben eingeschränkt.

Verweigert eine Stelle die Zusammenarbeit, kann die Notifizierung widerrufen werden. Die notifizierten Stellen sind jedoch nicht verpflichtet, an Sitzungen auf europäischer Ebene teilzunehmen, wenn sie sich über die von ihrer Gruppe ausgearbeiteten administrativen Entscheidungen und Unterlagen auf dem Laufenden halten und sich generell danach richten. Die einschlägigen Arbeitsunterlagen, Sitzungsberichte, Empfehlungen und Leitlinien, die von den sektorbezogenen und sektorübergreifenden Gruppen der notifizierten Stellen oder von ihren Untergruppen ausgearbeitet worden sind, sollten allen notifizierten Stellen, die Mitglieder der jeweiligen Gruppe sind, zur Verfügung gestellt werden, unabhängig davon, ob sie an den Sitzungen teilgenommen haben oder nicht. Der Informationsaustausch und die Kommunikation können durch die Nutzung einer Plattform wie der von der Kommission betriebenen CIRCABC noch optimiert werden.

Es sollten auch nationale Koordinierungsgruppen eingerichtet werden, und sofern sie bestehen, kann es sich für die notifizierten Stellen aus dem betreffenden Mitgliedstaat als notwendig erweisen, an deren Tätigkeiten mitzuwirken.

5.2.5. Vergabe von Unteraufträgen durch notifizierte Stellen

- *Eine notifizierte Stelle kann einen Teil ihrer Arbeit auf der Grundlage nachgewiesener und regelmäßig überwachter Kompetenzen von einer anderen Stelle (einen Unterauftragnehmer oder ein Zweigunternehmen) ausführen lassen.*
- *Unteraufträge müssen auf der Grundlage von Verträgen vergeben werden, damit Transparenz und Vertrauen in die Tätigkeit der notifizierten Stelle gewährleistet sind.*

Eine notifizierte Stelle kann Unteraufträge nur für Aufgaben vergeben, für die sie selbst die Kompetenz besitzt. Eine notifizierte Stelle darf nicht deshalb einen Teil ihrer Arbeit nach außen vergeben, weil es ihr am erforderlichen Maß an Kompetenz und Sachkenntnis mangelt.

Die als Unterauftragnehmer für die notifizierten Stellen handelnden Stellen brauchen selbst nicht notifiziert zu sein. Die notifizierte Stelle muss allerdings den betreffenden Mitgliedstaat von ihrer Absicht unterrichten, bestimmte Arbeiten an Unterauftragnehmer zu vergeben. Kommt in einem solchen Fall der Mitgliedstaat zu dem Schluss, dass er die Gesamtverantwortung als notifizierende Behörde für eine solche Regelung nicht übernehmen kann, widerruft er die Notifizierung oder schränkt sie ein. Die notifizierte Stelle muss ein Register über alle von ihr vergebenen Unteraufträge führen und es systematisch aktualisieren.

Die von der notifizierten Stelle beauftragte Stelle muss fachlich kompetent sein und die gleiche Unabhängigkeit und Objektivität nach den gleichen Kriterien und unter den gleichen Bedingungen wie die notifizierte Stelle aufweisen. Der Mitgliedstaat, der die Stelle notifiziert hat, die einen Teil ihrer Arbeit im Unterauftrag vergibt, muss in der Lage sein, eine wirksame Überwachung der Kompetenz der Stelle zu gewährleisten, die von der notifizierten Stelle beauftragt wurde. Einzeln beauftragte externe Prüfer oder Spezialisten müssen die Bedingungen eines Unterauftragnehmers erfüllen.

Die notifizierte Stelle hat dafür zu sorgen, dass ihre Unterauftragnehmer über die geforderte Kompetenz verfügen und das erreichte Kompetenzniveau aufrechterhalten; sie überzeugt sich vom Stand der Dinge, indem sie beispielsweise in regelmäßigen Abständen Beurteilungen vornimmt und sich im Einzelnen über die Abwicklung der Aufgaben auf dem Laufenden hält. Auch muss die notifizierte Stelle nachweisen können, dass ihre Unterauftragnehmer die in den maßgeblichen Harmonisierungsrechtsvorschriften der Union festgelegten Anforderungen erfüllen.

Die Angaben über die Vergabe von Unteraufträgen und die Kompetenz der Unterauftragnehmer und/oder der Zweigunternehmen müssen jederzeit problemlos zugänglich sein, damit die notifizierende Behörde die notwendigen Maßnahmen ergreifen kann und die Kommission und die übrigen Mitgliedstaaten gegebenenfalls unverzüglich unterrichtet werden können. Bei Konformität mit den Normen der Reihe EN ISO/IEC 17000 wird von der Einhaltung der meisten Anforderungen durch den Unterauftragnehmer ausgegangen, wie dies bei der notifizierten Stelle selbst der Fall ist. Wird als Kompetenznachweis notifizierter Stellen nicht die Akkreditierung herangezogen, so sollte die Behörde Vor-Ort-Kontrollen beim Unterauftragnehmer im gleichen Umfang vornehmen, wie dies im Rahmen einer Akkreditierung vorgesehen wäre.

Eine weitere Voraussetzung für die Vergabe von Unteraufträgen ist, dass bei dem Konformitätsbewertungsverfahren die technischen Arbeiten von der Bewertung getrennt werden können und die Methodik für die Durchführung der technischen Tätigkeit ausreichend genau festgelegt ist. Eine notifizierte Stelle kann Unteraufträge für streng begrenzte Aufgaben (wie Tests und Prüfungen) vergeben, sofern sich diese als wesentliche und zusammenhängende Teile der technischen Tätigkeit definieren lassen. Gleichwohl muss die von der notifizierten Stelle beauftragte Stelle wesentliche und zusammenhängende Teile der technischen Arbeiten ausführen. Die Mitarbeiter der notifizierten Stelle müssen fachlich so kompetent sein, dass sie die Prüfergebnisse der Unterauftragnehmer bewerten können. Die notifizierten Stellen dürfen ihre Tätigkeiten nicht auf rein administrative Funktionen beschränken.

Die notifizierten Stellen können beispielsweise Tests im Unterauftrag vergeben, solange sie deren Ergebnisse weiterhin selbst bewerten und insbesondere den Prüfbericht validieren, um zu bewerten, ob den Anforderungen der Harmonisierungsrechtsvorschriften der Union entsprochen wurde. Ebenso ist die Vergabe von Unteraufträgen auf dem Gebiet der Zertifizierung von Qualitätssicherungssystemen möglich, vorausgesetzt, die notifizierte Stelle nimmt die Bewertung der Audit-Ergebnisse selbst vor. Die notifizierte Stelle darf keinesfalls ihre gesamte Arbeit in Form von Unteraufträgen vergeben, da ansonsten die Notifizierung keine Bedeutung mehr hätte.

Die im Unterauftrag vergebenen Arbeiten müssen nach vorher festgelegten technischen Spezifikationen durchgeführt werden, die im Interesse absoluter Transparenz ein detailliertes, auf objektiven Kriterien beruhendes Verfahren vorsehen. Ist eine Stelle, die einen Unterauftrag von einer notifizierten Stelle erhalten hat, mit der Bewertung der Konformität mit bestimmten Normen befasst, so muss die Festlegung der Verfahren auf der Grundlage dieser Normen erfolgen. Ist diese Stelle mit der Bewertung der Konformität mit den wesentlichen Anforderungen befasst, so ist das von der notifizierten Stelle angewandte Verfahren oder ein von dieser als gleichwertig erachtetes Verfahren zu verwenden.

Damit die Erfüllung ihrer allgemeinen Aufgaben gewährleistet wird, muss zwischen der notifizierten Stelle und ihren Unterauftragnehmern eine verbindliche Vereinbarung geschlossen werden.[238] Die notifizierten Stellen müssen die einschlägigen Unterlagen über die Begutachtung der Qualifikationen des Unterauftragnehmers oder des Zweigunternehmens und die von ihnen gemäß den einschlägigen Harmonisierungsrechtsvorschriften der Union ausgeführten Arbeiten für die notifizierende Behörde bereithalten.[239]

Auch bei der Vergabe von Unteraufträgen trägt die notifizierte Stelle die volle Verantwortung für alle in der Notifizierung aufgeführten Tätigkeiten. Die Vergabe eines Unterauftrags ist nicht mit der Übertragung von Befugnissen oder

238 Zu Rolle und Verantwortungen der notifizierten Stellen siehe Abschnitt 5.2.2.

239 Anhang I Artikel R20 Absatz 4 des Beschlusses Nr. 768/2008/EG.

Verantwortung verbunden. Bescheinigungen und andere Konformitätsnachweise werden stets im Namen und in der Verantwortung der notifizierten Stelle ausgestellt. Deshalb muss die einen Unterauftrag vergebende notifizierte Stelle in der Lage sein, die Arbeit des Unterauftragnehmers in all ihren Teilen zu überprüfen, und sie muss die endgültige Entscheidung treffen.

Die Bedingungen für die Vergabe von Unteraufträgen gelten für alle Unterauftragnehmer, unabhängig davon, ob sie in der Europäischen Union niedergelassen sind oder nicht. Die notifizierte Stelle bleibt in vollem Umfang für die vom Unterauftragnehmer für sie durchgeführte Arbeit verantwortlich.

Die notifizierte Stelle muss über geeignete Einrichtungen und Personal verfügen, damit sie die Ergebnisse aller Tests, Inspektionen oder anderen vom Unterauftragnehmer durchgeführten Aufgaben überprüfen kann. Des Weiteren muss die Akkreditierung, falls sie für die Notifizierung als Kompetenznachweis gewählt wird, die Zweigunternehmen notifizierter Stellen einschließen, an die diese Aufgaben übertragen werden. Akkreditierungsstellen müssen dies berücksichtigen, entweder durch korrekte Anwendung der vorhandenen internationalen Leitlinien zur grenzüberschreitenden Akkreditierung oder durch genaue Angabe in den Akkreditierungsunterlagen. Beruht eine Notifizierung nicht auf einer Akkreditierung, dann sollte der Inhalt der Informationen für die notifizierende Behörde näher spezifiziert werden, indem sie den entsprechenden Verfahren in der Akkreditierung angeglichen werden, um die korrekte und kohärente Überwachung der Zweigunternehmen und Unterauftragnehmer zu gewährleisten.

Der Hersteller kann Prüfberichte oder andere Teile seiner technischen Unterlagen vorlegen. Die notifizierte Stelle kann diese Berichte berücksichtigen, wenn sie die volle Verantwortung für die Ergebnisse trägt. Die notifizierte Stelle kann die Prüfergebnisse des Herstellers für die Konformitätsbewertung zulassen, sofern sie die Berücksichtigung dieser Prüfungen begründet.

5.2.6. Akkreditierte interne Stellen[240]

Nur in Fällen, in denen sektorale Harmonisierungsrechtsvorschriften der Union dies vorsehen, kann eine akkreditierte interne Stelle verwendet werden, um Konformitätsbewertungstätigkeiten für das Unternehmen durchzuführen, zu dem sie gehört, und zwar zur Durchführung der Konformitätsbewertungsverfahren der Module A1, A2, C1 oder C2. Diese Stelle muss einen eigenen und gesonderten Teil des Unternehmens darstellen und darf sich nicht an Entwick-

240 Es sei darauf hingewiesen, dass nur eine begrenzte Anzahl von Harmonisierungsrechtsvorschriften der Union akkreditierte interne Stellen vorsehen.

lung, Produktion, Lieferung, Installation, Verwendung oder Wartung der durch sie bewerteten Produkte beteiligen.

Eine akkreditierte interne Stelle muss eine Reihe von Anforderungen erfüllen. Sie muss gemäß der Verordnung (EG) Nr. 765/2008 akkreditiert sein.[241] Die Stelle und ihre Mitarbeiter müssen innerhalb der Struktur der Organisation, der sie angehören, identifizierbar sein, darin über Berichtsverfahren verfügen, die ihre Unparteilichkeit sicherstellen und dies gegenüber der nationalen Akkreditierungsstelle nachweisen. Weder die Stelle noch ihre Mitarbeiter dürfen für Entwicklung, Herstellung, Lieferung, Installation, Betrieb oder Wartung der von ihnen zu bewertenden Produkte verantwortlich sein und keiner Tätigkeit nachgehen, die der Unabhängigkeit ihres Urteils oder ihrer Integrität im Zusammenhang mit den Bewertungsaufgaben schaden könnten. Eine akkreditierte interne Stelle darf ihre Leistungen ausschließlich für das Unternehmen erbringen, dem sie angehört.

Eine akkreditierte interne Stelle kann den Mitgliedstaaten oder der Kommission nicht notifiziert werden, allerdings müssen der notifizierenden Behörde auf Verlangen Informationen über ihre Akkreditierung entweder durch das Unternehmen, zu dem sie gehört, oder durch die nationale Akkreditierungsstelle übermittelt werden.

5.3. Notifizierung

5.3.1. Notifizierende Behörden

Eine notifizierende Behörde ist die staatliche oder öffentliche Stelle, die mit der Benennung und Notifizierung von Konformitätsbewertungsstellen im Rahmen von Harmonisierungsrechtsvorschriften der Union beauftragt ist.

Eine notifizierende Behörde ist die staatliche oder öffentliche Stelle, die mit der Benennung und Notifizierung von Konformitätsbewertungsstellen im Rahmen von Harmonisierungsrechtsvorschriften der Union beauftragt ist. Zumeist handelt es sich dabei um die nationale Verwaltungsbehörde, die für die Umsetzung und das Management des Harmonisierungsrechtsakts der Union zuständig ist, gemäß dem die Stelle notifiziert wird. Jeder Mitgliedstaat muss eine notifizierende Behörde benennen, die für die Bewertung, Notifizierung und Überwachung von Konformitätsbewertungsstellen verantwortlich ist. Die notifi-

241 Einzelheiten zu den harmonisierten Normen, nach denen interne Stellen je nach dem relevanten Modul akkreditiert werden müssen, siehe Anhang VI.

zierende Behörde trägt die volle Verantwortung für die Kompetenz der Stellen, die sie notifiziert.

Jeder Mitgliedstaat muss seine notifizierenden Behörden so einrichten, dass es zu keinerlei Interessenkonflikt mit den Konformitätsbewertungsstellen kommt. Sie müssen durch ihre Organisation und Arbeitsweise gewährleisten, dass bei der Ausübung ihrer Tätigkeit Objektivität und Unparteilichkeit gewahrt sind. Jede Entscheidung über die Notifizierung einer Konformitätsbewertungsstelle muss von kompetenten Personen getroffen werden, die nicht mit den Personen identisch sind, welche die Begutachtung durchgeführt haben.

Eine weitere Anforderung an eine notifizierende Behörde ist, dass sie weder Tätigkeiten, die Konformitätsbewertungsstellen durchführen, noch Beratungsleistungen auf einer gewerblichen oder wettbewerblichen Basis anbieten oder erbringen darf. Sie muss die Vertraulichkeit der von ihr erlangten Informationen sicherstellen, und ihr müssen kompetente Mitarbeiter in ausreichender Zahl zur Verfügung stehen, sodass sie ihre Aufgaben ordnungsgemäß wahrnehmen kann.

Jeder Mitgliedstaat unterrichtet die Kommission über seine Verfahren zur Begutachtung und Notifizierung von Konformitätsbewertungsstellen und zur Überwachung notifizierter Stellen. Die Kommission macht diese Informationen auf ihrer Website der Öffentlichkeit zugänglich.

5.3.2. Notifizierungsprozess

- *Die Notifizierung ist der Vorgang der Unterrichtung der Kommission und der anderen Mitgliedstaaten durch die notifizierende Behörde darüber, dass eine Konformitätsbewertungsstelle benannt worden ist, um Konformitätsbewertungen gemäß einem Harmonisierungsrechtsakt der Union durchzuführen; sie erfüllt die in diesem Rechtsakt festgelegten Anforderungen in Bezug auf notifizierte Stellen.*
- *Die Mitgliedstaaten sind gegenüber den anderen Mitgliedstaaten und den EU-Organen in letzter Instanz für die Kompetenz ihrer notifizierten Stellen verantwortlich.*
- *Die Akkreditierung gilt als der bevorzugte Weg zur Bewertung der fachlichen Kompetenz notifizierter Stellen.*
- *Die Notifizierung einer notifizierten Stelle wird der Kommission und den anderen Mitgliedstaaten mittels NANDO – dem von der Kommission entwickelten und verwalteten elektronischen Notifizierungsinstrument, bei dem eine Liste aller notifizierten Stellen zu finden ist – von der notifizierenden Behörde übermittelt.*

5.3.2.1. Grundsätze der Notifizierung

Der Status „Notifizierte Stelle“ steht in der Europäischen Union ansässigen Konformitätsbewertungsstellen zur Verfügung. Die Mitgliedstaaten sind für die Notifizierung von notifizierten Stellen verantwortlich, und die Auswahl der notifizierten Stellen und die Verantwortung für sie liegt bei nationalen Behörden. Sie können die Stellen, die sie notifizieren, unter denen auswählen, die in ihrem Hoheitsgebiet ansässig sind, die Anforderungen der Rechtsvorschriften erfüllen und über die notwendigen Kompetenzen für eine Notifizierung verfügen. Die Notifizierung ist der Vorgang der Unterrichtung der Kommission und der anderen Mitgliedstaaten durch die notifizierende Behörde darüber, dass eine Konformitätsbewertungsstelle benannt worden ist, um Konformitätsbewertungen gemäß einem Harmonisierungsrechtsakt der Union durchzuführen; sie erfüllt die in diesem Rechtsakt festgelegten Anforderungen in Bezug auf notifizierte Stellen.

Während die Benennung als Akt der benennenden Behörde gilt – die auch die notifizierende Behörde sein kann –, kann eine „benannte Stelle“ erst dann eine „notifizierte Stelle“ werden, wenn die Kommission und die anderen Mitgliedstaaten unterrichtet sind.

Da die Notifizierung im Ermessen der Mitgliedstaaten liegt, sind diese nicht verpflichtet, alle Stellen zu notifizieren, die fachliche Kompetenz nachweisen. Auch sind die Mitgliedstaaten nicht verpflichtet, Stellen für jedes Verfahren zu notifizieren, das gemäß einem spezifischen Harmonisierungsrechtsakt der Union anzuwenden ist.

Die Mitgliedstaaten können eine Stelle jederzeit nach der Annahme eines Harmonisierungsrechtsakts der Union notifizieren. Allerdings sollten sie alle für Notifizierungen erforderlichen Schritte bereits vor dem Inkrafttreten des Rechtsakts einleiten.[242] So kann die im Rechtsakt vorgesehene Übergangsfrist effektiv genutzt werden, notifizierte Stellen können aktiv werden und Bescheinigungen können ab dem Datum der ersten Anwendung des Rechtsakts erteilt werden. Wird aufgrund neuer Rechtsvorschriften die erneute Notifizierung einer notifizierten Stelle erforderlich, so kann sobald der Mitgliedstaat die erforderlichen Vorschriften in nationales Recht umgesetzt und eine notfizierende Be-

242 Harmonisierungsrechtsvorschriften der Union, die an den Beschluss Nr. 768/2008/EG angeglichen wurden, enthalten geänderte Vorschriften über notifizierte Stellen. Im Hinblick auf die Notifizierung von Stellen für die Zwecke dieser Rechtsvorschriften ist es wesentlich, dass zumindest die einschlägigen Vorschriften über notifizierte Stellen (insbesondere auch die Anforderungen und Verpflichtungen dieser Stellen) in nationales Recht umgesetzt werden. Darüber hinaus müssen die Notifizierungsverfahren der Kommission und den anderen Mitgliedstaaten mitgeteilt werden, und die Mitgliedstaaten müssen die notifizierende Behörde für diese bestimmte Harmonisierungsrechtsvorschrift festlegen.

hörde für einen bestimmten Harmonisierungsrechtsakt der Union ernannt hat, diese notifizierende Behörde eine Notifizierung vornehmen. Eine notifizierende Stelle kann somit während des Übergangszeitraums sowohl nach der alten als auch nach der neuen Rechtsvorschrift notifiziert sein, aber die Notifizierung nach der alten Rechtsvorschrift läuft mit Beginn der Anwendung der neuen Rechtsvorschrift automatisch aus, sofern in einer spezifischen Rechtsvorschrift nicht anders festgelegt. Es ist allerdings zu betonen, dass die notifizierten Stellen in diesem Fall zwar Vorarbeiten leisten können, Bescheinigungen aber erst ab dem Zeitpunkt ausstellen dürfen, ab dem die Harmonisierungsrechtsvorschrift der Union gilt, sofern in sektoralen Rechtsvorschriften nichts anderes vorgeschrieben ist.

5.3.2.2. Begutachtung von Konformitätsbewertungsstellen

Bei der Begutachtung einer Konformitätsbewertungsstelle, die eine Notifizierung anstrebt, wird ermittelt, ob sie fachlich kompetent und fähig ist, die betreffenden Konformitätsbewertungsverfahren durchzuführen, und ob sie das notwendige Maß an Unabhängigkeit, Unparteilichkeit und Integrität nachweisen kann.

Die Mitgliedstaaten sind gegenüber den anderen Mitgliedstaaten und den EU-Organen in letzter Instanz für die Kompetenz ihrer notifizierten Stellen verantwortlich. Deshalb müssen sie die Kompetenz der Stellen, die eine Notifizierung anstreben, anhand der in der betreffenden Harmonisierungsrechtsvorschrift der Union festgelegten Kriterien in Verbindung mit den wesentlichen Anforderungen und dem/den entsprechenden Konformitätsbewertungsverfahren überprüfen. Im Allgemeinen betreffen die Kompetenzkriterien in den Harmonisierungsrechtsakten der Union folgende Aspekte:

- Verfügbarkeit von Personal und Ausstattung;
- Unabhängigkeit und Unparteilichkeit in Bezug auf diejenigen, die unmittelbar oder mittelbar mit dem Produkt befasst sind (wie der Konstrukteur, der Hersteller, der Bevollmächtigte des Herstellers, der Lieferant, der Monteur, der Installateur, der Betreiber);
- fachliche Kompetenz der Mitarbeiter für die jeweiligen Produkte und Konformitätsbewertungsverfahren;
- Wahrung der beruflichen Schweigepflicht und Integrität; und
- Abschluss einer Haftpflichtversicherung, sofern die Haftpflicht nicht aufgrund der nationalen Rechtsvorschriften vom Staat übernommen wird.

Die notifizierenden Behörden oder Akkreditierungsstellen müssen regelmäßig den Fortbestand der Kompetenz notifizierter Stellen nach deren Notifizierung überprüfen.

5.3.2.3. Akkreditierung gemäß der Verordnung (EG) Nr. 765/2008

Bei der Akkreditierung gemäß der Normenserie EN ISO/IEC 17000 durch national anerkannte Akkreditierungsstellen, die bei der Europäischen Kooperation für Akkreditierung (EA) Mitglied sind, handelt es sich um die fachliche Begutachtung der Kompetenz der um eine Notifzierung nachsuchenden Konformitätsbewertungsstelle. Sie ist zwar keine Anforderung, bleibt aber ein wichtiges und bevorzugtes Instrument zur Beurteilung der Kompetenz und Integrität der zu notifizierenden Stellen. Aus diesem Grund und um die Unterschiede bei den für die Notifizierung angewandten Kriterien möglichst gering zu halten, sollte die Akkreditierung von den nationalen notifizierenden Behörden als bevorzugte fachliche Grundlage für die Begutachtung von Konformitätsbewertungsstellen betrachtet werden.

Die Akkreditierung ist somit die offizielle Bestätigung der Kompetenz, professionellen Integrität und Unparteilichkeit der Stellen, die der Kommission und den anderen Mitgliedstaaten notifiziert werden sollen. Sie umfasst auch die regelmäßige Kontrolle und Überwachung der Akkreditierungsstellen. Wenn eine nationale Akkreditierungsstelle feststellt, dass die Konformitätsbewertungsstelle, für die sie eine Akkreditierungsurkunde ausgestellt hat, nicht mehr kompetent ist oder ihren Pflichten nicht mehr nachkommt, kann die Akkreditierungsurkunde zurückgezogen werden. In diesem Fall sollte die Notifizierung der Stelle widerrufen werden, und sie sollte keine Konformitätsbewertungstätigkeiten gemäß den einschlägigen Rechtsvorschriften mehr ausführen dürfen.

Der Vorrang, der der Akkreditierung eingeräumt wird, beruht auf der Beurteilung unter Gleichrangigen („peer evaluation"), die sicherstellt, dass die Akkreditierungsstelle die von ihr akkreditierten Konformitätsbewertungsstellen angemessen beaufsichtigt. Es kann jedoch vorkommen, dass die nationale Akkreditierungsstelle die Beurteilung unter Gleichrangigen nicht erfolgreich durchlaufen hat, aber trotzdem notifizierte Stellen begutachtet hat.[243] Ist die nationale Akkreditierungsstelle nicht für die betreffende spezifische Akkreditierungstätigkeit von Gleichrangigen beurteilt worden, begutachtet aber dennoch die Kompetenz einer Konformitätsbewertungsstelle für diese Tätigkeit, so sollte die Notifizierung dieser Konformitätsbewertungsstelle nicht als Akkreditierung für die Zwecke der Harmonisierungsrechtsvorschriften der Union angesehen werden.

243 In Artikel 7 der Verordnung wird dies als eine Situation angeführt, in der eine Konformitätsbewertungsstelle außerhalb des Mitgliedstaates, in dem sie niedergelassen ist, die Akkreditierung beantragen kann.

Wurde eine nationale Akkreditierungsstelle für eine bestimmte Tätigkeit zuvor mit Erfolg von Gleichrangigen beurteilt, bei einer späteren Beurteilung durch Gleichrangige jedoch eine Aussetzung verhängt, so sollten neue Notifizierungen von Konformitätsbewertungsstellen durch diese nationale Akkreditierungsstelle ebenfalls als nicht akkreditiert gelten. Grundsätzlich sollten Akkreditierungsurkunden, die bis zum Zeitpunkt der Aussetzung der nationalen Akkreditierungsstelle aufgrund der Beurteilung durch Gleichrangige ausgestellt wurden, von den nationalen Behörden weiter anerkannt werden.

Führen die Gründe für die Aussetzung der nationalen Akkreditierungsstelle zu ernsthaften Zweifeln an der Kompetenz der notifizierten Stellen, so müsste die zuständige notifizierende Behörde die Kommission und die übrigen Mitgliedstaaten davon in Kenntnis setzen, wie sie die Kompetenz der notifizierten Stellen zu gewährleisten beabsichtigt, und sie über etwaige Korrekturmaßnahmen, einschließlich des Widerrufs der Notifizierung, unterrichten.

Auch wenn die Akkreditierung das bevorzugte Instrument zur Überprüfung der Kompetenz von Konformitätsbewertungsstellen ist, können die Mitgliedstaaten die Beurteilung selbst vornehmen. Nach dem Inkrafttreten der Verordnung (EG) Nr. 765/2008 am 1. Januar 2010 müssen in solchen Fällen der Kommission und den anderen Mitgliedstaaten Belege dafür vorgelegt werden, dass die beurteilten Stellen alle geltenden rechtlichen Anforderungen erfüllen. Darüber hinaus muss die notifizierte Stelle ähnlich wie bei der Verfahrensweise der Akkreditierungsorganisationen regelmäßig überwacht werden.

5.3.2.4. Artikel 5 Absatz 2 der Verordnung (EG) Nr. 765/2008

Wenn ein Mitgliedstaat seine Notifizierungen nicht auf der Grundlage einer Akkreditierung ausspricht, so muss er laut Artikel 5 Absatz 2 der Verordnung (EG) Nr. 765/2008 „der Kommission und den übrigen Mitgliedstaaten alle Unterlagen vor(legen), die zum Nachweis der Kompetenz der Konformitätsbewertungsstellen, die er für die Umsetzung dieser Harmonisierungsrechtsvorschriften der (Union) auswählt, erforderlich sind“[244].

Wenn nationale Behörden die Begutachtung ohne Akkreditierung durchführen, sollten sie zur Gewährleistung des notwendigen Vertrauens in die Unparteilichkeit und fachliche Kompetenz von Konformitätsbewertungsstellen und in die von diesen erstellten Berichte und Bescheinigungen ausführlich und umfassend darüber informieren, wie die Qualifikation der zur Notifizierung anstehenden Stelle für die Erfüllung der Aufgaben bewertet wurde, für die sie notifiziert

244 Eine ähnliche Bestimmung ist in den meisten an den Beschluss Nr. 768/2008/EG angeglichenen Richtlinien enthalten.

wird, und zeigen, dass sie die geltenden Kriterien für notifizierte Stellen erfüllt. Diese mit einer bestimmten Notifizierung verbundenen Informationen werden der Kommission und den anderen Mitgliedstaaten über das elektronische Notifizierungsinstrument NANDO zur Verfügung gestellt.

Als Grundlage der Beurteilung sollten zumindest die folgenden Elemente dienen:

- ein förmliches Antragsverfahren;
- Bewertung anhand geltender Anforderungen;
- Erstellung eines Bewertungsberichts;
- klare Beschlussfassungsverfahren;
- Durchführung systematischer Überwachung und Vorhandensein eines entsprechenden Sanktionsmechanismus, die eine regelmäßige Überwachung einschließlich
- Vor-Ort-Kontrollen und die Überprüfung der Einhaltung der Anforderungen durch die notifizierte Stelle ermöglichen
- Nachweis der fachlichen Kompetenz der nationalen Behörde zur Begutachtung von Konformitätsbewertungsstellen für die Zwecke der Notifizierung in Bezug auf Rechtsvorschriften zur technischen Harmonisierung. Dieser Nachweis muss die gleiche Sicherheit bieten wie das System der EA[245] zur Beurteilung unter Gleichrangigen.
- Die zur Notifizierung anstehenden Stellen sollten über die allgemeinen Voraussetzungen, ihre Rechte und Pflichten sowie über die Anforderungen der mit Blick auf die Notifizierung durchgeführten Begutachtung in Kenntnis gesetzt werden.

Die Begutachtung selbst sollte folgende Elemente umfassen:

- eine Überprüfung der Unterlagen auf ihre Vollständigkeit und inhaltliche Angemessenheit in Bezug auf Konformität mit den geltenden Anforderungen;
- ein Vor-Ort-Audit zu technischen und verfahrenstechnischen Aspekten – wie die Verfügbarkeit und Eignung von Einrichtungen und Ausrüstungen, die fachliche Kompetenz der Mitarbeiter, das Vorhandensein eines geeigneten Leitungssystems – und zur Überprüfung anderer Aspekte, die belegen, dass die Anforderungen ordnungsgemäß erfüllt werden. Zur Begutachtung muss auch eine Vor-Ort-Beobachtung technischer Arbeiten gehören.

Entscheiden sich notifizierende Behörden bei einer Notifizierung für ein anderes Bewertungsverfahren als die offizielle Akkreditierung, müssen sie dies

245 Zur Rolle der EA siehe Abschnitte 6.5.2 und 6.5.4.

begründen. Außerdem dürfen die notifizierenden Behörden die Begutachtung nicht akkreditierter Konformitätsbewertungsstellen, die eine Notifizierung anstreben, nicht an die nationale Akkreditierungsstelle vergeben, ohne dass der gesamte Akkreditierungsprozess, einschließlich der Ausstellung der Akkreditierungsurkunde, durchlaufen wird.

Wird keine Akkreditierung verwendet, so müssen die notifizierenden Behörden regelmäßige Überprüfungen vornehmen, um die kontinuierliche Kompetenz der notifizierten Stelle sicherzustellen, wie es auch nationale Akkreditierungsstellen tun.

5.3.2.5. Die Schritte der Notifizierung einer Stelle

Um eine Notifizierung zu erhalten, stellt eine Konformitätsbewertungsstelle einen entsprechenden Antrag bei der notifizierenden Behörde des Mitgliedstaats, in dem sie ansässig ist. Diesem Antrag legt sie eine Beschreibung der Konformitätsbewertungstätigkeiten, der Konformitätsbewertungsverfahren oder -module und des/der Produkts/e, für das/die diese Stelle Kompetenz beansprucht, sowie, wenn vorhanden, eine Akkreditierungsurkunde bei, die von einer nationalen Akkreditierungsstelle ausgestellt wurde und in der diese bescheinigt, dass die Konformitätsbewertungsstelle die Anforderung der einschlägigen Harmonisierungsrechtsvorschriften erfüllt.

Kann die Stelle keine Akkreditierungsurkunde vorweisen, muss sie der notifizierenden Behörde alle Unterlagen vorlegen, die für die Prüfung, Anerkennung und regelmäßige Überwachung der Einhaltung der Anforderungen der einschlägigen Harmonisierungsrechtsvorschriften erforderlich sind. Nach der Überprüfung unterrichtet der Mitgliedstaat die Kommission und die anderen Mitgliedstaaten im Einzelnen über die Stelle.

Die Notifizierung einer notifizierten Stelle wird von der notifizierenden Behörde an die Kommission und die anderen Mitgliedstaaten über NANDO (New Approach Notified and Designated Organisations) übermittelt, ein elektronisches Notifizierungsinstrument, das von der Kommission entwickelt wurde und von ihr verwaltet wird. Sie sollte vollständige Angaben zur Stelle, deren Konformitätsbewertungstätigkeiten, den betreffenden Konformitätsbewertungsverfahren oder -modulen und Produkt/-en sowie die betreffende Bestätigung der Kompetenz enthalten. Sie muss ferner das Datum enthalten, das für die erneute Begutachtung der notifizierten Stelle durch die nationale Akkreditierungsstelle festgesetzt wurde, oder – im Falle einer nicht akkreditierten Notifizierung – das Datum der nächsten Überwachungsprüfung durch die notifizierende Behörde.

Beruht eine Notifizierung nicht auf einer Akkreditierungsurkunde, muss die notifizierende Behörde der Kommission und den übrigen Mitgliedstaaten Unterlagen, die die Kompetenz der Konformitätsbewertungsstelle belegen, wie sie begutachtet wurde sowie die Modalitäten übermitteln, mit denen sichergestellt wird, dass die Stelle regelmäßig überwacht wird und stets den Anforderungen genügt.

Die Notifizierung tritt in Kraft, nachdem von NANDO aus eine Benachrichtigungsmail an die Kommission und die übrigen Mitgliedstaaten gesandt und die Mitteilung auf der NANDO-Website veröffentlicht worden ist. Ab diesem Zeitpunkt darf die betreffende Stelle die Tätigkeiten einer notifizierten Stelle ausführen. Gemäß den Rechtsvorschriften, die an den Beschluss Nr. 768/2008/EG angeglichen wurden, wird die Notifizierung nach einem bestimmten Zeitraum, in dem andere Mitgliedstaaten oder die Kommission Einwände vorbringen können – zwei Wochen, wenn eine Akkreditierung vorliegt, zwei Monate, wenn keine Akkreditierung vorliegt – veröffentlicht, jedoch nur, wenn keine Einwände eingegangen sind.

Die Mitgliedstaaten müssen der Kommission und den übrigen Mitgliedstaaten jede später eintretende Änderung der Notifizierung melden, die von Belang ist, beispielsweise eine Änderung des Geltungsbereichs oder der Gültigkeitsdauer oder Änderungen bei der Stelle selbst.

5.3.3. Veröffentlichung durch die Kommission – die NANDO-Website

Die Kommission nutzt ihren Europa-Server, um das Verzeichnis notifizierter Stellen (und anderer Kategorien von Konformitätsbewertungsstellen wie Betreiberprüfstellen und anerkannter Organisationen Dritter) zu Informationszwecken auf der NANDO-Website zu veröffentlichen. Das Verzeichnis wird aktualisiert, sobald die Notifizierungen veröffentlicht werden, die Website wird hingegen täglich aktualisiert, um sie auf dem aktuellen Stand zu halten.

Mit ihrer ersten Notifizierung wird der notifizierten Stelle im NANDO-System eine Kennnummer zugewiesen. Diese Nummer wird vom System zum Zeitpunkt der Validierung der Notifizierung in der NANDO-Datenbank automatisch erzeugt. Eine juristische Person darf unabhängig von der Anzahl der Harmonisierungsrechtsvorschriften der Union, für die sie notifiziert ist, nur eine Kennnummer als notifizierte Stelle tragen. Die Zuweisung der Nummer ist ein rein administrativer Vorgang, mit dem die einheitliche Verwaltung des Verzeichnisses notifizierter Stellen sichergestellt werden soll, und bedeutet auf keinen Fall eine Übertragung von Rechten oder eine Verpflichtung der Kommission. Die Nummerierung in NANDO erfolgt fortlaufend, und bei Streichung einer notifizierten Stelle aus dem Verzeichnis wird ihre Nummer nicht neu vergeben. Bei Aussetzung oder Widerruf der Notifizierung verbleiben die Angaben zu der betreffenden Stelle in der Datenbank und werden in den Bereich „Withdrawn/

Expired Notifications/NBs" (Widerrufene/Abgelaufene Notifizierungen/Notifizierte Stellen) der Website verschoben.[246]

Auch Änderungen (Erweiterung oder Einschränkung) des Geltungsbereichs, Veränderungen des Gültigkeitszeitraums der Notifizierung oder die Aufhebung einer Notifizierung werden den Mitgliedstaaten per E-Mail mitgeteilt und auf der NANDO-Website veröffentlicht. Die Website kann nach Harmonisierungsrechtsakt der Union, nach Land, nach Nummer der notifizierten Stelle oder mittels Schlagworten durchsucht werden.

5.3.4. Überwachung der Kompetenz der notifizierten Stellen – Aussetzung – Widerruf – Einspruch

Es ist unbedingt sicherzustellen, dass notifizierte Stellen ihre Kompetenz bewahren und dies von anderen Mitgliedstaaten und der Kommission problemlos nachvollzogen werden kann. Der Gesetzgeber auf EU-Ebene verlangt eindeutig, dass die zuständigen nationalen Behörden die fortdauernde Kompetenz der Stellen, die sie notifiziert haben und die in NANDO aufgeführt sind, regelmäßig überprüfen und beurteilen. Die NANDO-Website sollte im Hinblick auf diese fortlaufenden Prozesse, die das Notifizierungssystem stützen, transparent sein.

Alle Notifizierungen notifizierter Stellen, ob akkreditiert oder nicht, die in der NANDO-Datenbank verzeichnet sind, sollten innerhalb eines Zeitraums von höchstens fünf Jahren nach dem Datum der ursprünglichen Notifizierung bzw. der letzten Aktualisierung durch Eintragung der Informationen über die kontinuierliche Überwachung der Kompetenz der notifizierten Stelle aktualisiert werden. Solche Aktualisierungen sollten auch die einschlägigen neuen Daten über die Akkreditierung oder, falls die Notifizierung nicht akkreditiert ist, Informationen über die erforderliche Überwachung der Stelle durch die notifizierende Behörde – insbesondere einen Bericht über das Begutachtungsverfahren, d. h. Überprüfung der Unterlagen, Vor-Ort-Begutachtung, Beschreibung der systematischen Überwachung einschließlich Vor-Ort-Begehungen und Nachweis der fachlichen Kompetenz der Behörde für die Durchführung der Begutachtung – enthalten. Wird die Notifizierung nach Ablauf der fünf Jahre nicht aktualisiert, so wird die Kommission die Auffassung vertreten, dass es Gründe gibt, die fortgesetzte Kompetenz des notifizierten Stelle[247] infrage zu stellen, und sie wird den notifizierenden Mitgliedstaat auffordern, alle Informationen über die Aufrechterhaltung der Kompetenz der betreffenden Stelle vorzulegen.

---

246 Nähere Informationen über Widerruf und Entzug der Notfizierung siehe Abschnitt 5.3.4.

247 Nach Anhang I Artikel R26 des Beschlusses Nr. 768/2008/EC.

Die Kommission und die Mitgliedstaaten haben die Pflicht zu handeln, wenn zum Zeitpunkt der Notifizierung oder danach Zweifel an der Kompetenz einer notifizierten Stelle aufkommen. Sollte die Kommission von sich aus oder nach einer Beschwerde zu dem Schluss kommen, dass eine notifizierte Stelle die Anforderungen oder ihre Pflichten nicht mehr erfüllt, setzt sie die nationale notifizierende Behörde in Kenntnis und fordert entsprechende Belege zur Grundlage für die Notifizierung und die Erhaltung der Kompetenz der Stelle an. Erteilt ein Mitgliedstaat diese Auskünfte nicht, kann die Kommission die übrigen Mitgliedstaaten darauf aufmerksam machen oder gegen den notifizierenden Mitgliedstaat das Verfahren nach Artikel 258 AEUV einleiten.

Falls eine notifizierende Behörde feststellt oder davon in Kenntnis gesetzt wird, dass eine notifizierte Stelle die in den einschlägigen Rechtsvorschriften genannten Anforderungen nicht mehr erfüllt oder dass sie ihren Verpflichtungen nicht nachkommt, muss sie – je nach Schwere des Versagens – die Notifizierung aussetzen oder widerrufen, nachdem sie sich unverzüglich mit der betreffenden Stelle in Verbindung gesetzt hat. Sie muss unverzüglich die Kommission und die übrigen Mitgliedstaaten darüber unterrichten. Außerdem muss der Mitgliedstaat diese Information ebenfalls veröffentlichen und die Kommission und die übrigen Mitgliedstaaten nach einem Verfahren ähnlich wie bei der Notifizierung unterrichten. Die betreffende Stelle sollte die Möglichkeit haben, gegen eine solche Entscheidung Einspruch einzulegen. Ob durch diesen Einspruch der Widerruf der Notifizierung aufgeschoben wird, hängt von den nationalen Rechtsvorschriften ab.

Wenn eine notifizierte Stelle die Anforderungen oder ihre Pflichten nicht mehr erfüllt, wird ihre Notifizierung widerrufen. Dies kann auf Betreiben des notifizierenden Mitgliedstaats geschehen, wenn er während der regelmäßigen Überwachung (durch die Akkreditierungsstelle oder die notifizierende Behörde) Belege dafür, dass die notifizierte Stelle ihre Anforderungen nicht mehr erfüllt, oder Beschwerden über die Kompetenz oder das Verhalten der notifizierten Stelle erhalten hat. Der Widerruf kann auch auf Veranlassung der Kommission erfolgen, wenn diese begründete Zweifel daran hat, dass eine notifizierte Stelle die Anforderungen ihrer Notifizierung erfüllt oder weiter erfüllen wird. In Fällen dieser Art unterrichtet die Kommission den notifizierenden Mitgliedstaat entsprechend und fordert ihn auf, die notwendigen Korrekturmaßnahmen zu ergreifen, wozu erforderlichenfalls auch der Widerruf der Notifizierung gehört. Die notifizierende Behörde muss die erforderlichen Schritte unternehmen. Ein anderer Grund für den Widerruf einer Notifizierung kann das entsprechende Ersuchen der notifizierten Stelle selbst sein, beispielsweise bei geplanten Veränderungen in der Politik, der Organisation oder der Eigentümerschaft der

Stelle. Der Widerruf einer Notifizierung kann auch das abschließende Ergebnis eines Vertragsverletzungsverfahrens sein.

Die Zuständigkeit für den Widerruf liegt beim notifizierenden Mitgliedstaat. Zum Widerruf einer Notifizierung ist nur die nationale Behörde berechtigt. Die Kommission kann eine notifizierte Stelle nur dann aus dem NANDO-Verzeichnis streichen, wenn der Gerichtshof am Ende eines Vertragsverletzungsverfahrens nach Artikel 258 AEUV feststellt, dass ein Mitgliedstaat gegen eine bestimmte Harmonisierungsrechtsvorschrift der Union verstößt, und deshalb eine Notifizierung für ungültig erklärt. In all diesen Fällen stellt die Kommission sicher, dass alle im Verlauf ihrer Untersuchungen erlangten sensiblen Informationen vertraulich behandelt werden.

Unbeschadet sektorspezifischer Besonderheiten berührt die Aussetzung oder der Widerruf einer Notifizierung nicht die von der notifizierten Stelle bis dahin erteilten Bescheinigungen, jedoch nur bis zu dem Zeitpunkt, an dem nachgewiesen werden kann, dass Bescheinigungen widerrufen werden sollten. Um bei Aussetzung oder Widerruf einer Notifizierung für Kontinuität zu sorgen oder wenn die notifizierte Stelle ihre Tätigkeit eingestellt hat, muss der notifizierende Mitgliedstaat gewährleisten, dass die Akten dieser Stelle von einer anderen notifizierten Stelle weiter bearbeitet bzw. für die zuständigen notifizierenden Behörden und Marktüberüberwachungsbehörden auf deren Verlangen bereitgehalten werden.

11.6 Übersicht von Prüfzeichen und gesetzlich geforderten Konformitätskennzeichnungen

HINWEIS: Die gesetzlichen Konformitätskennzeichnungspflichten sowie Marktzugangsvoraussetzungen der einzelnen Märkte werden im global regulatory knowledge tool GLOBALconformity der Firma Globalconformity GmbH in Berlin nachgewiesen.

Land/Region/ Organisation	Symbol/ Zeichen	Bezeichnung/ Name	Produktbereich	Bedeutung/ Aussage	Anwendung
Australien		Regulatory Compliance Mark (RCM)	Funk und Telekommunikationsendgeräte, EMV, Sicherheit	Konformität mit den gesetzlichen Anforderungen	gesetzlich
Brasilien	Segurança INMETRO OCP OCP 0000	INMETRO	Medizin	Sicherheit, EMV	gesetzlich

Land/Region/ Organisation	Symbol/Zeichen	Bezeichnung/ Name	Produktbereich	Bedeutung/ Aussage	Anwendung
Brasilien	ANATEL	ANATEL Label	Funk und Telekommunikationsendgeräte	Konformität mit den gesetzlichen Anforderungen	gesetzlich
Brasilien	Este equipamento atende aos requisitos de segurança da NR 12	Compliance label NR 12	Maschinenschutz	Für Maschinen die unter den „Regulatory Standard NR 12“ fallen	gesetzlich
China	CCC	CCC-Zeichen (Compulsory Certification China)	für alle gelisteten Produkte (Warenzolltarifnummer)	Produkt fällt in den Anwendungsbereich und muss bestimmte Anforderungen erfüllen.	gesetzlich
Deutschland	BG-PRÜFZERT	BG Prüfzert	Zertifikat der Berufsgenossenschaften, zur Arbeitssicherheit von Produkten		freiwillig
Europäische Union		WEEE-Zeichen	Kennzeichnung von Elektronikgeräten zur Vermeidung von Elektroschrott		gesetzlich
Europa	GS geprüfte Sicherheit	Geprüfte Sicherheit	Zur Prüfung eines Produktes wurde eine anerkannte Stelle eingeschaltet.	Produkt erfüllt bestimmte speziell geprüfte Anforderungen. Richtet sich an den Endverbraucher.	freiwillig (siehe auch Abschnitt 5, ProdSG)
Europa		Keymark	Thermal insulation products	Zertifizierungszeichen von CEN Bestätigung der Konformität eines Produkts mit den Europäischen Normen	freiwillig

Land/Region/ Organisation	Symbol/Zeichen	Bezeichnung/ Name	Produktbereich	Bedeutung/ Aussage	Anwendung
Europäische Union		CE-Kennzeichen (Europäische Konformität)	Spielzeug, Medizin, Maschinen, Druckgeräte, Sportboote, EMV usw.	Bestätigung des Herstellers, dass Produkt Anforderungen der entsprechenden Richtlinie erfüllt. Richtet sich an die Marktaufsicht, nicht an den Endverbraucher.	gesetzlich
Europäische Union		Explosionsschutz-Kennzeichen	ATEX-Richtlinie	Erfüllung Anforderungen der ATEX-Richtlinie	gesetzlich
Italien		IMQ	elektrische Produkte		freiwillig
Japan		PSE-Zeichen	elektrische Geräte und Materialien Produkte der Kategorie A und B	Sicherheit	gesetzlich
Japan		Compliance label	Funk und Telekommunikationsendgeräte	Konformität	gesetzlich
Kanada	This Class* (A or B) digital apparatus complies with Canadian ICES-003. Cet appareil numérique de la classe* est conforme à la norme NMB-003 du Canada.	Compliance label	ISM, ITE	EMV	gesetzlich

Land/Region/ Organisation	Symbol/Zeichen	Bezeichnung/ Name	Produktbereich	Bedeutung/ Aussage	Anwendung
Kanada		CSA-Zeichen	elektrische Produkte	Produkt erfüllt bestimmte speziell geprüfte Anforderungen	zum Teil gesetzlich gefordert
Kasachstan		Gost-K	für gelistete Produkte		gesetzlich
Mexico	NOM	NOM	gelistete Produkte	Sicherheit	gesetzlich
USA	UL	UL Zeichen	elektrische Produkte	Produkt erfüllt bestimmte speziell geprüfte Sicherheitsanforderungen	freiwillig
Niederlande	KEMA EUR	Prüfzeichen	Sicherheit von Elektrogeräten		freiwillig
Österreich	ÖVE	Österreichisches Sicherheitszeichen	elektrische Produkte		freiwillig
Polen	B	B-Zeichen	elektrische Produkte		freiwillig
Russische Föderation und Eurasische Zollunion	EAC	EAC	für alle gelisteten Produkte (Warentarifnummer)		gesetzlich

Land/Region/ Organisation	Symbol/Zeichen	Bezeichnung/ Name	Produktbereich	Bedeutung/ Aussage	Anwendung
Schweiz		ESTI Safety Zeichen			freiwillig
Singapore	SAFETY MARK	Safety Mark	für bestimmte Produkte	Sicherheit	gesetzlich
Singapore	Este equipamento atende aos requisitos de segurança da NR 12	IDA Label	Funk und Telekommunikationsendgeräte	Konformität	gesetzlich
Skandinavien	D FI N S	Prüfzeichen Dänemark Finnland Norwegen Schweden	elektrische Produkte		freiwillig
Technischer Überwachungsverein	TÜV SÜD ISO 9001	TÜV-Oktagon	Zur Prüfung eines Produktes wurde der TÜV eingeschaltet.	Produkt erfüllt bestimmte speziell geprüfte Anforderungen. Richtet sich an den Endverbraucher.	freiwillig
Ukraine		UKR Sepro Zeichen	für alle gelisteten Produkte (Warentarifnummer)		gesetzlich
USA		Federal Communications Commission	ITE, Funkprodukte	EMV und Funkspektrum	gesetzlich

Inserentenverzeichnis

Die inserierenden Firmen und die Aussagen in Inseraten stehen nicht notwendigerweise in einem Zusammenhang mit den in diesem Buch abgedruckten Normen. Aus dem Nebeneinander von Inseraten und redaktionellem Teil kann weder auf die Normgerechtheit der beworbenen Produkte oder Verfahren geschlossen werden, noch stehen die Inserenten notwendigerweise in einem besonderen Zusammenhang mit den wiedergegebenen Normen. Die Inserenten dieses Buches müssen auch nicht Mitarbeiter eines Normenausschusses oder Mitglied von DIN sein. Inhalt und Gestaltung der Inserate liegen außerhalb der Verantwortung von DIN.

Zuschriften bezüglich des Anzeigenteils werden erbeten an:

Beuth Verlag GmbH
Anzeigenverwaltung
Am DIN-Platz
Burggrafenstraße 6
10787 Berlin